POUR COMPRENDRE LES MATHÉMATIQUES

CE2
Cycle 2

N. Bramand
Professeur des écoles

P. Bramand
Professeur agrégé

É. Lafont
Professeur des écoles

C. Maurin
Formateur en mathématiques

D. Peynichou
Maître formateur

A. Vargas
Directeur d'école

hachette
ÉDUCATION

Mode d'emploi

Découvrons ensemble
Le guide pédagogique propose des activités préliminaires qui aboutissent à la mise en œuvre, sous forme écrite, de cette activité collective.

Remédiation – Consolidation
Référence aux fiches photocopiables de soutien (S), d'approfondissement (A) ou de problèmes (P) contenues dans le recueil de « Photofiches ». Elles proposent des activités supplémentaires et aident à gérer la différenciation.

Calcul mental
L'élève écrit ici les réponses à quelques items du calcul mental.

Je m'entraîne
Mise en pratique individuelle et progressive des apprentissages abordés dans l'activité de découverte. 2 niveaux d'exercices (a et b) sont clairement identifiés.

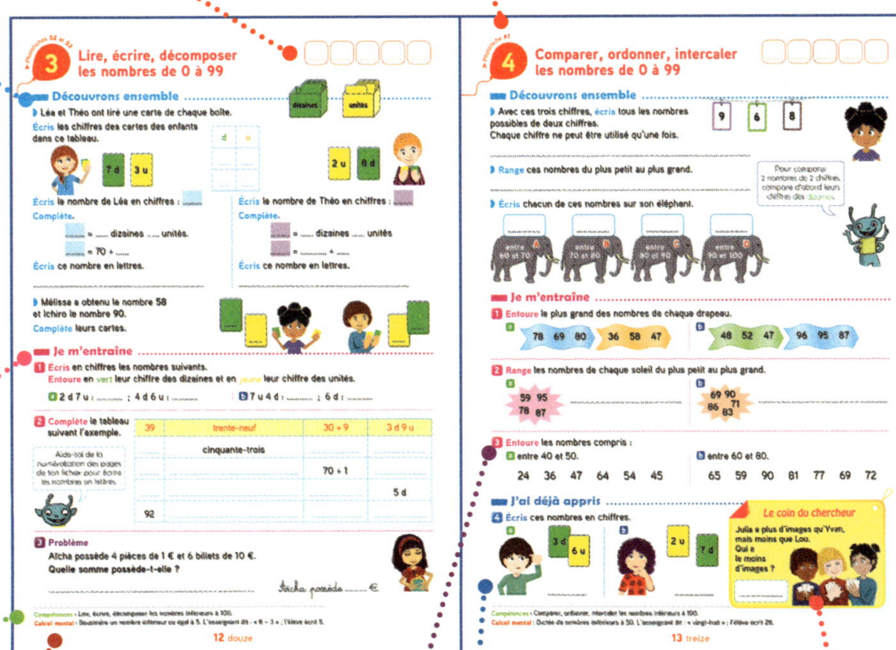

Compétence(s)
Information destinée à l'enseignant : compétence(s) des programmes traitée(s) dans la leçon et développée(s) dans le guide pédagogique lors des observations préliminaires.

Calcul mental
Consigne destinée à l'enseignant pour la conduite du calcul mental. Des batteries complètes d'items sont données dans le guide pédagogique.

J'ai déjà appris
Exercice indépendant de la leçon permettant de réinvestir les notions et de consolider des acquis.

Problème
Problème portant sur la notion étudiée dans la leçon.

Le coin du chercheur
Problème de recherche personnelle présenté sous forme ludique.

Problèmes

« Méthodologie », par une recherche graduée, initie les élèves aux différentes phases de la résolution de problèmes.

« Apprendre à résoudre » présente des problèmes de référence et des problèmes d'application pour les catégories de problèmes étudiés au CE2.

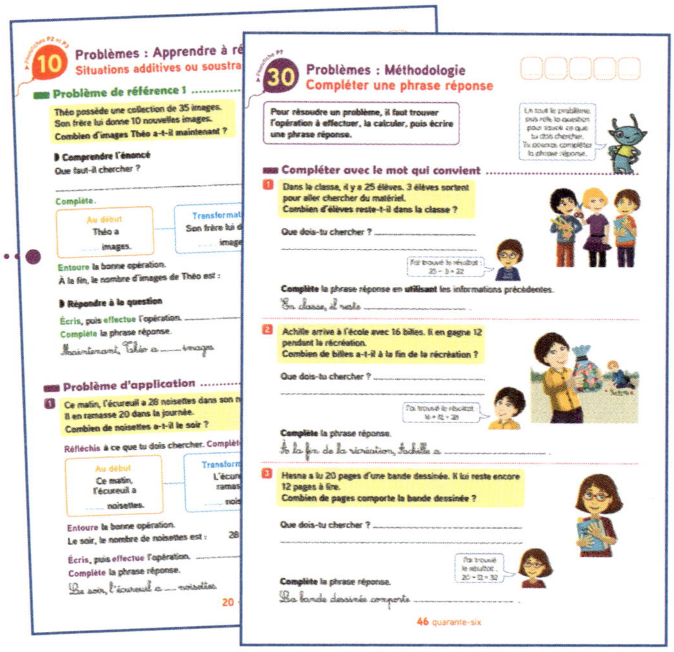

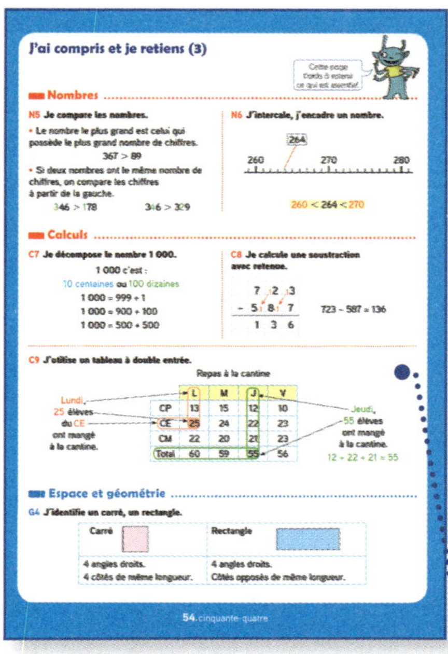

J'ai compris et je retiens

Cette page récapitule, sous forme décontextualisée, l'essentiel à retenir des leçons de la demi-période. Elle servira de « cahier-outil » lors de situations de réinvestissement ou de remédiation.

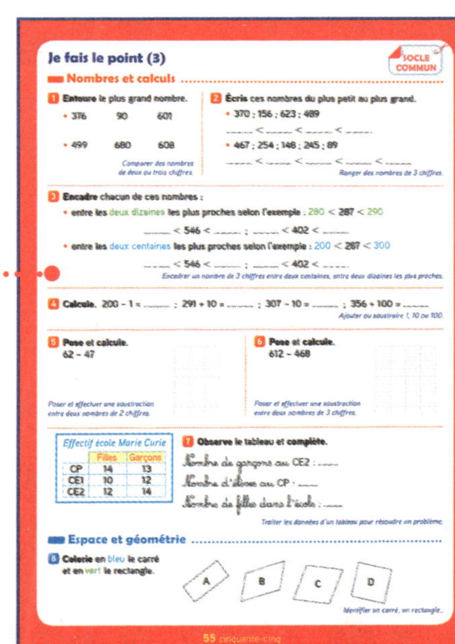

Je fais le point

Les élèves évaluent leurs acquis toutes les trois semaines environ.

Maths Aventures

La résolution de ces situations à thème nécessite la mobilisation des connaissances acquises durant la période. L'aboutissement de l'activité avec l'obtention d'une médaille renforce son aspect ludique.

Sommaire

Période 4

Période 5

Sommaire par domaines mathématiques

Nombres et calculs

Espace et géométrie

Grandeurs et mesures

Bienvenue au CE 2

Balade en ville

1 ☆ **Écris** les numéros des carrés.

....

Écris les numéros des rectangles.

....

2 ☆ Devant quelle graduation se trouve le chien ?

....

3 ☆ **Complète** la bulle avec la bonne unité : L (litre) ou kg (kilogramme).

4 ☆ Quelle heure est-il ?

....

Si tu as gagné 7 ou 8 étoiles, tu as la médaille d'or ;
5 ou 6 étoiles, tu as la médaille d'argent ; sinon, tu as la médaille de bronze.

Entoure la médaille que tu as obtenue.

5 ☆ 32 voitures viennent de sortir du parking A qui était complet.
Combien reste-t-il de voitures dans ce parking ?

.... = ...

6 ☆ Quel est le nombre total de places des deux parkings ?

.... = ...

7 ☆ François et ses deux filles vont au théâtre.
Combien vont-ils payer ?

.... = ...

8 ☆ **Écris** les numéros des cartes de Fatima, du plus petit au plus grand.

....

1 Dénombrer une collection (1)

Ne compte pas tous les timbres un à un. Cherche d'abord le nombre de timbres d'un carnet.

Découvrons ensemble

▶ Combien de timbres Léa a-t-elle achetés ?

Complète. *Léa a acheté .... timbres.*

▶ Ce quadrillage compte 10 rangées de 10 carreaux chacune.
Colorie 83 carreaux.
Quelle méthode utilises-tu si tu ne veux pas compter les carreaux un à un ? ....

....

Je m'entraîne

1 **Écris** le nombre de coccinelles.

a

.... *coccinelles*

b

.... *coccinelles*

2 **Écris** le nombre de coquillages.

.... *coquillages*

3 Combien comptes-tu de cœurs ?

Je compte .... cœurs.

Compétence : Dénombrer une collection de cardinal inférieur à 100.
Calcul mental : Additionner deux nombres inférieurs ou égaux à 5. L'enseignant dit : « 3 + 4 » ; l'élève écrit 7.

Photofiche S1

2 Tracer et prolonger un segment

Découvrons ensemble

Trace les segments AB, BC, CD, DE, EA. **Colorie** en jaune la figure obtenue.

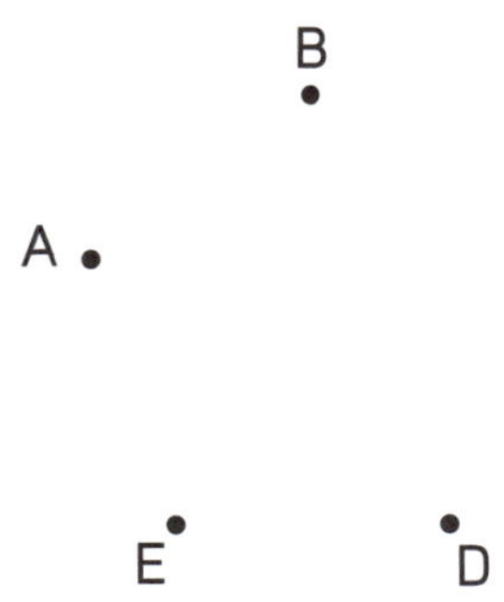

A est le nom du point noir.

• A

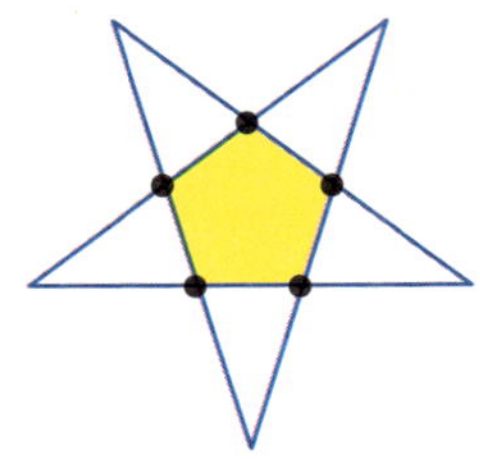

A et B sont les extrémités du segment AB.
Le point P est aligné avec les points A et B.

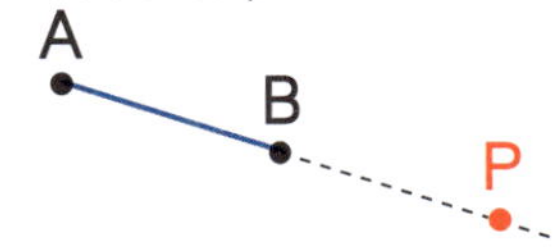

Prolonge ces segments pour obtenir une étoile.

Je m'entraîne

1 **Trace** tous les segments qui ont deux de ces points pour extrémités.

a

b

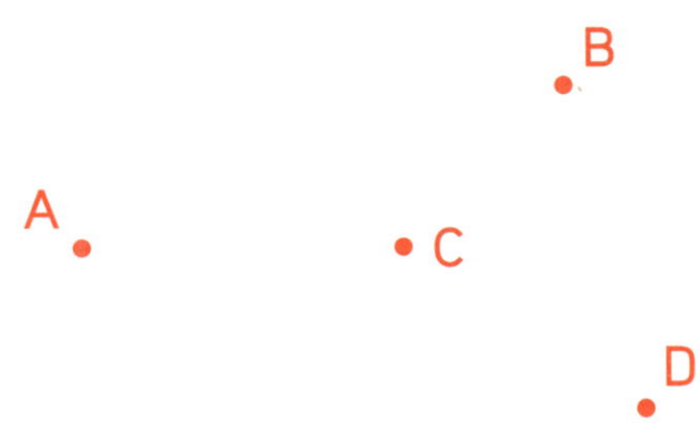

2 **Trace** en rouge le segment AB.
Prolonge-le en noir jusqu'à la ligne bleue.

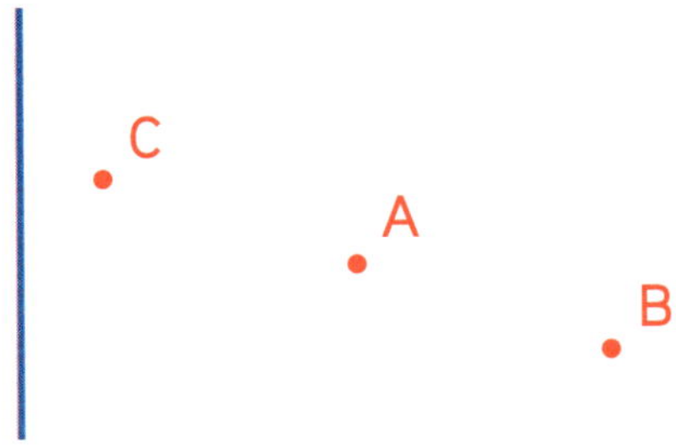

Utilise ta règle pour trouver un alignement ou pour prolonger un segment.

Le point C est-il aligné avec les points A et B ?

☐ Oui ☐ Non

Le coin du chercheur

Écris les nombres entre 50 et 100, combien de fois utilises-tu le chiffre 9 ?

....

Compétences : Tracer et prolonger un segment.
Calcul mental : Comparer des nombres inférieurs à 50. L'enseignant dit : « 28 et 19 » ; l'élève écrit le plus grand nombre : 28.

3 Lire, écrire, décomposer les nombres de 0 à 99

....	....	....	....	....

Découvrons ensemble

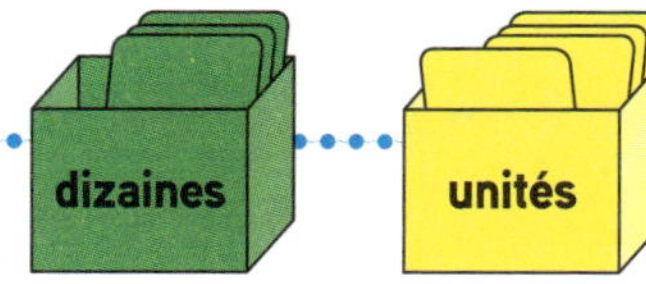

Léa et Théo ont tiré une carte de chaque boîte.

Écris les chiffres des cartes des enfants dans ce tableau.

d	u
......	......
......	......

Écris le nombre de Léa en chiffres : ....

Complète.

.... = ... dizaines ...... unités.

.... = 70 + ...

Écris ce nombre en lettres.

....

Écris le nombre de Théo en chiffres : ....

Complète.

.... = ... dizaines ...... unités.

.... = ... + ...

Écris ce nombre en lettres.

....

Mélissa a obtenu le nombre 58 et Ichiro le nombre 90.

Complète leurs cartes.

Je m'entraîne

1 **Écris** en chiffres les nombres suivants.
Entoure en vert leur chiffre des dizaines et en jaune leur chiffre des unités.

a 2 d 7 u : .... ; 4 d 6 u : ....

b 7 u 4 d : .... ; 6 d : ....

2 **Complète** le tableau suivant l'exemple.

39	trente-neuf	30 + 9	3 d 9 u
....	cinquante-trois	....	....
....	....	70 + 1	....
....	....	....	5 d
92	....	....	....

Aide-toi de la numérotation des pages de ton fichier pour écrire les nombres en lettres.

3 **Problème**

Aïcha possède 4 pièces de 1 € et 6 billets de 10 €.
Quelle somme possède-t-elle ?

....

Aïcha possède .... €.

Compétences : Lire, écrire, décomposer les nombres inférieurs à 100.
Calcul mental : Soustraire un nombre inférieur ou égal à 5. L'enseignant dit : « 8 – 3 » ; l'élève écrit 5.

Photofiche A1

4 Comparer, ordonner, intercaler les nombres de 0 à 99

Découvrons ensemble

- Avec ces trois chiffres, **écris** tous les nombres possibles de deux chiffres.
Chaque chiffre ne peut être utilisé qu'une fois.

....

- **Range** ces nombres du plus petit au plus grand.

....

Pour comparer 2 nombres de 2 chiffres, compare d'abord leurs chiffres des dizaines.

- **Écris** chacun de ces nombres sur son éléphant.

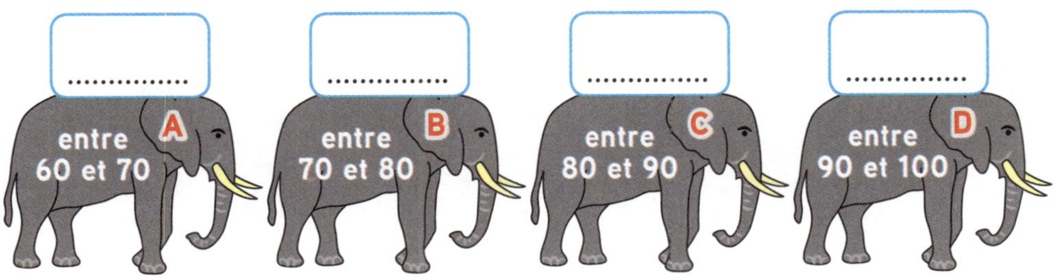

Je m'entraîne

1 **Entoure** le plus grand des nombres de chaque drapeau.

a 78 69 80 | 36 58 47

b 48 52 47 | 96 95 87

2 **Range** les nombres de chaque soleil du plus petit au plus grand.

a 59 95 78 87 ....

b 69 90 86 71 83 ....

3 **Entoure** les nombres compris :

a entre 40 et 50.

24 36 47 64 54 45

b entre 60 et 80.

65 59 90 81 77 69 72

J'ai déjà appris

4 **Écris** ces nombres en chiffres.

a

3 d | 6 u

....

b

2 u | 7 d

....

Le coin du chercheur

Julia a plus d'images qu'Yvan, mais moins que Lou.
Qui a le moins d'images ?

....

Compétences : Comparer, ordonner, intercaler les nombres inférieurs à 100.
Calcul mental : Dictée de nombres inférieurs à 50. L'enseignant dit : « vingt-huit » ; l'élève écrit 28.

Photofiche P1

5 Problèmes : Méthodologie
Analyser l'énoncé et la question

Dans un problème, on distingue :
- un énoncé qui contient des informations ;
- une question qui se termine par un point d'interrogation (?).

S'il manque des informations pour répondre à la question, ce n'est pas un problème.

Un problème est une **énigme**. Pour la résoudre, cherche des **indices** dans l'énoncé.

Identifier un problème

1 Lucas a rangé 20 CD sur une première étagère et 10 CD sur une deuxième étagère. Quel est le nombre total de CD rangés ?

Souligne la question.
Que cherche-t-on ? **Coche** la bonne réponse.

☐ Le nombre de CD rangés sur la première étagère. | ☐ Le nombre de CD rangés sur la deuxième étagère. | ☐ Le nombre de CD rangés sur les deux étagères.

Est-il possible de répondre ? ☐ Oui ☐ Non

Est-ce un problème ? ☐ Oui ☐ Non

2 Les élèves du CE2 ont besoin de 3 rouleaux de tissu pour réaliser les costumes du spectacle de fin d'année. Chaque rouleau coûte 20 €. Combien vont-ils dépenser ?

Souligne la question.
Que cherche-t-on ? **Coche** la bonne réponse.

☐ Le prix d'un rouleau. | ☐ Le prix de trois rouleaux. | ☐ Le nombre total de rouleaux.

Est-il possible de répondre ? ☐ Oui ☐ Non

Est-ce un problème ? ☐ Oui ☐ Non

3 Antoine a prêté des bandes dessinées de sa collection à ses copains. Il reste 10 bandes dessinées chez lui. Combien de bandes dessinées possédait-il en tout ?

Souligne la question.
Que cherche-t-on ? **Coche** la bonne réponse.

☐ Le nombre de BD prêtées. | ☐ Le nombre de BD qu'ont ses copains. | ☐ Le nombre total de BD qu'Antoine possède.

Est-il possible de répondre ? ☐ Oui ☐ Non

Est-ce un problème ? ☐ Oui ☐ Non

Associer énoncé-question

• Lis l'énoncé et imagine la situation.
• Choisis la question à laquelle tu peux répondre.

1 Théo a 16 € dans son porte-monnaie.
Il achète un livre à 7 €.

Entoure la question qui correspond à l'énoncé.

a Combien d'argent lui reste-t-il ?

b Combien d'argent a-t-il gagné ?

2 Sabrina a cueilli 15 roses, 12 tulipes et 5 marguerites.

Entoure la question qui correspond à l'énoncé.

a Combien de tulipes rouges a-t-elle cueillies ?

b Combien de fleurs a-t-elle cueillies ?

À un énoncé peuvent correspondre plusieurs questions.

3 Le fleuriste a vendu 12 bouquets de fleurs. Il y a 6 fleurs par bouquet. Il vend chaque bouquet 10 €.

Entoure les questions qui correspondent à l'énoncé.

a Combien de fleurs a-t-il utilisées pour faire ces bouquets ?

b Combien a-t-il utilisé de roses ?

c Combien d'euros a-t-il gagnés ?

4 Karine a 7 billes bleues et 8 billes rouges en arrivant à l'école.
Elle perd 5 billes à la récréation.

Entoure les questions qui correspondent à l'énoncé.

a Combien de billes avait-elle en arrivant à l'école ?

b Combien de billes a-t-elle à la fin de la récréation ?

c Combien de billes rouges lui reste-t-il à la fin de la récréation ?

Compétences : Identifier un problème. Associer une ou plusieurs questions à un énoncé.
Calcul mental : Dictée de nombres compris entre 60 et 99 ; L'enseignant dit : « soixante-douze » ; l'élève écrit 72.

Photofiche S4

6 Trouver le milieu d'un segment

Découvrons ensemble

M est le milieu du segment AB si les segments AM et BM ont la même longueur.

- Le point M est-il le milieu du segment AB ? ☐ Oui ☐ Non

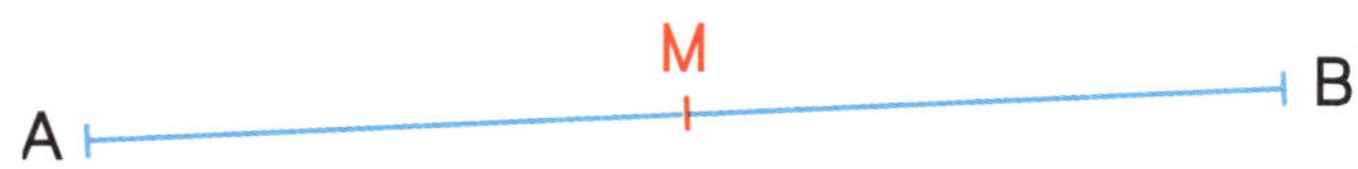

- **Observe** comment Léa trouve le milieu d'un segment avec l'aide d'une bande de papier.

① Marque sur la bande les extrémités du segment AB.

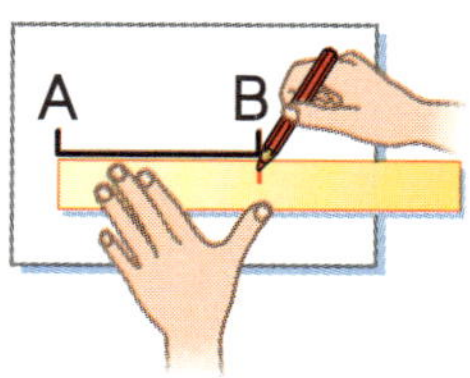

② Plie la bande en deux (les deux marques l'une sur l'autre).

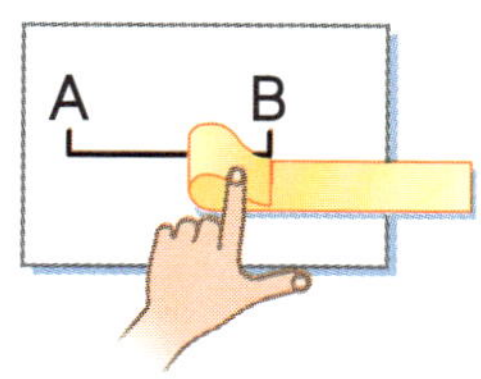

③ Le pli indique le milieu du segment AB.

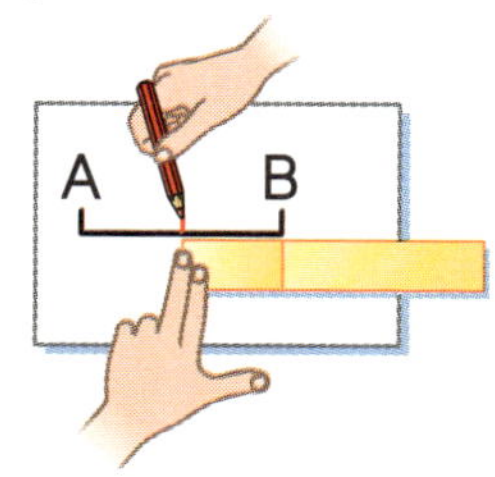

Trouve à ton tour le milieu I de ce segment.

Je m'entraîne

1 **Marque** en bleu le milieu de chaque segment.

a

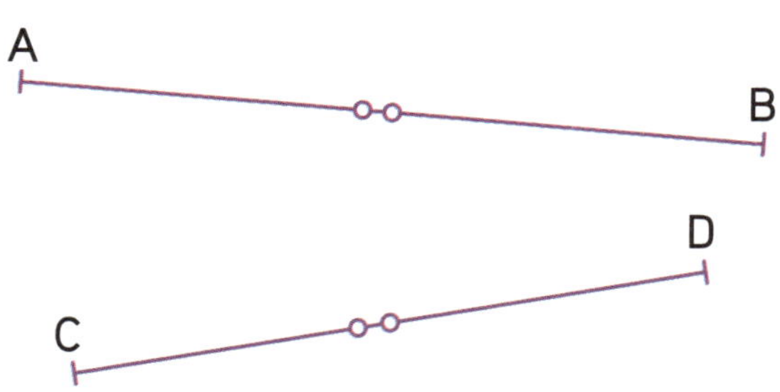

b

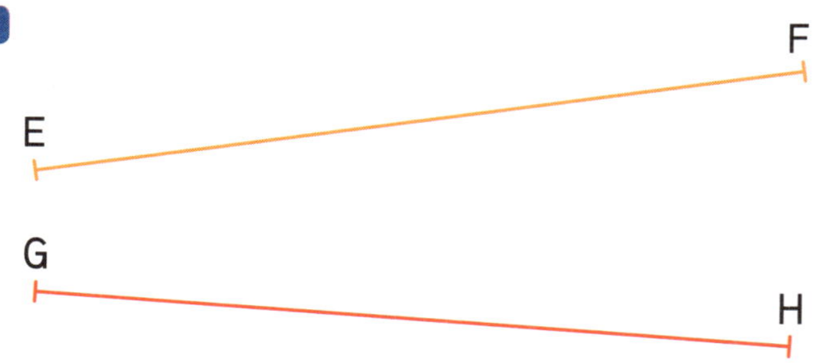

2 Pour chaque figure, **trace** le milieu des côtés, puis **joins** ces points à la règle.

a

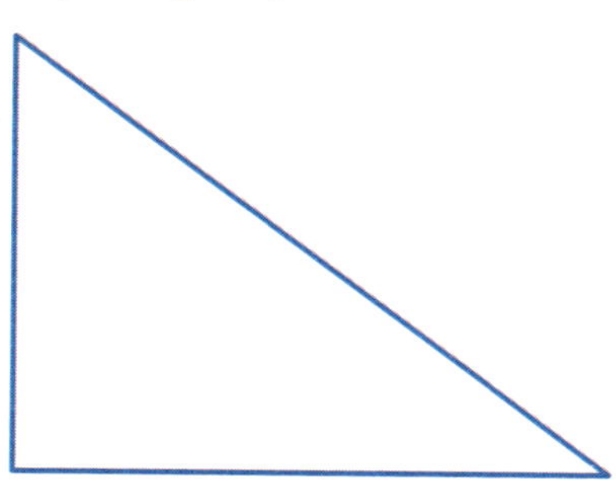

b

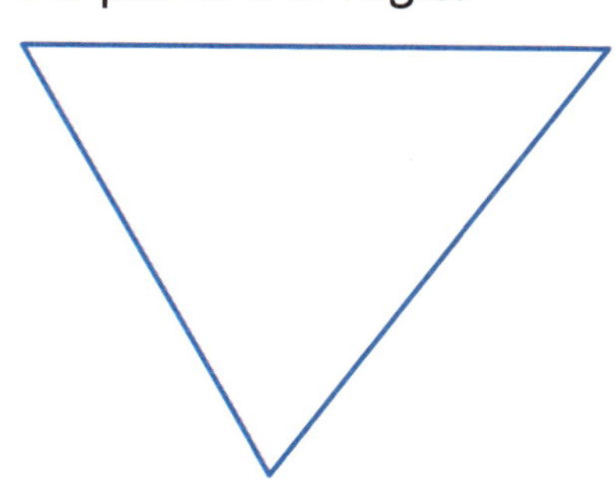

Compétences : Vérifier qu'un point est le milieu d'un segment. Construire le milieu d'un segment.
Calcul mental : Comparer des nombres inférieurs à 50. L'enseignant dit : « 28 et 19 » ; l'élève écrit le plus grand nombre : 28.

Photofiche A2

7 Mesurer une longueur avec la règle graduée

....

Découvrons ensemble

Entoure l'enfant qui mesure correctement la longueur du segment AB.

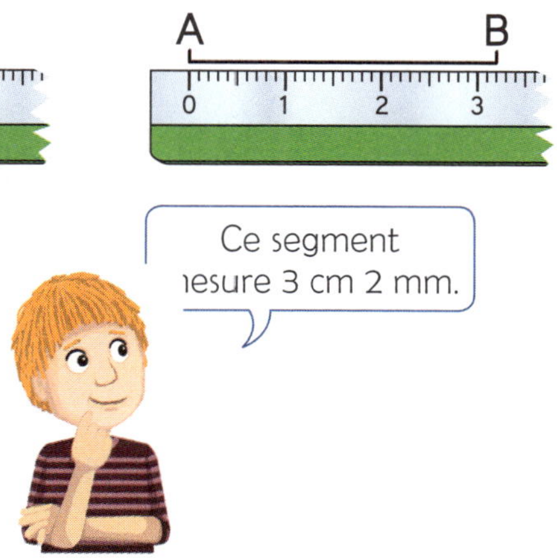

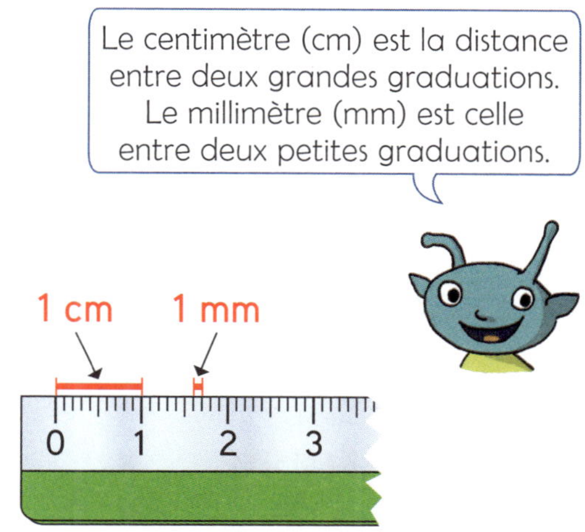

À ton tour, **mesure** la longueur du segment orange.

.... cm ...... mm

Je m'entraîne

1 **Mesure** la longueur de chaque segment.

a

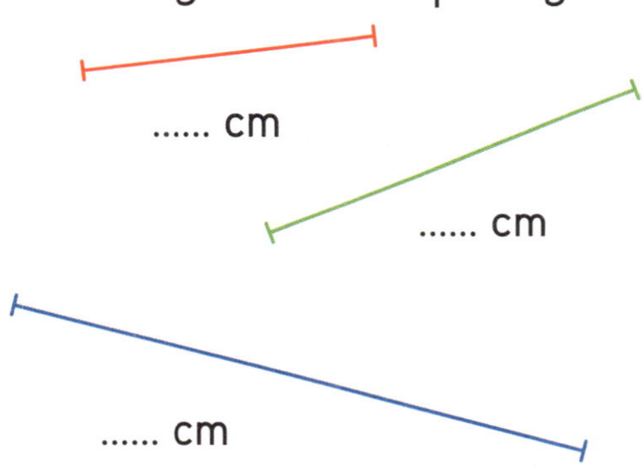

...... cm

...... cm

...... cm

b

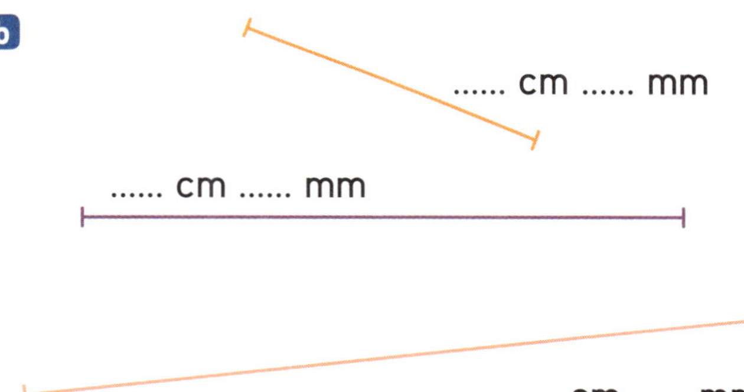

...... cm ...... mm

...... cm ...... mm

...... cm ...... mm

2 **Reporte** les longueurs des côtés de ce triangle sur la ligne pointillée en utilisant une bande de papier.

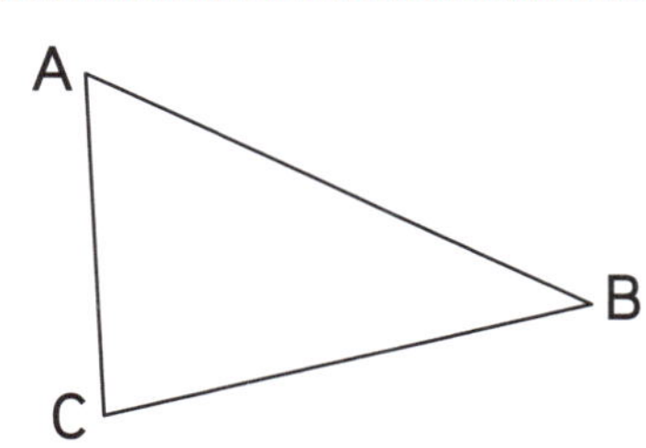

|---

Mesure la longueur du grand segment que tu as obtenu.

La longueur de ce segment est ...... cm ...... mm.

Quelle est la longueur du tour de ce triangle ?

La longueur du tour de ce triangle

est égale à ...... cm ...... mm.

Le coin du chercheur

Quand on écrit les nombres de 0 à 99, combien de fois utilise-t-on le chiffre 8 ?

....

Compétences : Mesurer des longueurs en utilisant la règle graduée. Exprimer la mesure en centimètres et millimètres.

Calcul mental : Comparer des nombres inférieurs à 100. L'enseignant dit : « 81 et 79 » ; l'élève écrit le plus grand nombre : 81.

Photofiche S5

8 Calcul en ligne : Ajouter un petit nombre

Découvrons ensemble

Théo calcule 46 + 3.

Complète.

C'est facile. Je ne change pas de dizaine, car 6 + 3 est plus petit que 10.

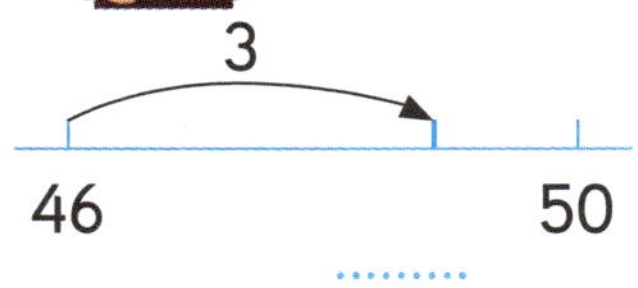

46 + 3 = ...

Léa calcule 46 + 7.

Complète.

C'est plus difficile. Je change de dizaine, car 6 + 7 est plus grand que 10. Je compte d'abord de 46 à 50.

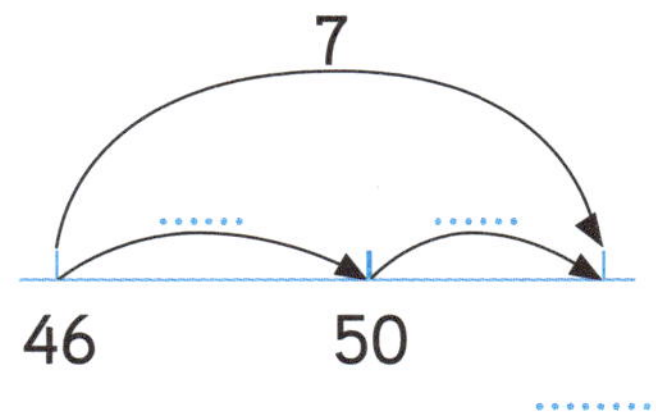

46 + 7 = 46 + ... + ...

46 + 7 = 50 + ...

46 + 7 = ...

Je m'entraîne

1 Calcule comme Théo.

a 15 + 2 = ...

31 + 3 = ...

34 + 5 = ...

51 + 4 = ...

b 21 + 8 = ...

40 + 9 = ...

51 + 7 = ...

73 + 6 = ...

2 Calcule comme Léa.

a
- 26 + 5 = 26 + 4 + ...
  26 + 5 = ... + ...
  26 + 5 = ...
- 38 + 6 = 38 + 2 + ...
  38 + 6 = ... + ...
  38 + 6 = ...

b
- 45 + 8 = 45 + ... + ...
  45 + 8 = 50 + ...
  45 + 8 = ...
- 87 + 7 = 87 + ... + ...
  87 + 7 = 90 + ...
  87 + 7 = ...

3 Problème

Sarah possède 45 € dans sa tirelire. Sa sœur lui donne 4 € et son frère 3 €.

Combien possède-t-elle maintenant ?

....

Maintenant, Sarah possède .... €.

J'ai déjà appris

4 Entoure le point qui est aligné avec les points A et B.

Compétence : Calculer une addition en ligne en utilisant le complément à la dizaine supérieure.

Calcul mental : Soustraire un nombre à un nombre inférieur à 10. L'enseignant dit : « 9 – 6 » ; l'élève écrit 3.

Photofiche S6

9 Calcul en ligne : Retrancher un petit nombre

Découvrons ensemble

Théo calcule 45 – 3.

Complète.

Je regarde les unités : 3 est plus petit que 5 Je peux calculer 5 – 3 et les dizaines ne changent pas.

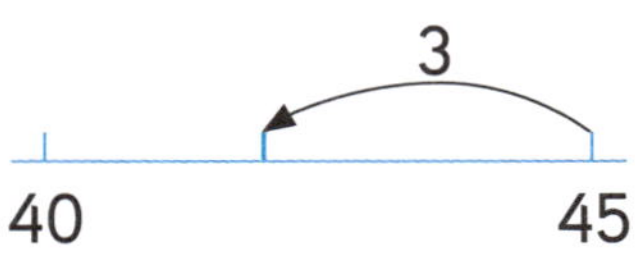

....

5 – 3 = ...

45 – 3 = ...

Léa calcule 45 – 7.

Complète.

Je regarde les unités : 7 est plus grand que 5 Le nombre de dizaines change : le résultat sera plus petit que 40.

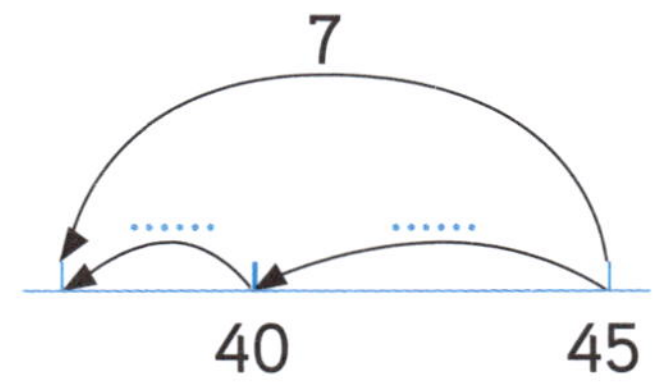

....

Pour arriver à 40, retranche d'abord 5, puis retranche 2 parce que 7 = 5 + 2.

45 – 5 = ...

.... – 2 = ...

45 – 7 = ...

Je m'entraîne

1 **Calcule** comme Théo.

a 5 – 2 = ... 7 – 3 = ...

25 – 2 = ... 37 – 3 = ...

b 9 – 5 = ... 8 – 6 = ...

49 – 5 = ... 58 – 6 = ...

2 **Calcule** comme Léa.

a 32 – 3

32 – 2 = ...

.... – 1 = ...

32 – 3 = ...

45 – 6

45 – 5 = ...

.... – 1 = ...

45 – 6 = ...

b 54 – 7

....

....

54 – 7 = ...

65 – 8

....

....

65 – 8 = ...

3 **Problème**

a Arthur pèse 48 kg. Son frère Hector pèse 6 kg de moins que lui.

Combien pèse Hector ?

....

Hector pèse .... kg.

b Lucie possède 43 € dans sa tirelire. Elle dépense 4 € chez le libraire, puis 3 € à la boulangerie.

Combien possède-t-elle maintenant ?

....

Maintenant, Lucie possède .... €.

J'ai déjà appris

4 **Écris** en chiffres.

soixante-treize : .... quatre-vingt-un : ....

quatre-vingt-dix : .... quatre-vingt-dix-huit : ....

Le coin du chercheur

Mon double plus 5 est égal à 19. Qui suis-je ?

......

Compétence : Retrancher un petit nombre (sans et avec passage de la dizaine).

Calcul mental : Ajouter un nombre inférieur ou égal à 5 à un nombre de 2 chiffres. L'enseignant dit : « 32 + 4 » ; l'élève écrit 36.

Photofiches P2 et P3

10 Problèmes : Apprendre à résoudre
Situations additives ou soustractives (1)

....

Problème de référence 1

Théo possède une collection de 35 images.
Son frère lui donne 10 nouvelles images.
Combien d'images Théo a-t-il maintenant ?

Comprendre l'énoncé

Que faut-il chercher ?

....

Complète.

Au début	Transformation	À la fin ?
Théo a .... images.	Son frère lui donne .... images.	Théo a plus d'images qu'au début.

Entoure la bonne opération.

À la fin, le nombre d'images de Théo est : 35 – 10 35 + 10

Répondre à la question

Écris, puis **effectue** l'opération. .... = ...

Complète la phrase réponse.

Maintenant, Théo a .... images.

Problème d'application

1 Ce matin, l'écureuil a 28 noisettes dans son nid.
Il en ramasse 20 dans la journée.
Combien de noisettes a-t-il le soir ?

Réfléchis à ce que tu dois chercher. **Complète.**

Au début	Transformation	À la fin ?
Ce matin, l'écureuil a .... noisettes.	L'écureuil ramasse .... noisettes.	Le soir, l'écureuil a plus de noisettes que le matin.

Entoure la bonne opération.

Le soir, le nombre de noisettes est : 28 – 20 28 + 20

Écris, puis **effectue** l'opération. .... = ...

Complète la phrase réponse.

Le soir, l'écureuil a ...... noisettes.

Problème de référence 2

Au restaurant scolaire, la corbeille de pains contient 36 petits pains au début du repas. Les enfants en prennent 20.

Combien de petits pains reste-t-il dans la corbeille ?

Comprendre l'énoncé

Que faut-il chercher ?

....

Complète.

Au début	Transformation	À la fin
Au début du repas, il y a .... petits pains dans la corbeille.	Les enfants prennent .... petits pains.	À la fin du repas, il y a moins de petits pains qu'au début.

Entoure la bonne opération.

À la fin du repas, le nombre de petits pains est : 36 – 20 36 + 20

Répondre à la question

Écris, puis **effectue** l'opération. .... = ...

Complète la phrase réponse. *Il reste .... petits pains dans la corbeille.*

Problème d'application

1 Léa a 27 cerises dans son panier. Elle en donne 10 à sa sœur.

Combien de cerises reste-t-il dans le panier de Léa ?

Réfléchis à ce que tu dois chercher. **Complète.**

Au début	Transformation	À la fin
Léa a .... cerises dans son panier.	Léa donne .... cerises à sa sœur.	Léa a moins de cerises qu'au début.

Entoure la bonne opération.

À la fin, le nombre de cerises dans le panier de Léa est : 27 – 10 27 + 10

Écris, puis **effectue** l'opération. .... = ...

Complète la phrase réponse. *Il reste .... cerises dans le panier de Léa.*

Compétence : Rechercher la valeur de l'état final dans des problèmes de transformation d'états.

Calcul mental : Soustraire un nombre inférieur ou égal à 5 à un nombre de 2 chiffres. L'enseignant dit : « 27 – 3 » ; l'élève écrit 24.

J'ai compris et je retiens (1)

Nombres

N1 Je lis, j'écris, je décompose les nombres.

75 → soixante-quinze

75 = 70 + 5

75 = 60 + 15

92 → quatre-vingt-douze

92 = 90 + 2

92 = 80 + 12

N2 Je compare les nombres.

• Le nombre le plus grand est celui qui possède le plus de chiffres.

67 est plus grand que 9.

• Si deux nombres ont le même nombre de chiffres, on compare les chiffres à partir de la gauche.

57 est plus grand que 29
car 5 est plus grand que 2.

Calculs

C1 J'ajoute un petit nombre.

On calcule 27 + 5.

27 + 5 = 27 + 3 + 2

27 + 5 = 30 + 2

27 + 5 = 32

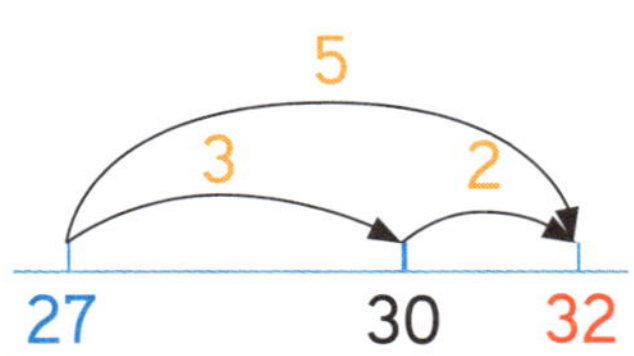

C2 Je retranche un petit nombre.

On calcule 45 – 7.

45 – 5 = 40

40 – 2 = 38

45 – 7 = 38

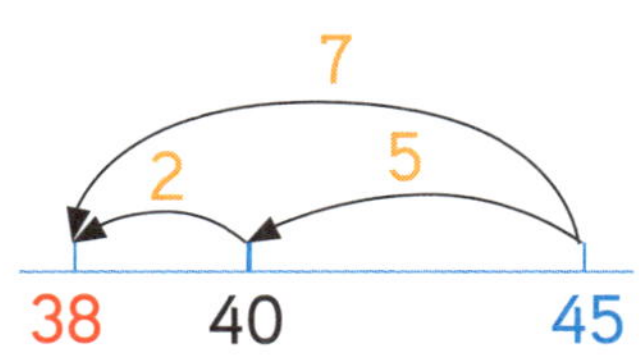

Espace et géométrie

G1 Je prolonge un segment.

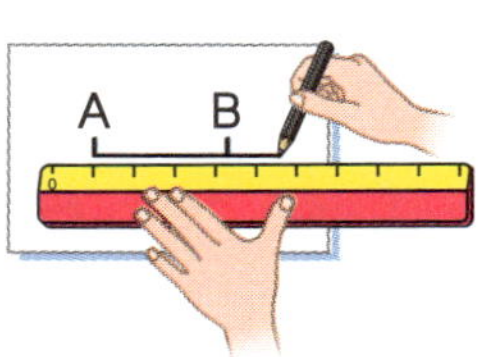

La règle doit être placée contre le segment AB.

G2 Je construis le milieu d'un segment.

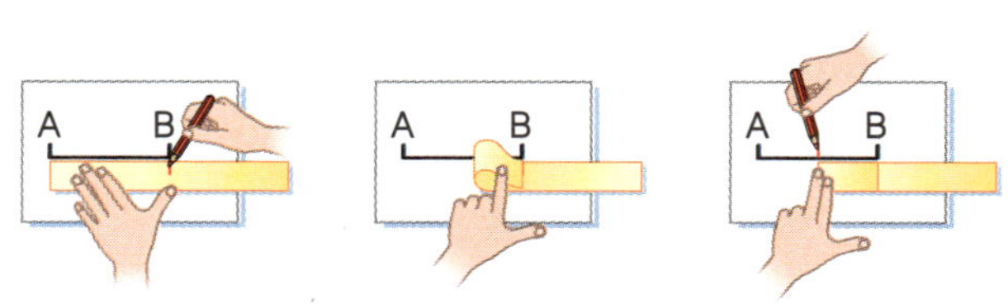

Pour trouver le milieu du segment AB, on utilise une bande de papier.

Grandeurs et mesures

M1 Je mesure une longueur en centimètres et millimètres.

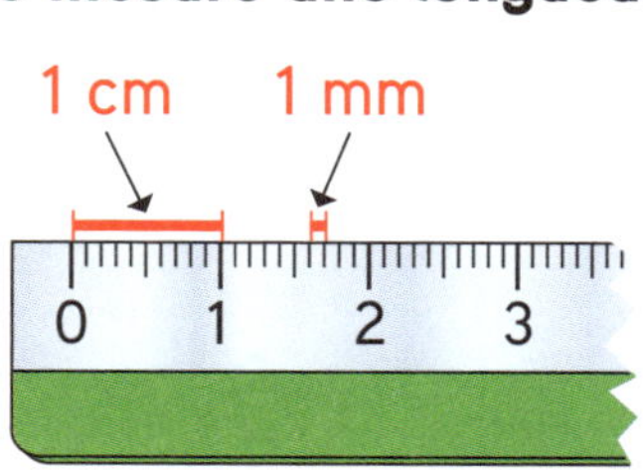

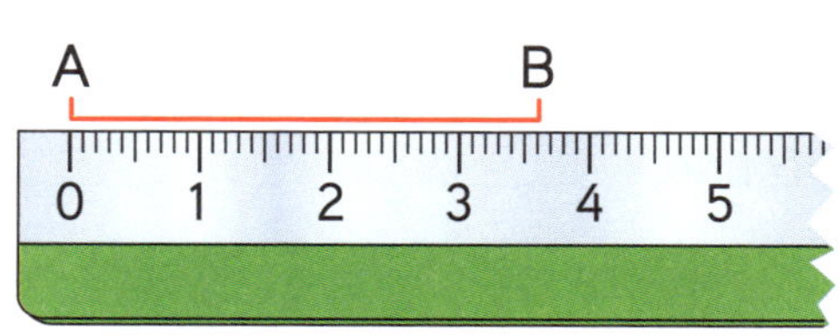

La longueur du segment AB est 3 cm 6 mm.

Je fais le point (1)

SOCLE COMMUN

Nombres et calculs

1 Complète le tableau, comme dans l'exemple.

soixante-trois	63	60 + 3
cinquante-huit	....	....
soixante-douze	....	....
quatre-vingt-quatre	....	....
quatre-vingt-dix-sept	....	....

Écrire en chiffres un nombre de deux chiffres.
Le décomposer de façon canonique.

2 Entoure le plus grand nombre de chaque nuage.

- 76 67
- 49 58 80

Comparer des nombres de deux chiffres.

3 Écris ces nombres du plus petit au plus grand.

- 70 ; 56 ; 23 ; 89 ....
- 67 ; 45 ; 54 ; 48 ; 89 ....

Ranger des nombres de deux chiffres.

4 Calcule.

68 + 7 = ...

....

Ajouter un nombre de 1 chiffre.

5 Calcule.

72 – 5 = ...

....

Soustraire un nombre de 1 chiffre.

Espace et géométrie

6 Trace le milieu du segment en utilisant une bande de papier.

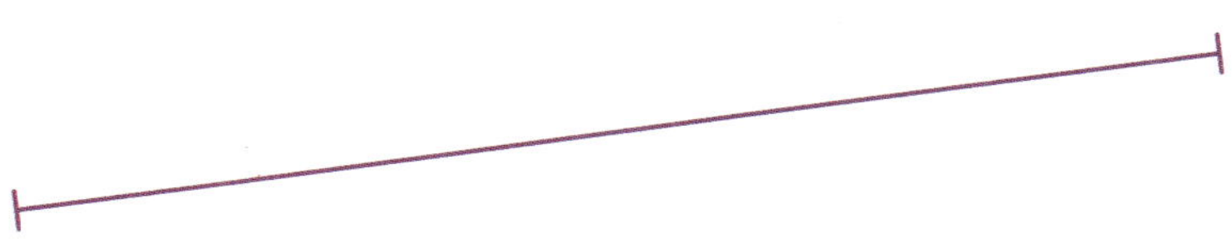

Construire le milieu d'un segment.

Grandeurs et mesures

7 Mesure la longueur du segment et **complète**.

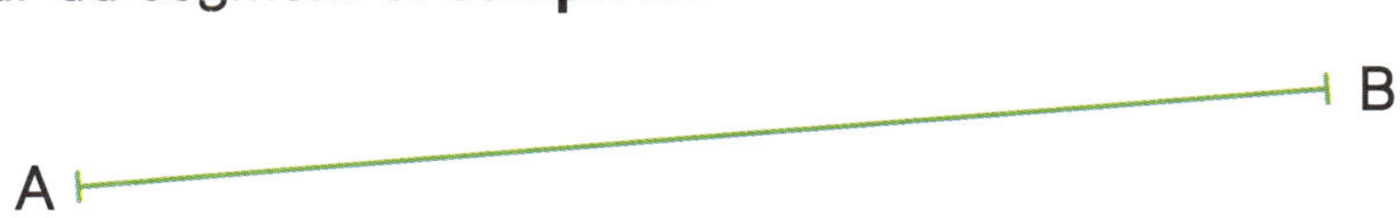

Longueur du segment : ...... cm ...... mm

Mesurer la longueur d'un segment.

11 Dénombrer une collection (2)

Découvrons ensemble

Combien de spectateurs assistent à cette course ?

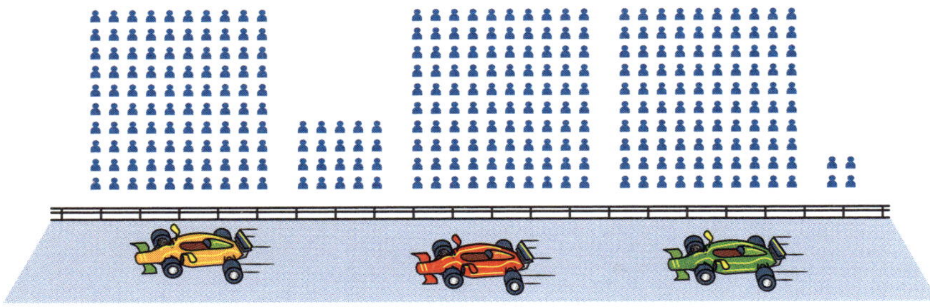

...... spectateurs assistent à cette course.

Je m'entraîne

1 **Écris** le nombre de timbres.

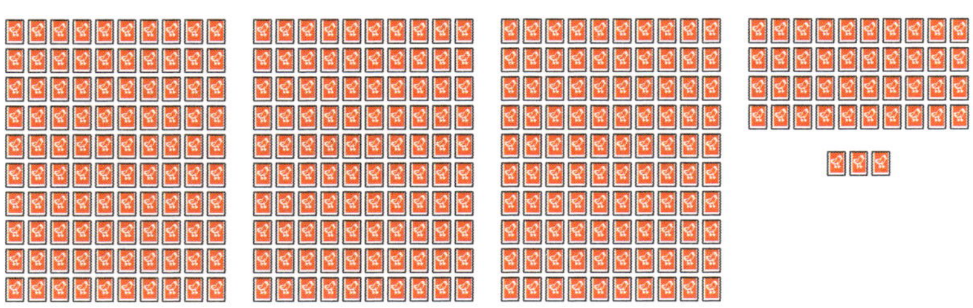

...... timbres

2 Combien de billes Emma possède-t-elle ?

Emma possède ...... billes.

3 **Problème**

Ce quadrillage a une longueur de 15 carreaux et une largeur de 10 carreaux.

Colorie 132 carreaux.

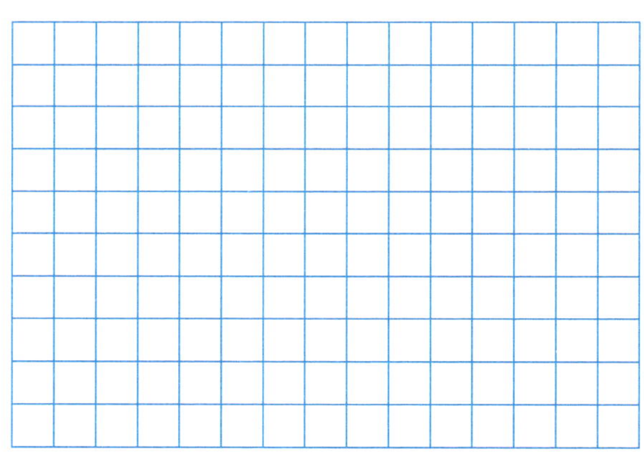

J'ai déjà appris

4 **Mesure** les longueurs des segments AB et BC.

Le point B est-il le milieu du segment AC ? ....

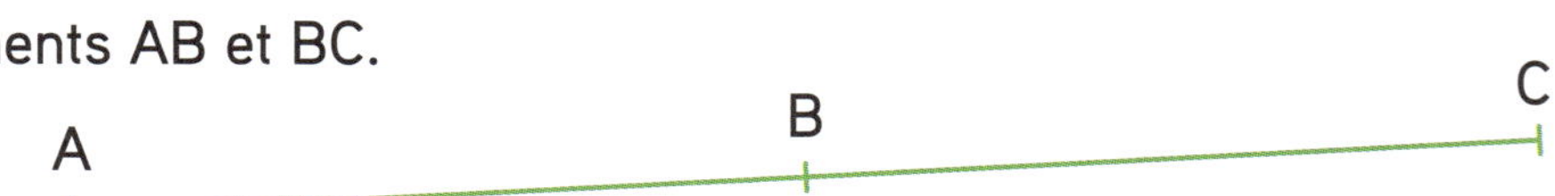

Compétence : Dénombrer une collection de cardinal inférieur à 1 000.

Calcul mental : Ajouter 10. L'enseignant dit : « 35 + 10 » ; l'élève écrit 45.

12 Échanger dix dizaines contre une centaine

Découvrons ensemble

Observe comment Théo et Léa calculent le nombre de carreaux de ce drapeau en damier.

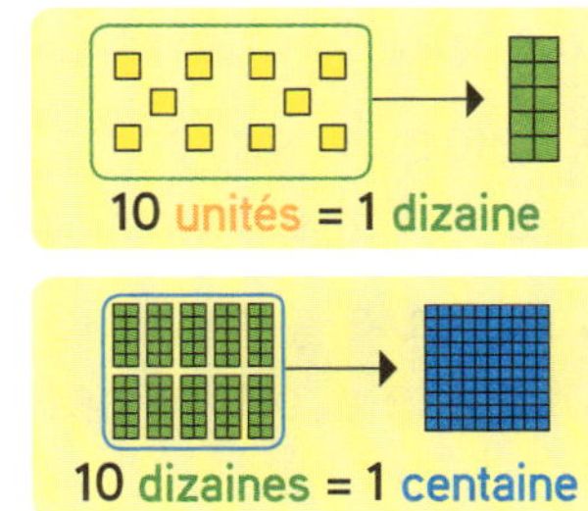

Complète.

14 dizaines = 10 dizaines + ... dizaines

14 dizaines = ... centaine + ... dizaines

Écris ce nombre dans le tableau.

Ce drapeau comporte .... carreaux.

centaine	dizaine	unité
c	d	u
......	......	......

Je m'entraîne

1 Écris le nombre de jetons.

a

.... d = ... c

Nombre de jetons : ....

b

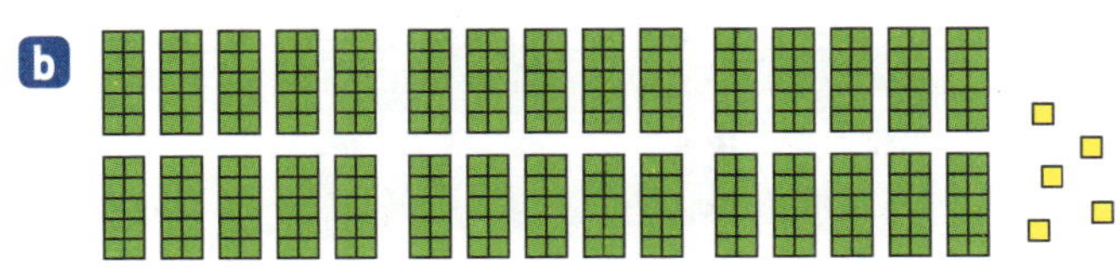

.... d .... u = ... c ...... d ...... u

Nombre de jetons : ....

2 Écris le nombre de carreaux.

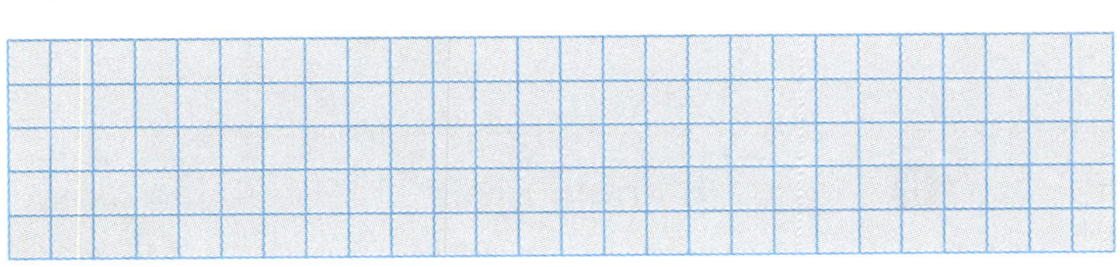

.... d = ... c ...... d

Nombre de carreaux : ....

3 Problème

La fermière a ramassé les œufs pondus par ses poules.
Elle a rempli 38 boîtes de 10 œufs.

Complète.

La fermière a ramassé .... dizaines d'œufs.

La fermière a ramassé .... œufs.

Le coin du chercheur

Anna a moins de vingt ans.
Le chiffre des dizaines de son âge est le même que celui des unités.
Quel est l'âge d'Anna ?

....

Compétence : Échanger dix dizaines contre une centaine.
Calcul mental : Ajouter 5 à un nombre se terminant par 5. L'enseignant dit : « 15 + 5 » ; l'élève écrit 20.

Photofiche A3

13 Angle droit et équerre

....	....	....	....	....

Découvrons ensemble

Construis un gabarit d'angle droit.
Observe l'équerre de ta trousse.
À l'aide du gabarit d'angle droit, **trouve** l'angle droit de ton équerre.
Colorie la gommette qui correspond à l'angle droit de cette équerre.

Trace un angle droit, comme le fait Théo.

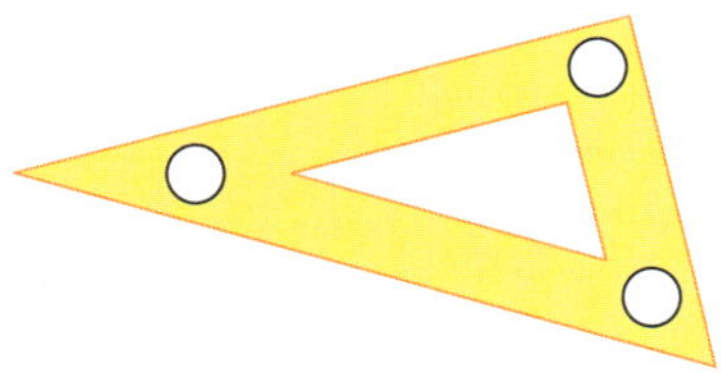

Place une gommette sur l'équerre de ta trousse pour repérer l'angle droit.

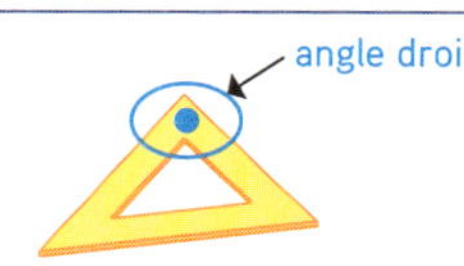

Je m'entraîne

1 **Entoure** les lettres correspondant aux angles droits. **Utilise** ton équerre pour les trouver.

a

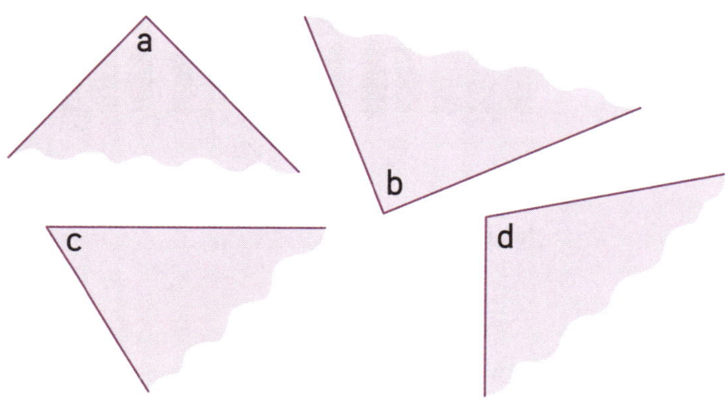

b

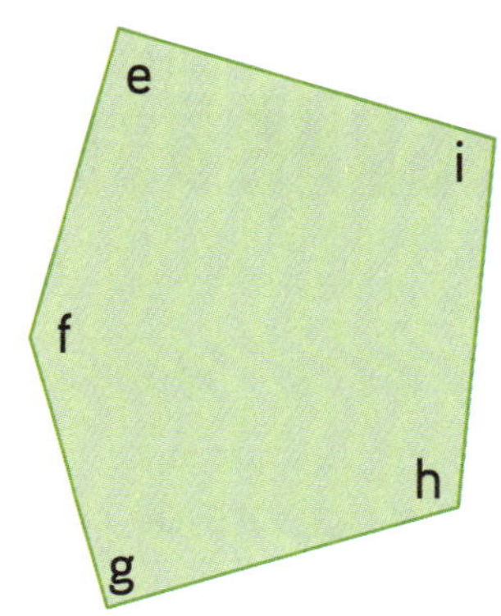

2 **a** **Trace** un angle droit.

b **Trace** un angle droit. Le sommet et un côté sont déjà tracés.

Pense à tourner ton équerre !

J'ai déjà appris

3 **Écris** en chiffres : soixante-quinze ; quatre-vingt-douze ; soixante-dix-neuf.

....

Compétences : Vérifier qu'un angle est droit en utilisant l'équerre. Tracer un angle droit.
Calcul mental : Ajouter un nombre inférieur à 10 avec franchissement de la dizaine. L'enseignant dit : « 26 + 5 » ; l'élève écrit 31.

Photofiche S7

14 Identifier et tracer un triangle rectangle

Découvrons ensemble

Un triangle rectangle est un triangle qui possède un angle droit.

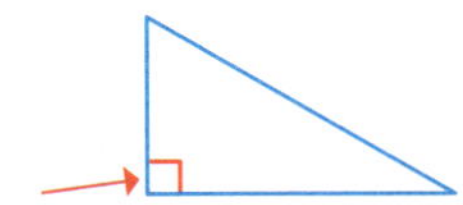

Entoure les lettres des figures qui sont des triangles rectangles.

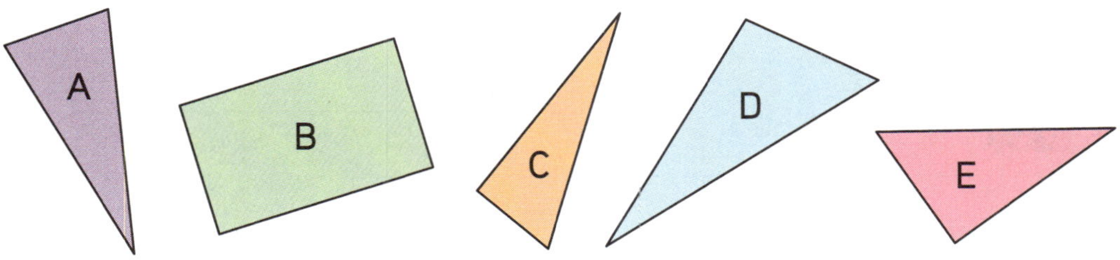

Utilise le quadrillage pour tracer un triangle rectangle.

Utilise ton équerre pour tracer un triangle rectangle.

Je m'entraîne

1 **Entoure** les lettres des triangles rectangles.

a

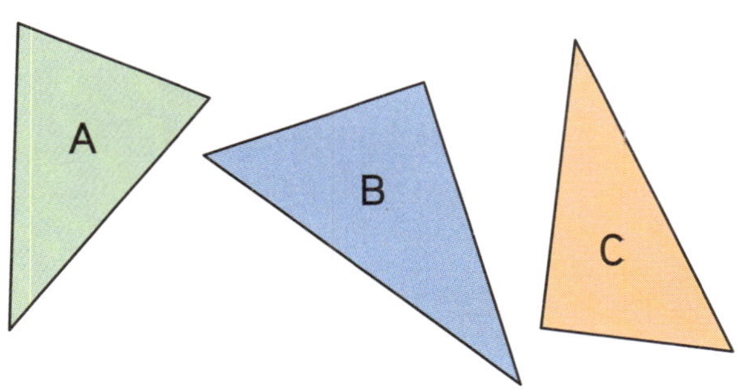

b

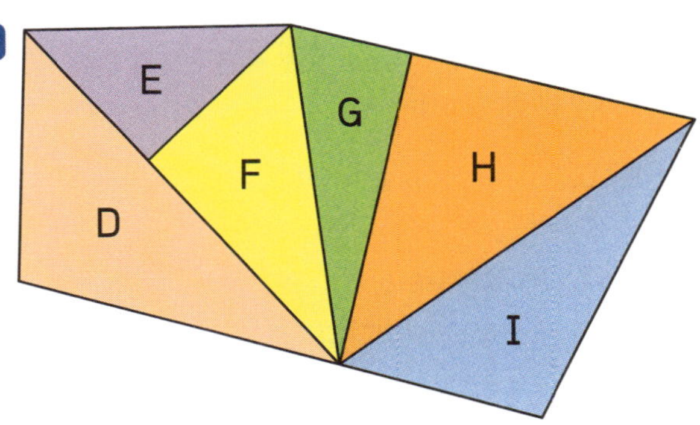

2 **Problème**

Trace un triangle rectangle : le point bleu est le sommet de l'angle droit. Un côté est déjà tracé.

Tu as plusieurs possibilités !

Le coin du chercheur

Monsieur Saumon remonte chaque jour 10 km de rivière. Chaque nuit, le courant le fait redescendre de 2 km. S'il part lundi matin, à quelle distance de son point de départ sera-t-il jeudi soir ? ....

Compétences : Reconnaître, décrire, nommer, tracer un triangle rectangle. Vérifier la nature d'une figure en utilisant l'équerre.
Calcul mental : Additionner 10. L'enseignant dit : « 35 + 10 » ; l'élève écrit 45.

Photofiche S8

15 Lire, écrire, décomposer les nombres de 0 à 999 (1)

....	....	....	....	....

Découvrons ensemble

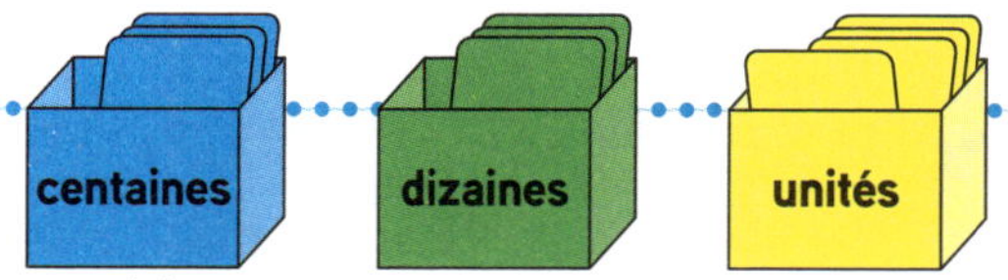

MATÉRIEL GP

Théo et Léa tirent une carte de chaque boîte.

▶ **Écris** les chiffres des cartes de Théo dans ce tableau.

1 d | 8 u | 5 c

c	d	u
......	......	......

▶ **Écris** le nombre de Théo en chiffres : ....

Complète.

.... = ... centaines ...... dizaine ...... unités

.... = ... + ... + ...

Écris ce nombre en lettres.

....

▶ Le nombre de Léa s'écrit 723.

Complète.

723 = ... + ... + ...

723, c'est ...... c ...... d ...... u.

.... d | .... u | c

Je m'entraîne

1 **Écris** les nombres de Théo et de Léa, puis **entoure** leur chiffre des centaines.

a  3 c | 4 d | 6 u ....

b  5 u | 2 d | 4 c ....

2 **Écris** en chiffres.

a
- cent trente-huit : ....
- deux cent soixante-trois : ....

b
- cent quatre-vingt-deux : ....
- trois cent soixante-dix-neuf : ....

3 **Complète** le tableau suivant l'exemple.

247	deux cent quarante-sept	200 + 40 + 7	2 c 4 d 7 u
....	cinq cent trente-deux	....	....
....	....	300 + 50 + 8	....
....	....	....	6 c 2 d 5 u

J'ai déjà appris

4 **Mesure** la longueur de chaque segment.

...... cm ...... mm

...... cm ...... mm

Compétences : Lire, écrire et décomposer les nombres inférieurs à 1 000.
Calcul mental : Soustraire un nombre inférieur à 10 avec franchissement de la dizaine. L'enseignant dit : « 23 – 5 » ; l'élève écrit 18.

Photofiche S9

16 Lire, écrire, décomposer les nombres de 0 à 999 (2)

....	....	....	....	....

Découvrons ensemble

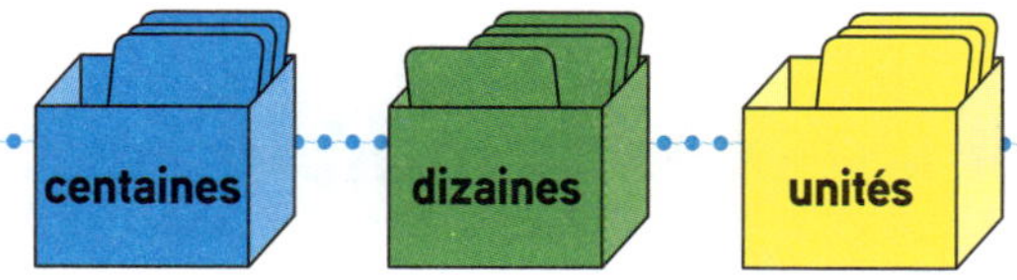

MATÉRIEL GP

Théo et Léa tirent chacun deux cartes.

▶ **Écris** les chiffres des cartes des enfants dans ce tableau.

Complète avec des zéros pour trouver le nombre obtenu par chaque enfant.

7 c 2 d

c	d	u
......	......	......
......	......	......

▶ **Écris** le nombre de Théo en chiffres : ....

Complète. .... = 700 + ...

Écris ce nombre en lettres.

....

▶ **Écris** le nombre de Léa en chiffres : ....

Complète. .... = 800 + ...

Écris ce nombre en lettres.

....

Je m'entraîne

1 **Écris** les nombres en t'aidant du tableau de numération, puis **entoure** leur chiffre des centaines.

a 5 c 3 d .... 1 d 9 c ....

b 3 c 8 u .... 6 u 4 c ....

2 **Écris** en chiffres.

a trois cent soixante-dix : ....

cinq cent quatre-vingts : ....

b quatre cent deux : ....

trois cent sept : ....

3 **Complète** le tableau suivant l'exemple.

207	deux cent sept	200 + 7	2 c 7 u
....	cinq cent trente	....	....
....	....	400 + 50	....
....	....	....	9 c 6 u

4 **Devinette**

Je suis un nombre de 3 chiffres. Si on m'ajoute 8 centaines, tous mes chiffres sont alors égaux à 9. Qui suis-je ?

Je suis le nombre ....

Le coin du chercheur

Quel est le double du double de 10 ?

....

Compétences : Lire, écrire et décomposer les nombres inférieurs à 1 000 comportant un zéro.

Calcul mental : Soustraire un nombre inférieur à 10 avec franchissement de la dizaine. L'enseignant dit : « 54 – 7 » ; l'élève écrit 47.

Photofiche S10

17 Calcul en ligne : Ajouter un nombre de deux chiffres

Découvrons ensemble

Théo calcule 70 + 12.

Je décompose 12 :
12 = 10 + ...

Complète.

70 + 12 = 70 + 10 + ...

70 + 12 = ... + ...

70 + 12 = ...

Léa calcule 57 + 25.

Je décompose d'abord les deux nombres :
57 = 50 + ... 25 = 20 + ...

57 + 25 = 50 + 20 + ... + ...

57 + 25 = ... + ...

57 + 25 = ...

Je m'entraîne

1 Complète.

a

- 30 + 14 = 30 + 10 + ...

  30 + 14 = ... + ...

  30 + 14 = ...

- 50 + 36 = 50 + 30 + ...

  50 + 36 = ... + ...

  50 + 36 = ...

b

- 23 + 45 = 20 + 40 + ... + ...

  23 + 45 = ... + ...

  23 + 45 = ...

- 36 + 57 = 30 + ... + ... + ...

  36 + 57 = ... + ...

  36 + 57 = ...

2 Problèmes

a Lucie a 40 € dans sa tirelire.
Pour son anniversaire,
sa tante lui donne 15 €.
Quelle somme possède-t-elle maintenant ?

....

Maintenant, Lucie possède .... €.

b Pierre a 47 € dans sa tirelire.
Pour son anniversaire,
son oncle lui donne 15 €.
Quelle somme possède-t-il maintenant ?

....

Maintenant, Pierre possède .... €.

J'ai déjà appris

3 Le livre de Grégoire compte 89 pages.
Il a déjà lu 45 pages.
Combien de pages lui reste-t-il à lire ?

....

Il lui reste .... pages à lire.

Aide-toi du problème de référence 2 de la leçon 10.

Compétence : Calculer une addition en ligne.
Calcul mental : Ajouter 20 ou 30. L'enseignant dit : « 43 + 20 » ; l'élève écrit 63.

Photofiches S11 et A4

18 L'addition posée avec retenue

Découvrons ensemble

Théo calcule **548 + 357**.

Complète son calcul.

	c	d	u
	1	1	
	5	4	8
+	3	5	7
		1	5

548 + 357 = ...

Léa calcule **297 + 409 + 54**.

Pose et **calcule**.

	c	d	u
+			
+			

297 + 409 + 54 = ...

Je m'entraîne

1 **Calcule.**

a

	3	5	6
+		8	7
	......	......	......

	4	6	5
+	3	0	8
	......	......	......

b

	5	1	3
+	2	6	7
+	1	8	3
	......	......	......

		1	5
+	3	6	7
+	1	5	3
	......	......	......

2 **Pose** et **effectue.**

a 285 + 136   866 + 38

b 418 + 124 + 278   197 + 18 + 486

J'ai déjà appris

3 Le point I est-il le milieu :

– du segment AC ?

☐ Oui ☐ Non

– d'un autre segment ?

☐ Oui .... ☐ Non

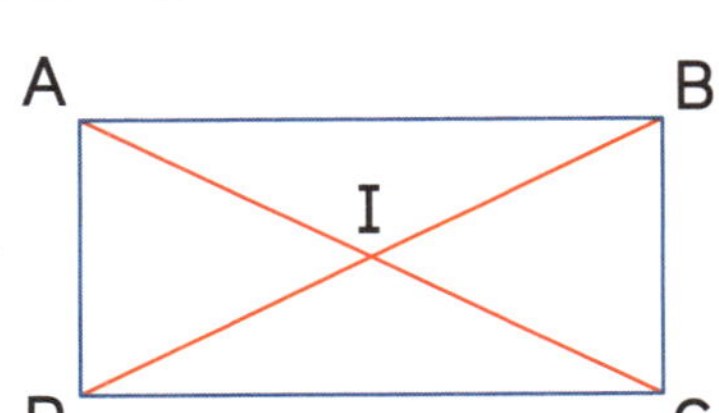

Le coin du chercheur

Quatre enfants d'une même famille se suivent à trois ans d'intervalle. L'aîné a 16 ans.

Quel âge a le plus jeune ?

....

Compétence : Maîtriser la technique de l'addition posée avec retenue.

Calcul mental : Ajouter des dizaines entières. L'enseignant dit : « 35 + 20 » ; l'élève écrit 55.

19 Connaître la monnaie

Découvrons ensemble

Matériel C — Matériel D

Les pièces

Observe les pièces de la page matériel **C**.

Colle les pièces en centimes par ordre croissant (de la plus petite à la plus grande valeur).

Combien de pièces différentes en euro **comptes**-tu ? ....

Écris leur valeur. ....

Dessine 5 pièces pour faire 1 €.

Les billets

Observe les billets de la page matériel **D**.

Dessine 4 billets pour faire 100 €.

Je m'entraîne

1 Parmi ces pièces ou ces billets, **barre** ceux qui n'existent pas.

a

b

2 **a** **Dessine** 2 pièces pour faire 1 €.

b **Dessine** 4 pièces pour faire 1 € 50 c.

3 **Problème. Entoure** les pièces et le billet qui permettent d'obtenir :

a 1 € 50 c

b 7 € 10 c

Compétence : Connaître l'euro et le centime.

Calcul mental : Soustraire 10. L'enseignant dit : « 42 – 10 » ; l'élève écrit 32.

Photofiches S12 et A5

20 Payer avec la monnaie

Découvrons ensemble

MATÉRIEL C · MATÉRIEL D

Théo et Léa comparent leur argent. Combien Théo possède-t-il ? Léa a-t-elle raison ?

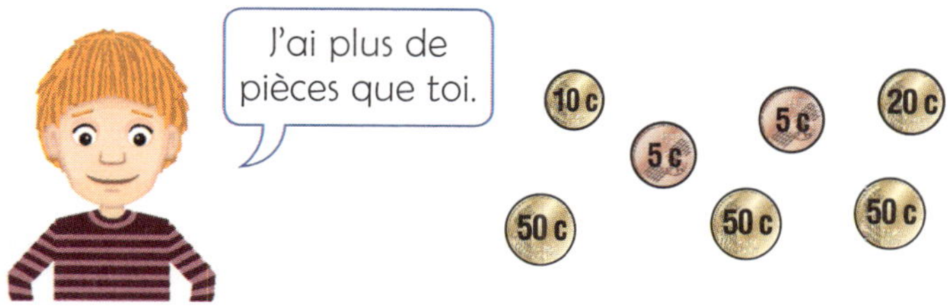

Théo possède ....

Léa a-t-elle raison ? ☐ Oui ☐ Non

Dessine les pièces et les billets nécessaires à Mélissa pour acheter ce collier.

Je m'entraîne

1 Parmi ces pièces et billets, **entoure** ceux qui te permettent d'acheter ces objets.

a

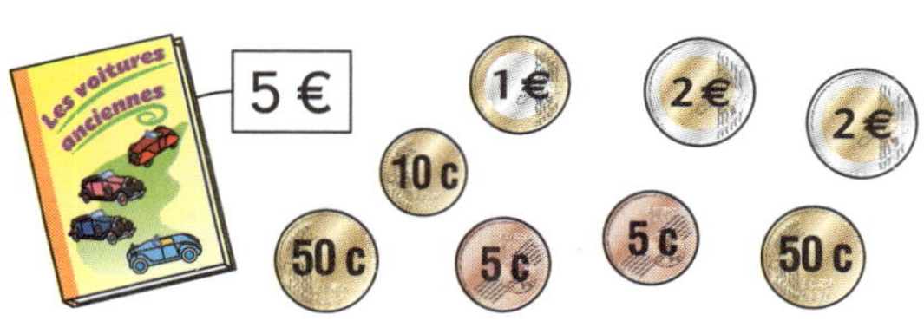

b

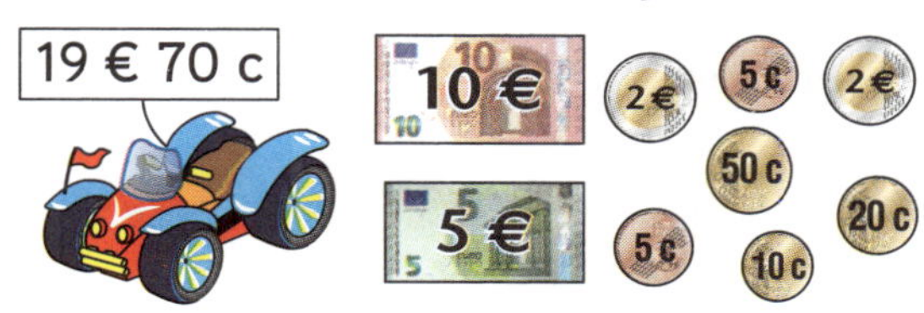

2 **Dessine** les pièces et les billets pour acheter ces bouquets.

a

b

3 **Problème**

Camille possède 700 centimes.
Quelle somme lui manque-t-il pour acheter ce ballon ?

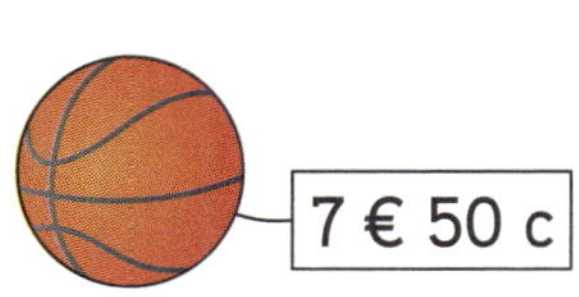

Complète. 700 c = ... €

Pour acheter ce ballon,
il lui manque ....

Le coin du chercheur

Harpagon est content. Il sait que chaque jour sa fortune double.
Lundi, il possède 3 écus.
Combien aura-t-il d'écus samedi ?

....

Compétence : Faire l'appoint en euros et en centimes.
Calcul mental : Soustraire 20 ou 30. L'enseignant dit : « 54 – 20 » ; l'élève écrit 34.

Photofiche S13

21 Calcul en ligne : Retrancher un nombre de deux chiffres

Découvrons ensemble

Théo calcule 35 – 14.

Complète.

> 14 = 10 + 4
> Je retranche d'abord 10,
> puis je retranche 4.

35 – 10 = ...

.... – 4 = ...

35 – 14 = ...

Léa calcule 35 – 17.

Complète le schéma pour terminer son calcul.

> 17 = 10 + 7
> Je retranche d'abord 10.
> 35 – 10 = 25
> Puis je retranche 7.

> Pour retrancher 7,
> retranche d'abord 5 pour
> arriver à 20, puis retranche 2
> parce que 7 = 5 + 2

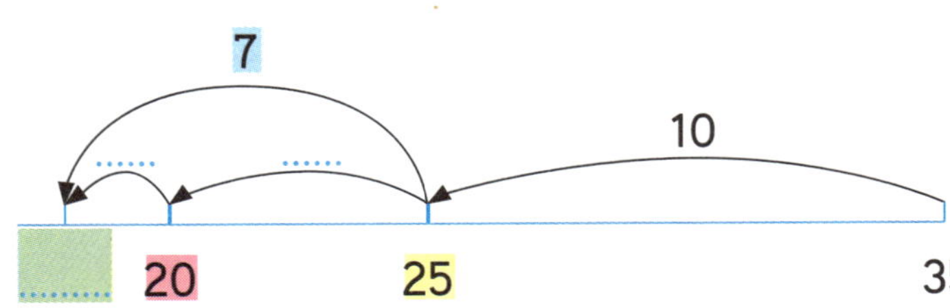

35 – 17 = ...

Je m'entraîne

1 Calcule comme Théo.

a 38 – 15

38 – 10 = ...

.... – 5 = ...

38 – 15 = ...

36 – 23

36 – 20 = ...

.... – 3 = ...

36 – 23 = ...

b 74 – 32

74 – 30 = ...

.... – 2 = ...

74 – 32 = ...

98 – 53

98 – 50 = ...

.... – 3 = ...

98 – 53 = ...

2 Calcule comme Léa. **Aide**-toi du schéma.

a 32 – 15

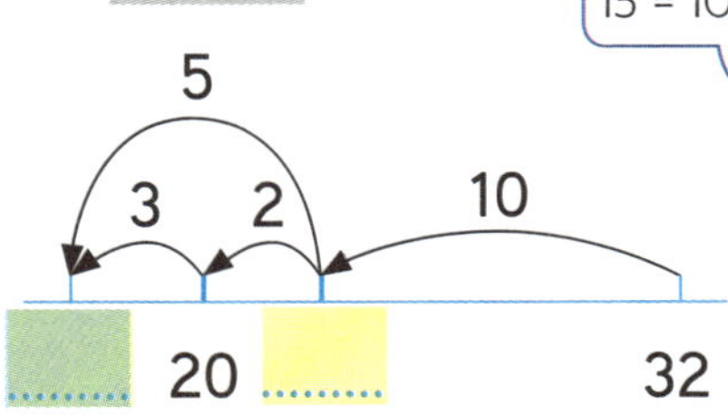

32 – 15 = ...

b 73 – 38

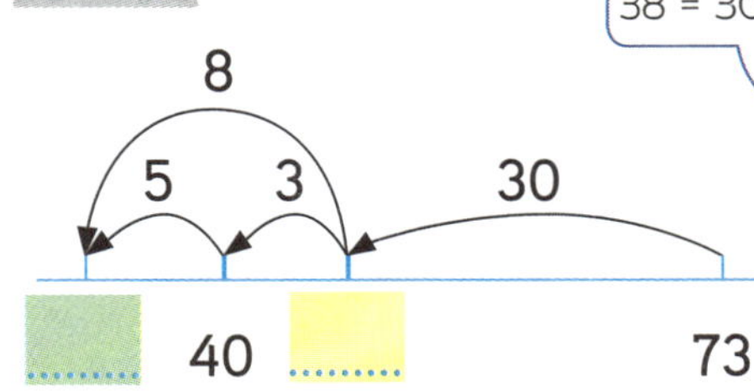

73 – 38 = ...

3 Problème

Hector a 38 ans. Sa fille Victoria a 25 ans de moins.
Quel est l'âge de Victoria ?

.... *Victoria a .... ans.*

Compétence : Retrancher un nombre de deux chiffres.

Calcul mental : Soustraire des dizaines entières. L'enseignant dit : « 45 – 30 » ; l'élève écrit 15.

22 La soustraction posée sans retenue

......	......	......	......	......

Découvrons ensemble

Théo calcule **568 – 237**.

Complète.

	c	d	u
	5	6	8
–	2	3	7
	......	......	1

Vérifie.

	......	......	1
+	2	3	7
	5	6	8

568 – 237 = ...

Léa calcule **297 – 54**.

Pose et **calcule**.

	c	d	u
–			

Vérifie.

+		5	4

297 – 54 = ...

Je m'entraîne

1 **Complète.**

a

	6	4	8
–	2	1	5
	......	......	......

Vérification

	......	......	......
+	2	1	5
	6	4	8

b

	7	8	6
–	5	2	4
	......	......	......

Vérification

	......	......	......
+	5	2	4
	......	......	......

2 **Pose** et **calcule**, puis **vérifie** sur ton cahier de brouillon.

a 457 – 324   896 – 753

b 576 – 205   875 – 43

J'ai déjà appris

3 Margot collectionne les coquillages, elle en a 157.
Sur la plage, elle en trouve encore 29.
Combien de coquillages possède-t-elle maintenant ?

Aide-toi du problème de référence 1 de la leçon 10.

....

Maintenant, elle possède .... coquillages.

Le coin du chercheur

Lou possède un écu et Roméo ne possède rien. Roméo dit : « Bientôt, je posséderai 1 000 fois plus d'écus que ce que je possède aujourd'hui. Je serai alors beaucoup plus riche que toi ! » Est-ce **vrai** ou **faux** ?

....

Compétence : Maîtriser la technique de la soustraction posée sans retenue.

Calcul mental : Calculer le complément à la dizaine supérieure. L'enseignant écrit : 38 + ... = 40 ; l'élève écrit 2.

Photofiches P4 et P5

23 Problèmes : Apprendre à résoudre
Situations additives ou soustractives (2)

Problème de référence 1

Dans un groupe de 15 élèves, 8 sont des filles.
Combien de garçons y a-t-il dans ce groupe ?

Associer un schéma à l'énoncé

Théo et Léa ont chacun représenté ce problème par un schéma.

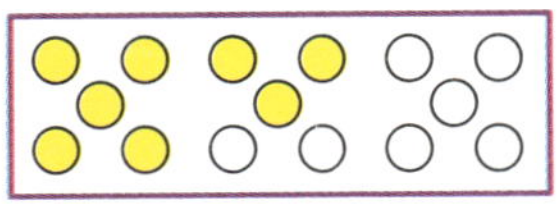
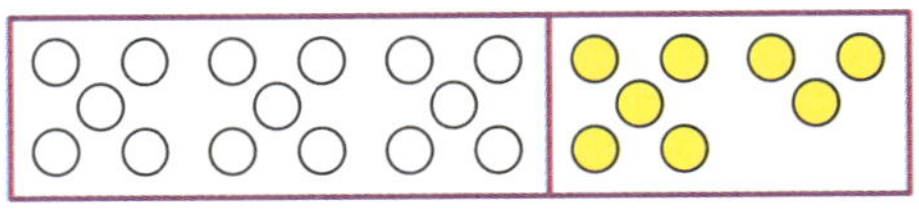

Que représentent les ronds ? ....

Que représentent les ronds jaunes ? **Coche** la bonne réponse.

☐ Des filles. ☐ Des garçons.

Entoure le schéma qui correspond à l'énoncé.

Entoure l'opération qui permet de répondre à la question. 15 – 8 15 + 8

Répondre à la question

Écris, puis **effectue** l'opération. .... = ...

Complète la phrase réponse. *Dans ce groupe, il y a .... garçons.*

Problème d'application

1 Le pâtissier a déjà préparé 15 gâteaux aux fraises.
Il lui reste encore à préparer 8 gâteaux au chocolat.
Combien de gâteaux aura-t-il préparés en tout ?

Théo et Léa ont chacun représenté ce problème par un schéma.

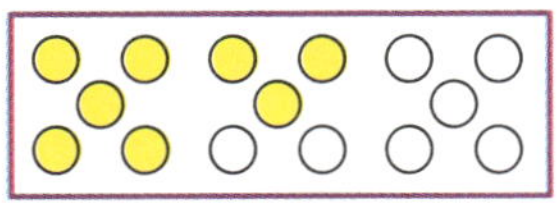
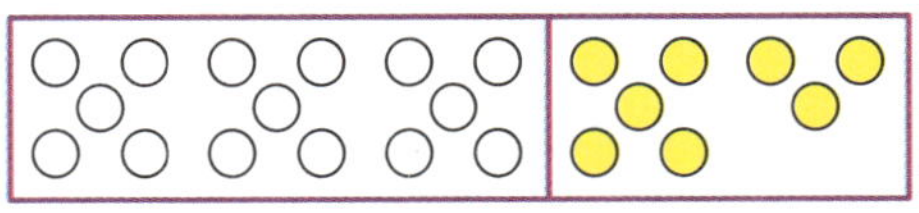

Que représentent les ronds ? ....

Que représentent les ronds jaunes ? **Coche** la bonne réponse.

☐ Des gâteaux aux fraises. ☐ Des gâteaux au chocolat.

Entoure le schéma qui correspond à l'énoncé.

Entoure l'opération qui permet de répondre à la question. 15 + 8 15 – 8

Écris, puis **effectue** l'opération. .... = ...

Complète la phrase réponse. *En tout, le pâtissier aura préparé .... gâteaux.*

Problème de référence 2

Mariette fait une course à pied. Elle a déjà parcouru 15 km.
Il lui reste encore 8 km à parcourir.
Quelle est la longueur de la course ?

Interpréter un schéma

Voici le schéma qui correspond à l'énoncé.
Que représente la bande jaune ?

....

Entoure l'opération qui permet de répondre à la question. 15 + 8 15 – 8

Répondre à la question

Écris, puis **effectue** l'opération. .... = ...

Complète la phrase réponse. *La course a une longueur de .... km.*

Problèmes d'application

1 Marion fait un cross de 15 km. Elle a déjà parcouru 8 km.
Combien de kilomètres doit-elle encore parcourir ?

Voici le schéma qui correspond à l'énoncé.

Que représente la bande jaune ? **Coche** la bonne réponse.

☐ la distance parcourue ☐ la distance totale ☐ la distance qui reste à parcourir

Entoure l'opération qui permet de répondre à la question. 15 + 8 15 – 8

Écris, puis **effectue** l'opération. .... = ...

Complète la phrase réponse. *Marion doit encore parcourir .... km.*

2 Florian possède 180 billes. 60 billes sont vertes et les autres sont rouges.
Combien de billes rouges possède-t-il ?

Voici le schéma qui correspond à l'énoncé.

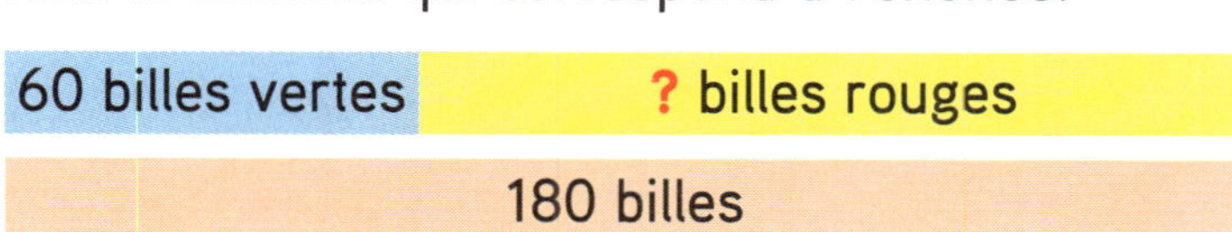

Entoure l'opération qui permet de répondre à la question. 180 + 60 180 – 60

Écris, puis **effectue** l'opération. .... = ...

Complète la phrase réponse. *Florian possède .... billes rouges.*

Compétence : Utiliser un schéma pour choisir une opération dans des problèmes de composition d'états.
Calcul mental : Dictée de nombres de trois chiffres. L'enseignant dit : « 324 » ; l'élève écrit 324.

24 TUIC n° 1 : Tracer des triangles

1 **Ouvre** le traitement de texte OpenOffice Writer*.
Vérifie si la barre de boutons ci-dessous apparaît en bas de la fenêtre.

Si elle n'apparaît pas, **clique** sur le bouton « Dessin » dans la barre du haut.

2 **Clique** sur la flèche noire à droite du bouton « Formes de base ».
Voici ce que tu obtiens :

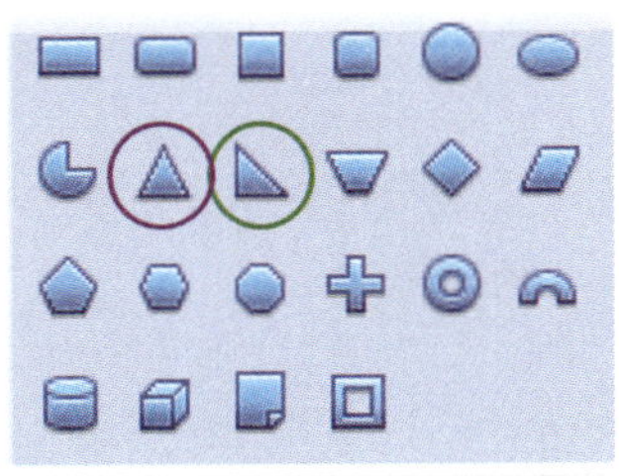

- **Pour tracer un triangle**

– **Clique** sur le triangle entouré en violet.
– Pour le tracer, déplace la souris, clic gauche maintenu.
– **Recommence** plusieurs fois pour tracer différents triangles comme ci-dessous.

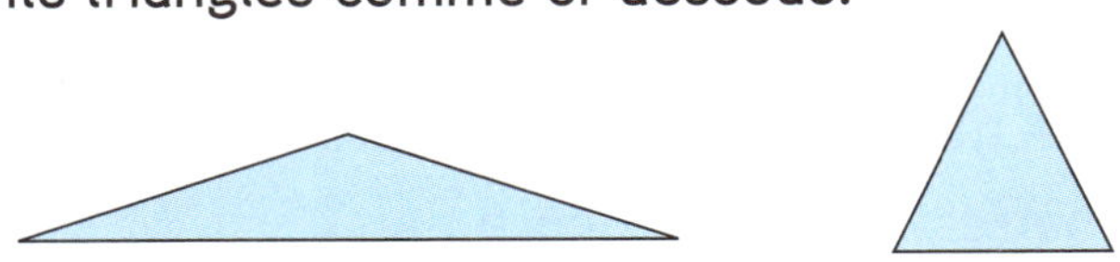

- **Pour tracer un triangle rectangle**

– **Clique** sur le triangle rectangle entouré en vert.
– Pour le tracer, **déplace** la souris, clic gauche maintenu.
– **Recommence** plusieurs fois pour tracer différents triangles rectangles comme ci-contre.

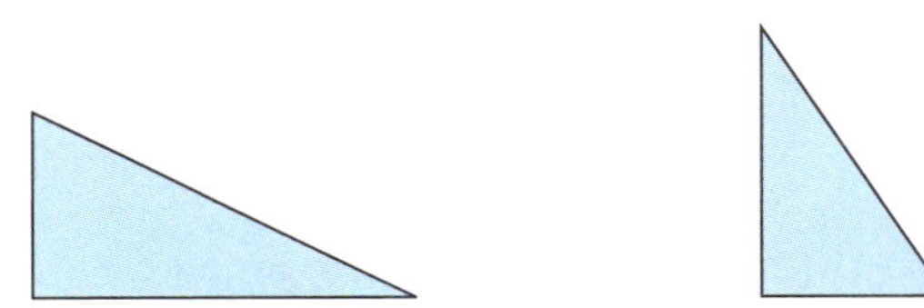

3 **Clique** ensuite sur l'un des triangles que tu as tracés. En utilisant les boutons ci-dessous, **modifie** l'aspect et la couleur des côtés et des surfaces.

Par exemple, tu peux obtenir ces figures :

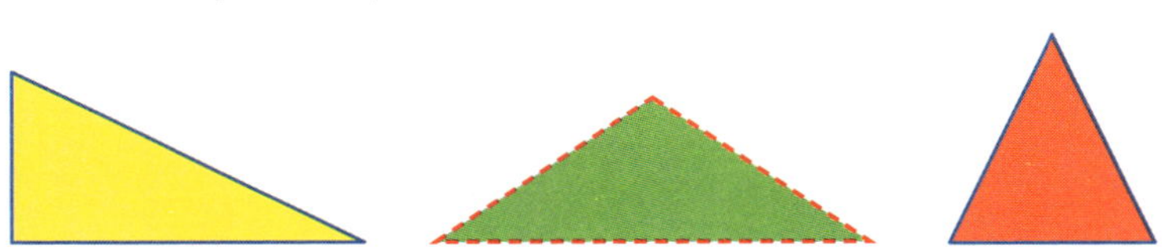

4 **Invente** un dessin en utilisant uniquement des triangles.
Tu peux t'inspirer des dessins ci-contre.
Enregistre ton travail ou **imprime**-le.

* Cette activité est conçue à l'aide du logiciel OpenOffice. Elle peut être facilement adaptée et réalisée avec tout logiciel de traitement de texte équipé des outils de dessin (Microsoft Word...).

Compétence : Utiliser les outils de dessin d'un traitement de texte pour tracer des triangles.
Calcul mental : Dictée de nombres de trois chiffres. L'enseignant dit : « 805 » ; l'élève écrit 805.

25 Maths Aventures [1]

Au bord du lac

Quand ta réponse est correcte, tu colories une étoile. ☆

1 ☆ **Mesure** la longueur des segments.

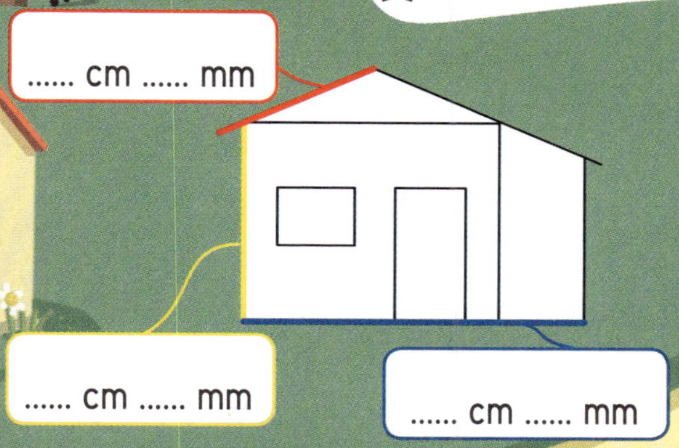

2 ☆ Quels cerfs-volants ont :

– 1 seul angle droit ? ....

– 4 angles droits ? ......

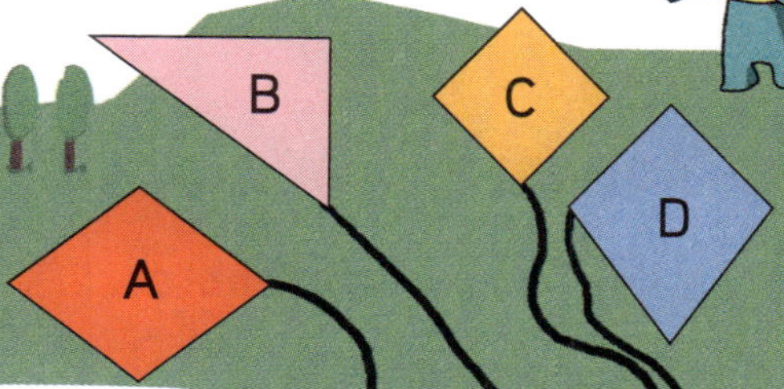

3 ☆ L'équipe bleue a gagné 483 points à l'épreuve de BMX et 268 points à l'épreuve de rafting.
Combien de points a-t-elle gagnés ?

Elle a gagné .... points.

4 ☆ **Écris en chiffres** les nombres des canoës.

DESCENTE EN EAU VIVE

TARIF: 34 euros la descente

5 ☆ **Entoure** les pièces et billets pour payer la descente.

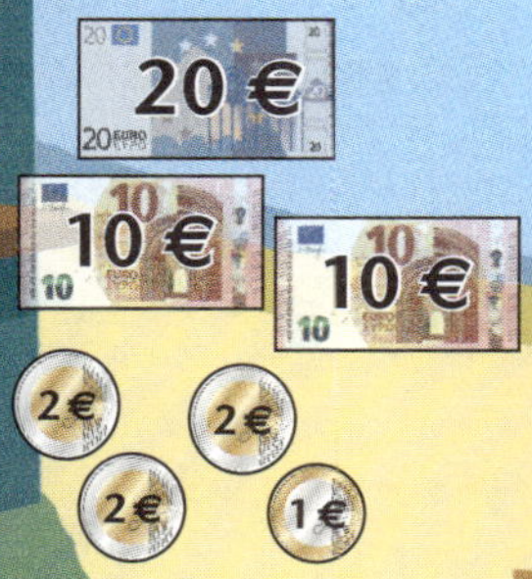

6 ☆ Au marathon du lac, 297 coureurs ont pris le départ. 73 coureurs ont abandonné.
Combien de coureurs ont terminé la course ?

.... coureurs ont terminé la course.

ARRIVÉE

Si tu as colorié 5 ou 6 étoiles, entoure la médaille d'or ;
3 ou 4 étoiles, entoure la médaille d'argent ;
sinon, entoure la médaille de bronze.

J'ai compris et je retiens (2)

Cette page t'aide à retenir ce qui est essentiel.

Nombres

N3 Je lis, j'écris les nombres.

175 → cent soixante-quinze

206 → deux cent six

N4 Je décompose les nombres.

175 = 100 + 70 + 5

206 = 200 + 6

Calculs

C3 Je calcule une addition en ligne.

57 + 25 = 50 + 20 + 7 + 5

57 + 25 = 70 + 12

57 + 25 = 82

C4 Je calcule une soustraction en ligne.

65 − 27

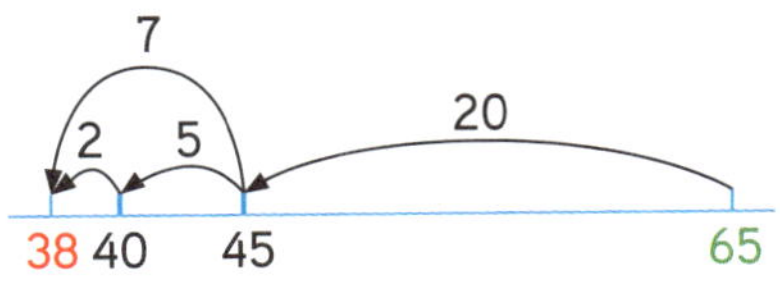

27 = 20 + 7

65 − 20 = 45

45 − 7 = 38

65 − 27 = 38

C5 Je calcule une addition avec retenue.

	c	d	u
	1	1	
	5	7	8
+	3	4	6
=	9	2	4

578 + 346 = 924

C6 Je calcule une soustraction sans retenue.

	c	d	u
	5	7	8
−		4	6
=	5	3	2

578 − 46 = 532

Espace et géométrie

G3 J'identifie un triangle rectangle.

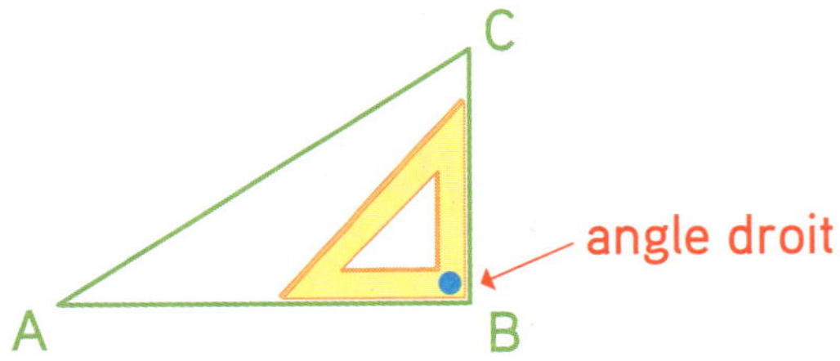

Le triangle ABC possède un angle droit : c'est un triangle rectangle.

Grandeurs et mesures

M2 Je connais la monnaie.

50 c + 50 c = 100 c = 1 €

M3 Je paie avec la monnaie.

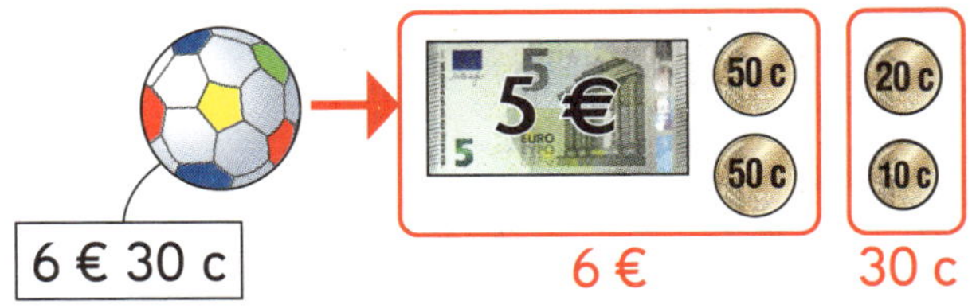

Je fais le point (2)

SOCLE COMMUN

Nombres et calculs

1 **Complète** le tableau suivant l'exemple.

deux cent soixante-cinq	265	200 + 60 + 5
cent cinquante-huit	....	....
six cent soixante-douze	....	....
quatre cent huit	....	....
trois cent quatre-vingts	....	....

Écrire en chiffres un nombre de trois chiffres. Le décomposer de façon canonique.

2 **Calcule** sans poser l'opération.

56 + 25 = ...

....

Calculer en ligne une addition.

3 **Calcule** sans poser l'opération.

48 – 15 = ...

....

Calculer en ligne une soustraction.

4 **Pose** et **calcule** :

254 + 167

Poser et effectuer une addition.

5 **Pose** et **calcule** :

478 – 325

Poser et effectuer une soustraction.

Espace et géométrie

6 **Entoure** les sommets des angles droits.

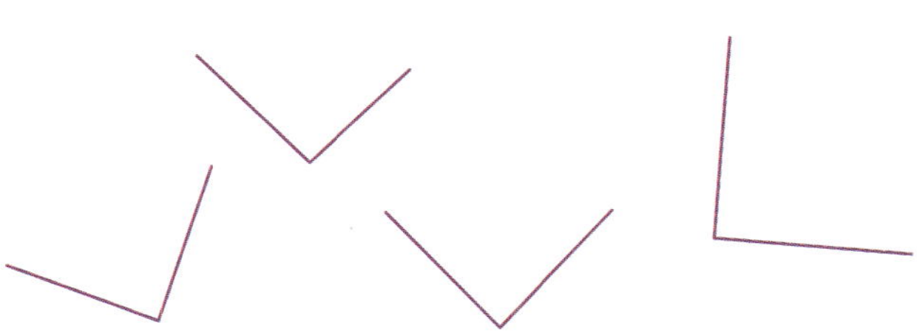

Reconnaître un angle droit.

7 **Trace** un triangle rectangle.
Entoure le sommet de l'angle droit.

Tracer un triangle rectangle.

Grandeurs et mesures

8 **Entoure** les pièces et billets pour payer ce jeu vidéo.

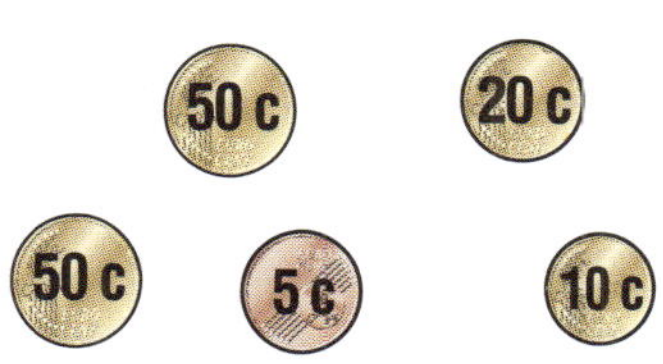

Payer un prix donné avec la monnaie.

Photofiche P6

26 Reproduire une figure géométrique sur quadrillage

Découvrons ensemble

Reproduis la figure.

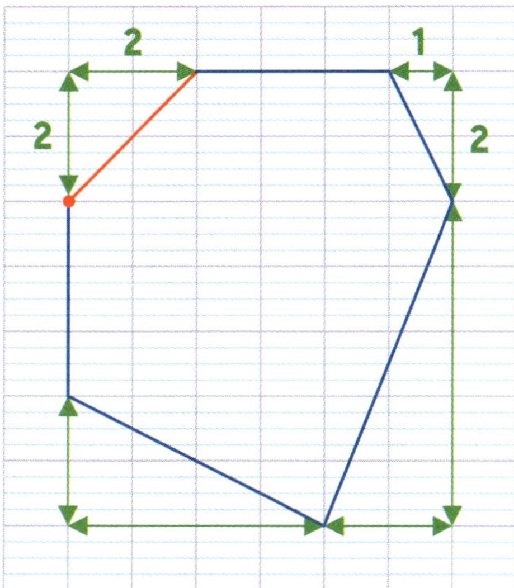

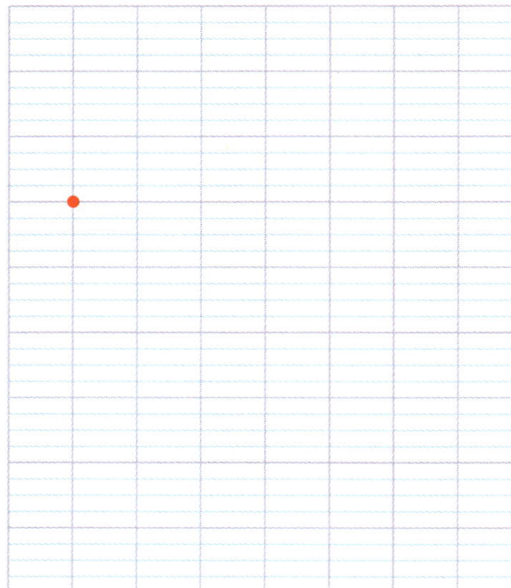

Je m'entraîne

1 **Reproduis** cette figure.

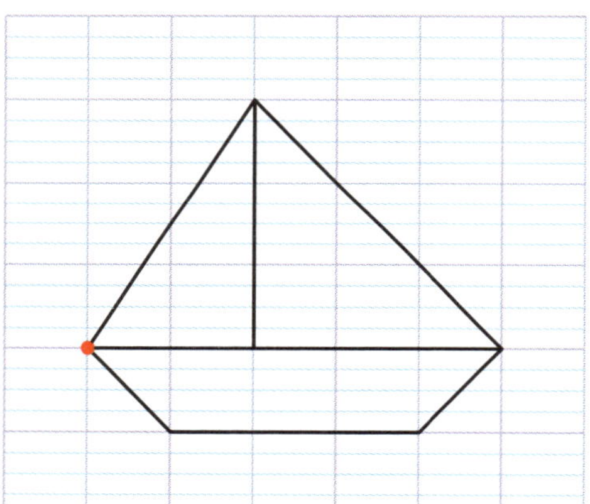

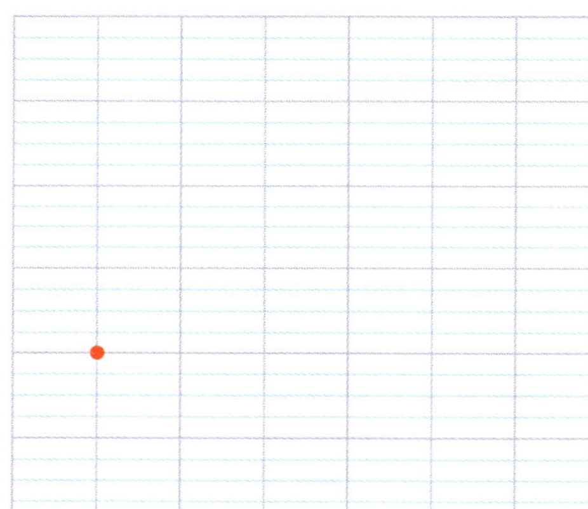

2 **Reproduis** cette figure.

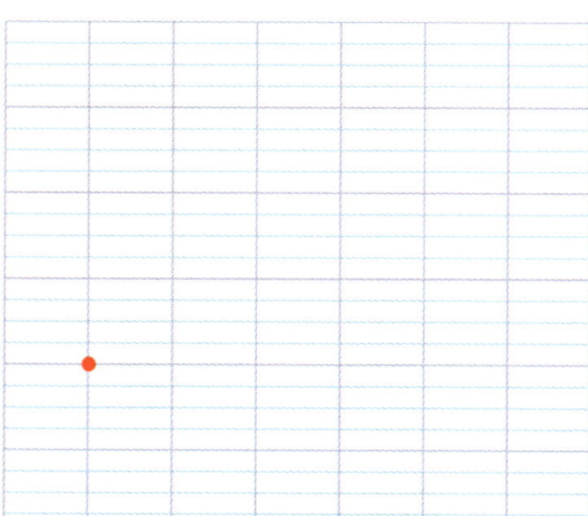

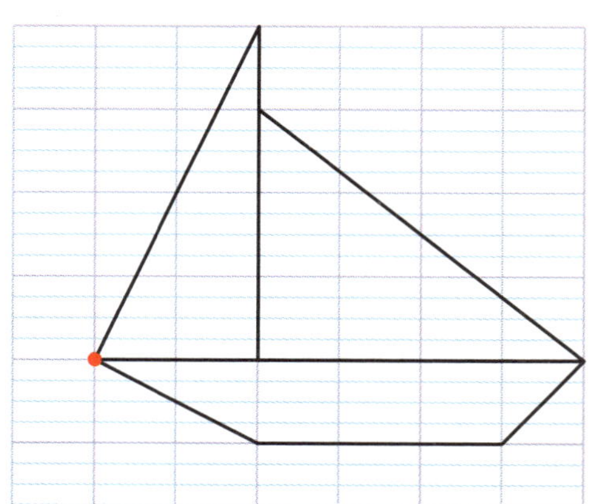

Compétence : Reproduire une figure sur quadrillage.
Calcul mental : Ajouter des dizaines entières à un nombre de deux chiffres. L'enseignant dit : « 23 + 40 » ; l'élève écrit 63.

Photofiches S14 et A6

27 Identifier un carré, un rectangle

....

Découvrons ensemble

MATÉRIEL GP

Observe les figures.

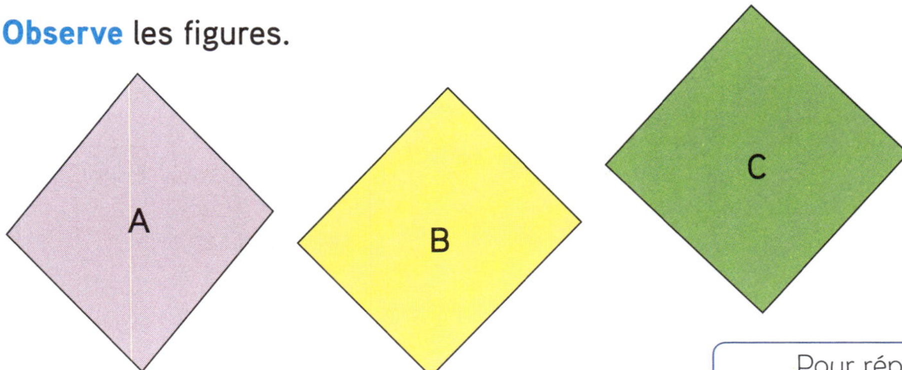

Utilise une bande de papier et une équerre.

Quelle figure est un carré ?

La figure ...... est un carré.

Quelle figure est un rectangle ?

La figure ...... est un rectangle.

Pour répondre aux questions, aide-toi du tableau ci-dessous.

	4 angles droits	4 côtés de même longueur
Carré	×	×
Rectangle	×	

Je m'entraîne

1 **Complète** la phrase.

a

La figure ...... est un carré.

b

La figure ...... est un carré.

2 **Colorie** en vert les carrés et en jaune les rectangles.

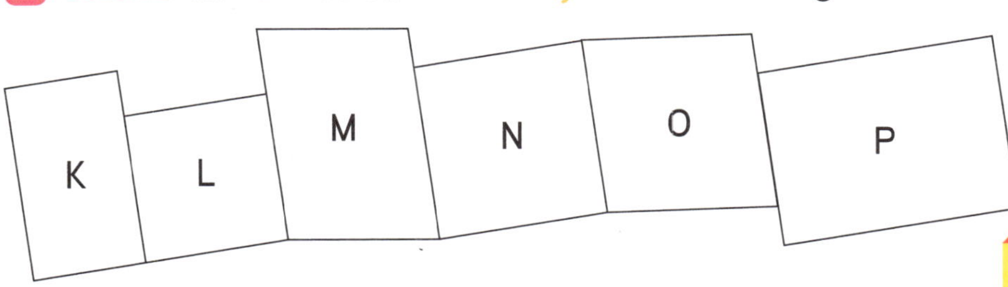

J'ai déjà appris

3 **Pose** sur ton cahier d'essai et **calcule**.

248 + 137 = ... ; 379 + 234 = ... ; 156 + 44 = ...

Le coin du chercheur

Demain ce sera le Nouvel An. Quel jour sommes-nous ?

....

Compétence : Vérifier la nature d'une figure en utilisant l'équerre, une bande de papier ou une règle graduée.

Calcul mental : Ajouter un nombre de 2 chiffres en deux temps. L'enseignant dit : « 23 + 20 » ; l'élève écrit 43. L'enseignant dit : « 23 + 22 » ; l'élève écrit 45.

28 Comparer, ordonner, intercaler les nombres de 0 à 999

Photofiche S15

Découvrons ensemble

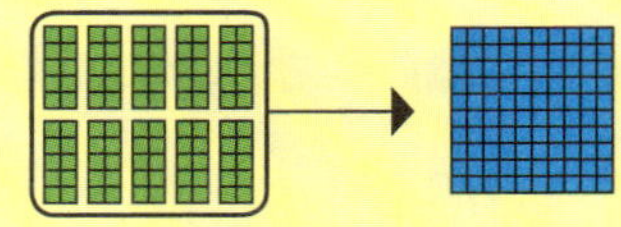

10 dizaines = 1 centaine

MATÉRIEL A

Écris les nombres de jetons de Théo et de Léa.

  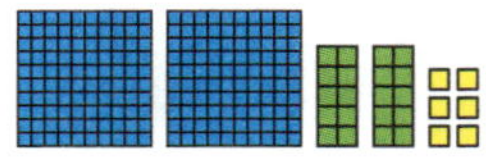 

....

Pour comparer ces 2 nombres, il suffit de comparer leurs chiffres des centaines.

Compare ces deux nombres : .... < ....

Écris les nombres de jetons de Mélissa et de Gaël.

 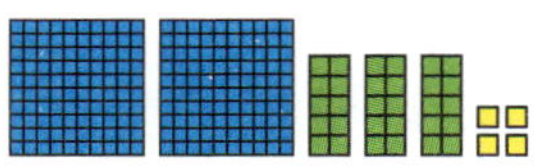 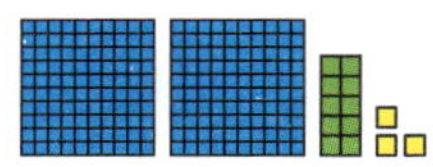 

....

Les chiffres des centaines sont les mêmes. On compare alors les chiffres des dizaines.

Compare ces deux nombres : .... < ....

Le signe < se lit « plus petit que » ou « inférieur à ».
Le signe > se lit « plus grand que » ou « supérieur à ».

Range les nombres de jetons des 4 enfants :

– du plus petit au plus grand : .... < .... < .... < ....

– du plus grand au plus petit : .... > .... > .... > ....

Philippe possède 221 jetons.
Complète.

Ce nombre de jetons s'intercale entre le nombre de jetons de .... et celui de ....

Je m'entraîne

1 Entoure le plus grand nombre de chaque nuage.

a 267 648 — 648 667

b 267 348 648 — 667 680 648

2 Range ces nombres du plus petit au plus grand.

a 567 ; 600 ; 499 ; 378 ; 750

.... < .... < .... < .... < ....

b 800 ; 458 ; 875 ; 456 ; 699

.... < .... < .... < .... < ....

3 Problème : Voici les billets de tombola que papi a achetés. **Entoure** les billets gagnants.

a Billets gagnants compris entre 150 et 250

206 264 141 196

b Billets gagnants compris entre 234 et 312

301 216 275 364

Compétences : Comparer, ordonner, intercaler les nombres inférieurs à 1 000.
Calcul mental : Soustraire un nombre de 1 chiffre à un multiple de 10. L'enseignant dit : « 30 – 4 » ; l'élève écrit 26.

Photofiche A7

29 Encadrer les nombres de 0 à 999

Découvrons ensemble

Cette droite numérique est graduée de 10 en 10.

Place approximativement 234 sur cette droite numérique.

190 **200** 210 220 230 240 **250** 260 270 280 290 **300** 310

Sur la droite numérique, **entoure** en vert les deux dizaines les plus proches de 234.

Encadre 234 entre les deux dizaines les plus proches : .... < 234 < ....

Sur la droite numérique, **entoure** en bleu les deux centaines les plus proches de 234.

Encadre 234 entre les deux centaines les plus proches : .... < 234 < ....

Je m'entraîne

Pour l'exercice 1 a utilise la droite numérique du haut.

1 **Encadre** ces nombres entre les deux dizaines les plus proches, selon l'exemple : 250 < 254 < 260

a .... < 212 < .... ; .... < 257 < .... ; .... < 282 < ....

b .... < 322 < .... ; .... < 479 < .... ; .... < 603 < ....

2 **Encadre** ces nombres entre les deux centaines les plus proches, selon l'exemple : 200 < 254 < 300

a .... < 254 < .... ; .... < 357 < .... ; .... < 412 < ....

b .... < 807 < .... ; .... < 697 < .... ; .... < 592 < ....

3 **Écris** les dizaines et les centaines les plus proches qui encadrent le nombre 476.

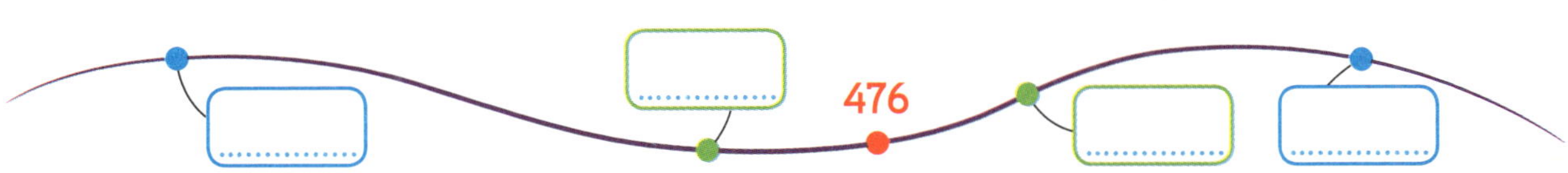

4 **Devinette**

Je suis une des deux dizaines les plus proches du nombre 546. Mes trois chiffres sont différents. Qui suis-je ?

Je suis le nombre ....

Le coin du chercheur

✦ et ✱ représentent chacun un chiffre différent. Retrouve ces chiffres.

	✦	✱
+	✦	✦
	9	0

✦ = ... ✱ = ...

Compétence : Encadrer un nombre entre deux centaines les plus proches ou deux dizaines les plus proches.

Calcul mental : Soustraire un nombre de 1 chiffre à un nombre de 2 chiffres (avec franchissement de la dizaine) en deux temps.
L'enseignant dit : « 23 – 3 » ; l'élève écrit 20. L'enseignant dit : « 23 – 5 » ; l'élève écrit 18.

Photofiche P7

30 Problèmes : Méthodologie
Compléter une phrase réponse

Pour résoudre un problème, il faut trouver l'opération à effectuer, la calculer, puis écrire une phrase réponse.

Lis tout le problème, puis relis la question pour savoir ce que tu dois chercher. Tu pourras compléter la phrase réponse.

Compléter avec le mot qui convient

1 Dans la classe, il y a 25 élèves. 3 élèves sortent pour aller chercher du matériel.
Combien d'élèves reste-t-il dans la classe ?

Que dois-tu chercher ? ....

....

J'ai trouvé le résultat : 25 − 3 = 22

Complète la phrase réponse en **utilisant** les informations précédentes.

En classe, il reste ....

2 Achille arrive à l'école avec 16 billes. Il en gagne 12 pendant la récréation.
Combien de billes a-t-il à la fin de la récréation ?

Que dois-tu chercher ? ....

....

J'ai trouvé le résultat : 16 + 12 = 28

Complète la phrase réponse.

À la fin de la récréation, Achille a ....

3 Hasna a lu 20 pages d'une bande dessinée. Il lui reste encore 12 pages à lire.
Combien de pages comporte la bande dessinée ?

Que dois-tu chercher ? ....

....

J'ai trouvé le résultat : 20 + 12 = 32

Complète la phrase réponse.

La bande dessinée comporte ....

Voici les unités que tu rencontreras :
- les unités de prix : l'euro (€) et le centime (c) ;
- les unités de masse : le gramme (g), le kilogramme (kg), la tonne (t) ;
- les unités de longueur : le kilomètre (km), le mètre (m), le décimètre (dm), le centimètre (cm), le millimètre (mm) ;
- les unités de temps : le jour (j), l'heure (h), la minute (min), la seconde (s)...

Quand la question porte sur une mesure, il ne faut pas oublier d'indiquer l'unité de cette mesure.

Compléter avec l'unité qui convient

1 Zoé pèse 46 kg, sa sœur Rachel pèse 6 kg de moins qu'elle.
Combien pèse Rachel ?

Avec quelle unité vas-tu indiquer le poids de Rachel ?

....

J'ai trouvé le résultat :
46 – 6 = 40

Complète la phrase réponse.

Rachel pèse ....

2 Rafaël a acheté un jouet 12 € et une bande dessinée 15 €.
Combien Rafaël a-t-il dépensé ?

Avec quelle unité vas-tu indiquer la somme dépensée ?

....

J'ai trouvé le résultat :
12 + 15 = 27

Complète la phrase réponse.

Rafaël a dépensé ....

3 Un marcheur doit parcourir 50 km. Il a déjà parcouru 35 km.
Combien de kilomètres doit-il encore parcourir ?

Avec quelle unité vas-tu indiquer la distance à parcourir ?

....

J'ai trouvé le résultat :
50 – 35 = 15

Complète la phrase réponse.

Le marcheur doit encore parcourir ....

4 Le samedi, la piscine ouvre à 10 h et ferme à 19 h.
Quelle est la durée d'ouverture de la piscine ?

Avec quelle unité vas-tu indiquer la durée d'ouverture ?

....

J'ai trouvé le résultat :
19 – 10 = 9

Complète la phrase réponse.

La piscine est ouverte durant ....

Compétence : Compléter une phrase réponse avec le mot ou l'unité qui convient.
Calcul mental : Calculer le double d'un petit nombre. L'enseignant dit : « double de 6 » ; l'élève écrit 12.

Photofiche S16

31 Calcul en ligne : Ajouter, retrancher 1, 10, 100

Découvrons ensemble

Ajouter 1, c'est prendre le nombre qui suit. Retrancher 1, c'est prendre le nombre qui précède.

Théo ajoute 1 ou retranche 1. **Effectue** les calculs.

157 + 1 = ... 149 + 1 = ... 199 + 1 = ...

157 − 1 = ... 260 − 1 = ... 500 − 1 = ...

Léa ajoute 10 ou retranche 10. **Effectue** les calculs, puis **complète** la bulle de Léa.

156 + 10 = ... 156 − 10 = ...

193 + 10 = ... 502 − 10 = ...

Ajouter ou retrancher 10, c'est ajouter ou retrancher une .... Le chiffre des .... ne change pas.

Mélissa ajoute 100 ou retranche 100. **Effectue** les calculs, puis **complète** la bulle de Mélissa.

56 + 100 = ... 158 − 100 = ...

257 + 100 = ... 374 − 100 = ...

Ajouter ou retrancher 100, c'est ajouter ou retrancher une .... Le chiffre des .... et celui des .... ne changent pas.

Je m'entraîne

1 Calcule.

a

134 + 1 = ... 134 − 1 = ...

134 + 10 = ... 134 − 10 = ...

134 + 100 = ... 134 − 100 = ...

b

899 + 1 = ... 700 − 1 = ...

95 + 10 = ... 109 − 10 = ...

89 + 100 = ... 199 − 100 = ...

2 Complète.

a 199 + ... = 200 540 + ... = 640

b 418 − .... = 318 607 − .... = 597

3 Problème

Adèle, tu as battu le record de la classe du saut en hauteur !

Oui, le précédent record était de 94 cm, je l'ai battu de 10 cm.

Quelle hauteur Adèle a-t-elle sautée ?

.... = ... *Adèle a sauté* ....

J'ai déjà appris

4 Avec son appareil photo numérique, Ayoub a déjà pris 47 photos. Il peut encore en prendre 288.
Combien de photos Ayoub peut-il prendre en tout ?

Aide-toi du problème de référence 2 de la leçon 23.

.... = ... *Ayoub peut prendre* .... *photos.*

Compétence : Ajouter ou retrancher 1, 10, 100 à un nombre de trois chiffres.
Calcul mental : Calculer la moitié d'un nombre pair inférieur à 20. L'enseignant dit : « moitié de 14 » ; l'élève écrit 7.

Photofiche A8

32 Le nombre 1 000

Découvrons ensemble

MATÉRIEL A · MATÉRIEL B

Observe puis **complète**.

	d	u
9 →		9
9 + 1 →	....	....

	c	d	u
99 →		9	9
99 + 1 →	....	....	....

	m	c	d	u
999 →		9	9	9
999 + 1 →	....	....	....	....

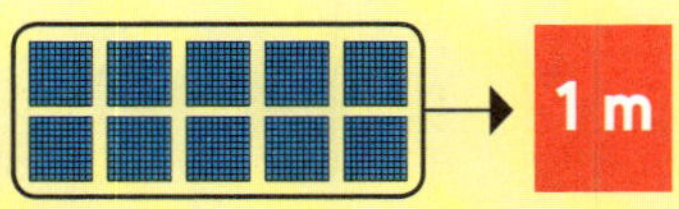

10 centaines = 1 millier

1 000 c'est .... m

1 000 c'est c

1 000 c'est .... d

La colonne m est la colonne des milliers.

Complète les calculs de Théo.

999 + ... = 1 000

990 + ... = 1 000

900 + ... = 1 000

Aide Léa à retrouver les étiquettes du nombre 1 000. **Colorie**-les.

990 + 10	500 + 500
800 + 200	900 + 10

Je m'entraîne

1 **Colorie** les étiquettes du nombre 1 000.

a

500 + 500	100 + 900
800 + 100	700 + 300

b

900 + 10	990 + 10
950 + 50	900 + 90

2 **Complète** les égalités.

a 800 + ... = 1 000 ; 600 + ... = 1 000 ; 100 + ... = 1 000 ; 400 + ... = 1 000

b 950 + ... = 1 000 ; 980 + ... = 1 000 ; 995 + ... = 1 000 ; 999 + ... = 1 000

3 **Problème**

Rodrigo veut réserver ce voyage.
Chaque mois, il économise 200 €.
Au bout de combien de mois pourra-t-il partir ?

....

Rodrigo pourra partir dans .... *mois.*

Le coin du chercheur

Mathix pense à deux nombres qui se suivent.
Il les additionne et trouve 43.
Quels sont ces deux nombres ?

....

Compétences : Lire, écrire le nombre 1 000 et ses décompositions.
Calcul mental : Comparer des nombres de 3 chiffres. L'enseignant dit : « 214 et 305 » ; l'élève écrit le plus grand : 305.

Photofiche S17

33 La soustraction posée avec retenue (1)

Découvrons ensemble

Théo et Léa calculent 45 – 28.

Observe, puis **complète**.

Le **+ 1** s'appelle la retenue.

Je soustrais les unités : 5 – 8 c'est impossible : j'ajoute alors **10** à 5 ; 5 + **10** = 15 et je calcule 15 - 8. **10** c'est **1 dizaine** que j'ajoute 28 en écrivant **+ 1** dans la colonne des **dizaines** 2 d + **1 d** = 3 d. Je calcule alors 4 d – 3 d.

	4	${}_1$5
–	2${}_{+1}$	8
	......	......

45 – 28 = ...

Je vérifie le calcul de Léa en posant une addition.

	......	......
+	2	8
	......	......

.... + 28 = ...

Je m'entraîne

1 **Calcule**, puis **vérifie** sur ton cahier d'essai.

a

	9	1
–	3	8
	......	......

	4	2
–	1	9
	......	......

b

	7	3
–	5	7
	......	......

	8	4
–	2	6
	......	......

2 **Pose** et **effectue**.

a 51 – 25 = ...

83 – 59 = ...

b 90 – 35 = ...

92 – 56 = ...

3 **Problème**

Le boulanger a fabriqué 85 galettes.
Il en a vendu 67.

Combien de galettes lui reste-t-il ?

Il lui reste ....

Compétence : Maîtriser la technique usuelle de la soustraction avec une seule retenue.
Calcul mental : Comparer des nombres de 3 chiffres. L'enseignant dit : « 528 et 512 » ; l'élève écrit le plus grand : 528.

Photofiche A9

34 La soustraction posée avec retenue (2)

Découvrons ensemble

Aide Théo à calculer **723 – 587**.

Observe, puis **complète**.

Je soustrais les unités : 3 – 7 c'est impossible : j'ajoute alors **10** à 3 et je calcule **13** – 7 = 6. **10** c'est **1 d** que j'ajoute à 587 en écrivant la retenue **+1** dans la colonne des **dizaines**. Puis je continue avec les dizaines.

	7	12	13
–	5 +1	8 +1	7
	......	......	6

Aide Mélissa à calculer **604 – 79**.

	6	10	14
–	+1	7 +1	9
	......	......	......

Pense à vérifier tes calculs en effectuant une addition.

Je m'entraîne

1 Calcule.

a

	2	5	6
–	1	8	3
	......	......	......

	3	2	1
–	2	7	8
	......	......	......

b

	5	0	3
–	2	6	4
	......	......	......

	1	2	3
–		9	6
	......	......	......

2 Pose et effectue.

a 863 – 673 = ...

526 – 269 = ...

b 301 – 99 = ...

650 – 97 = ...

3 Problème. Une paroi rocheuse des Gorges du Verdon a une hauteur de 352 m. Un alpiniste en a déjà gravi 268 m. **Quelle hauteur lui reste-t-il à escalader ?**

Il lui reste à escalader ....

J'ai déjà appris

4 Entoure le sommet des angles droits de cette figure. **Utilise** l'équerre.

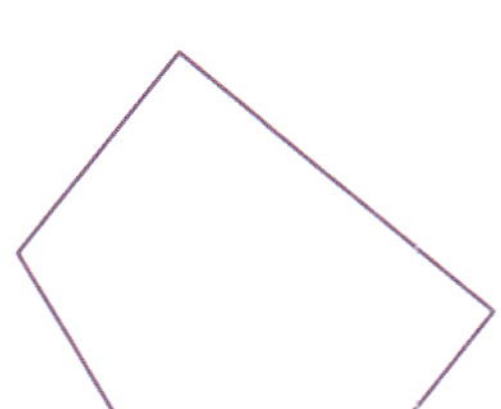

Le coin du chercheur

Quel est le double de la moitié de 20 ?

....

Compétence : Maîtriser la technique usuelle de la soustraction avec plusieurs retenues.

Calcul mental : Ajouter ou soustraire 1 avec passage de la centaine. L'enseignant dit : « 199 + 1 » ; l'élève écrit 200.

Photofiches P8 et P9

35 Problèmes : Apprendre à résoudre
Utiliser un tableau

Problème de référence 1

Ce tableau indique les sports pratiqués par les filles de la classe de CE2.

Comprendre le tableau

Réponds oralement.

Qu'indiquent les cases jaunes de la première ligne ?

Qu'indique la première colonne ?

	Basket	Natation	Voile	Danse	Judo	Tennis
Lucie	×			×		
Julia		×		×		
Swan		×			×	×
Marielle			×		×	
Claire	×		×	×		
Manon				×	×	
Sarah	×			×	×	×

Utiliser le tableau

a Julia pratique la natation.
Quel autre sport pratique-t-elle ?

....

b Combien de filles pratiquent :

– le basket ? ....

– le judo ?..

c Quel est le sport le plus pratiqué ?

....

Problème d'application

1 Ce tableau indique les animaux que possèdent les garçons de la classe de CE2.

	Poissons	Lapins	Hamsters	Chats	Oiseaux	Chiens
Wladimir				×		×
Elliott				×		
Nils		×			×	×
Mehdi		×	×		×	×
Thibault	×		×	×		
Enzo	×			×	×	
Nathan		×				×
Jules				×		×
Kalilou	×	×		×	×	

a Quels animaux Kalilou possède-t-il ? ....

b Quels garçons possèdent un hamster ? ....

c Quel est l'animal possédé par le plus grand nombre de garçons ? ....

Problème de référence 2

On a demandé aux élèves de l'école Sophie Germain s'ils ont visité les sites suivants. Voici les résultats de l'enquête.

	Volcans d'Auvergne	La Camargue	Baie de Somme	Gorges du Verdon

CP	8	7	12	9
CE1	7	8	13	12
CE2	6	10	9	13
CM1	12	7	11	9
CM2	9	8	14	11
Total	....	....	....	....

Comprendre le tableau

Complète la ligne « Total ».

Utiliser le tableau

a Quel a été le site le plus visité par les élèves du CP ? ....

b Quel a été le site le moins visité par les élèves du CE2 ? ....

c Combien d'enfants de l'école ont visité les Gorges du Verdon ? ....

d Quel a été le site le moins visité par les enfants de l'école ? ....

Problème d'application

1 Le tableau ci-dessous représente le nombre d'élèves ayant mangé à la cantine la semaine dernière.

	Lundi	Mardi	Jeudi	Vendredi
CP	25	23	27	28
CE1	27	29	30	31
CE2	30	26	31	29
CM1	24	27	29	25
CM2	21	22	20	21
Total	....	....	....	....

Complète le tableau, puis **réponds** aux questions.

a Combien d'élèves du CP ont mangé à la cantine mardi ? ....

b Dans quelle classe les élèves ont été les plus nombreux à manger à la cantine jeudi ? ....

c Combien d'enfants ont mangé à la cantine lundi ? ....

Compétence : Utiliser un tableau en vue d'un traitement des données pour résoudre un problème.
Calcul mental : Ajouter 10 avec passage de la centaine. L'enseignant dit : « 194 + 10 » ; l'élève écrit 204.

J'ai compris et je retiens (3)

Nombres

N5 Je compare les nombres.

- Le nombre le plus grand est celui qui possède le plus grand nombre de chiffres.

367 > 89

- Si deux nombres ont le même nombre de chiffres, on compare les chiffres à partir de la gauche.

346 > 178   346 > 329

N6 J'intercale, j'encadre un nombre.

260 < 264 < 270

Calculs

C7 Je décompose le nombre 1 000.

1 000 c'est :

10 centaines ou 100 dizaines

1 000 = 999 + 1

1 000 = 900 + 100

1 000 = 500 + 500

C8 Je calcule une soustraction avec retenue.

	7	12	13
−	5+1	8+1	7
	1	3	6

723 − 587 = 136

C9 J'utilise un tableau à double entrée.

Repas à la cantine

	L	M	J	V
CP	13	15	12	10
CE	25	24	22	23
CM	22	20	21	23
Total	60	59	55	56

Lundi, 25 élèves du CE ont mangé à la cantine.

Jeudi, 55 élèves ont mangé à la cantine.

12 + 22 + 21 = 55

Espace et géométrie

G4 J'identifie un carré, un rectangle.

Carré 	Rectangle 
4 angles droits. 4 côtés de même longueur.	4 angles droits. Côtés opposés de même longueur.

Je fais le point (3)

SOCLE COMMUN

Nombres et calculs

1 **Entoure** le plus grand nombre.

- 376 90 601
- 499 680 608

Comparer des nombres de deux ou trois chiffres.

2 **Écris** ces nombres du plus petit au plus grand.

- 370 ; 156 ; 623 ; 489

.... < .... < .... < ....

- 467 ; 254 ; 148 ; 245 ; 89

.... < .... < .... < .... < ....

Ranger des nombres de 3 chiffres.

3 **Encadre** chacun de ces nombres :

- entre les deux dizaines les plus proches selon l'exemple : 280 < 287 < 290

.... < 546 < .... ; .... < 402 < ....

- entre les deux centaines les plus proches selon l'exemple : 200 < 287 < 300

.... < 546 < .... ; .... < 402 < ....

Encadrer un nombre de 3 chiffres entre deux centaines, entre deux dizaines les plus proches.

4 **Calcule.** 200 – 1 = ... ; 291 + 10 = ... ; 307 – 10 = ... ; 356 + 100 = ...

Ajouter ou soustraire 1, 10 ou 100.

5 **Pose** et **calcule**.
62 – 47

Poser et effectuer une soustraction entre deux nombres de 2 chiffres.

6 **Pose** et **calcule**.
612 – 468

Poser et effectuer une soustraction entre deux nombres de 3 chiffres.

Effectif école Marie Curie

	Filles	Garçons
CP	14	13
CE1	10	12
CE2	12	14

7 **Observe** le tableau et **complète**.

Nombre de garçons au CE2 : ....

Nombre d'élèves au CP : ....

Nombre de filles dans l'école : ....

Traiter les données d'un tableau pour résoudre un problème.

Espace et géométrie

8 **Colorie** en bleu le carré et en vert le rectangle.

Identifier un carré, un rectangle..

36 Lire, écrire, décomposer les nombres de 0 à 9 999 (1)

Découvrons ensemble

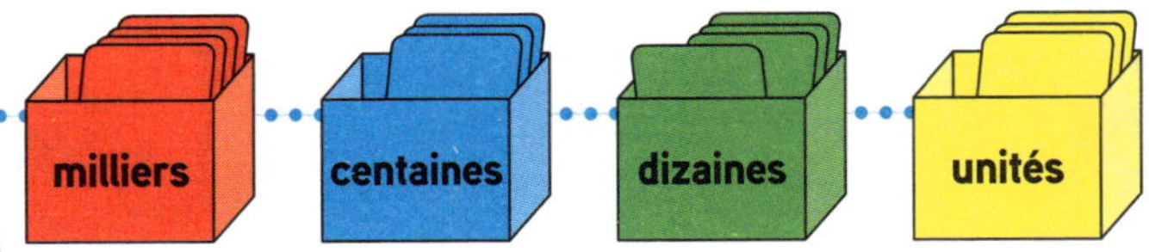

Théo et Léa tirent une carte de chaque boîte.

Cartes de Théo : 2 m | 5 c | 4 d | 8 u

m	c	d	u
......	......	......	......
......	......	......	......

Cartes de Léa : 5 c | 4 m | 9 u | 6 d

▶ **Écris** les chiffres des cartes de Théo dans le tableau.

▶ **Écris** les chiffres des cartes de Léa dans le tableau.

Écris le nombre de Théo en chiffres :

....

.... = 2 m ...... c ...... d ...... u

.... = 2 000 + ... + ... + ...

Le nombre de Théo s'écrit en lettres :

deux mille cinq cent quarante-huit

Écris le nombre de Léa en chiffres :

....

.... = 4 m ...... c ...... d ...... u

.... = 4 000 + ... + ... + ...

Écris le nombre de Léa en lettres.

....

....

Je m'entraîne

1 **Écris** ces nombres en chiffres.

a 8 m | 6 c | 7 d | 2 u

....

m	c	d	u
......	......	......	......
......	......	......	......

b 2 d | 5 u | 9 m | 4 c

....

2 **Entoure** en rouge le chiffre des milliers et en vert celui des dizaines.

a 8 4 1 3   5 6 8 9   **b** 8 9 0 9   3 2 3 0

3 **Complète** le tableau, comme dans l'exemple.

7 247	sept mille deux cent quarante-sept	7 000 + 200 + 40 + 7	7 m 2 c 4 d 7 u
....	neuf mille cinq cent trente-deux	....	....
....	....	6 000 + 300 + 10 + 8	....
....	....	....	1 m 4 c 2 d 5 u

Compétences : Lire, écrire, décomposer les nombres inférieurs à 10 000.
Calcul mental : Soustraire 10 avec passage de la centaine. L'enseignant dit : « 207 – 10 » ; l'élève écrit 197.

37 Lire, écrire, décomposer les nombres de 0 à 9 999 (2)

Découvrons ensemble

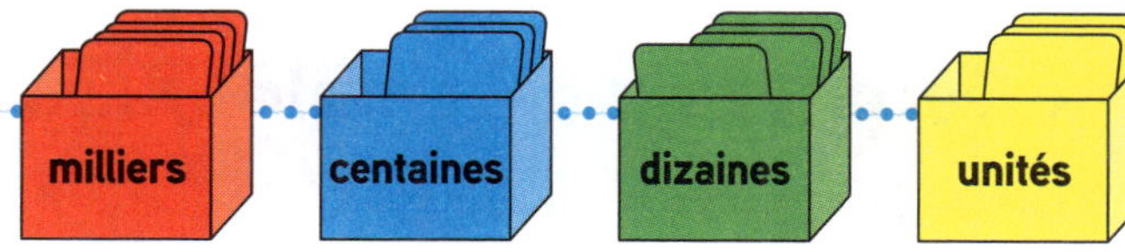

Léa et Théo tirent des cartes.

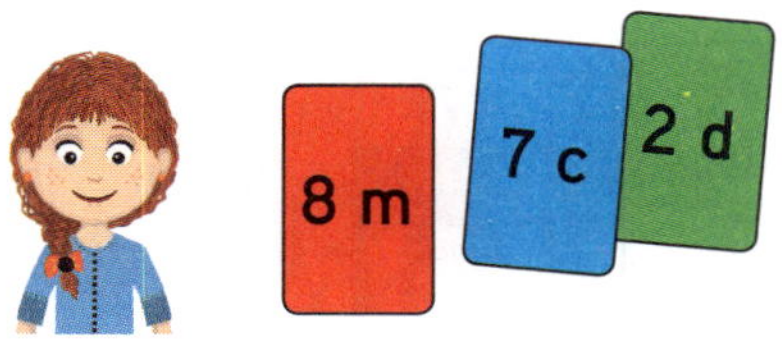

m	c	d	u
......	......	......	......
......	......	......	......

▶ **Aide**-toi du tableau pour écrire le nombre obtenu par Léa.
Complète.

Le nombre obtenu par Léa est ....

.... = 8 m ...... c ...... d ...... u

.... = 8 000 + ... + ...

Écris en lettres le nombre de Léa.

....

N'oublie pas d'écrire les zéros dans le tableau.

▶ **Aide**-toi du tableau pour écrire le nombre obtenu par Théo.
Complète.

Le nombre obtenu par Théo est ....

.... = 6 m ...... c ...... d ...... u

.... = 6 000 + ...

Écris en lettres le nombre de Théo.

....

Je m'entraîne

1 **Écris** les nombres en chiffres en t'aidant d'un tableau de numération.

a

....

....

b

....

....

2 **Complète** le tableau, comme dans l'exemple.

5 200	cinq mille deux cents	5 000 + 200	5 m 2 c
....	neuf mille quatre-vingt-dix	....	....
....	....	4 000 + 50	....
....	....	....	1 m 2 d

3 **Écris** en chiffres.

a trois mille cent vingt : ....

cinq mille deux cent cinquante : ....

b quatre mille soixante-dix : ....

trois mille deux : ....

Le coin du chercheur

Le 31 décembre 2020 est un jeudi.
Quelle est la date du lundi suivant ?

....

Compétences : Lire et écrire les nombres inférieurs à 10 000 avec des zéros intercalés.
Calcul mental : Dictée de nombres de 4 chiffres. L'enseignant dit : « 4 135 » ; l'élève écrit 4 135.

Photofiche A10

38 Se repérer sur un plan

Découvrons ensemble

Observe le plan de cette ville.

Quel bâtiment est situé en (F, 5) ? ....

Indique les cases du plan où se trouvent l'école : (......... ; ....), le supermarché : (......... ; ....)

Léa est dans la case (F, 6) et désire se rendre au stade.

Indique la case du plan où se trouve le stade : (......... ; ....)

Trace en rouge le chemin qu'elle emprunte pour aller au stade.

Je m'entraîne

1 Quel bâtiment se trouve dans la case (B, 3) ? ....

Indique la case du plan où se trouve l'entrée du parc : (......... ; ....)

2 Théo est près de la station essence.
Il demande un renseignement au policier.
À quel endroit Théo veut-il se rendre ?

....

Va tout droit, prends la première route à droite, puis ensuite celle de gauche. Continue tout droit. La route tourne ensuite à droite. Tu verras alors l'entrée que tu cherches sur ta gauche.

Compétences : S'orienter et se déplacer en utilisant des repères. Coder et décoder des déplacements sur un quadrillage.
Calcul mental : Complément à la dizaine avec un nombre de 3 chiffres. L'enseignant écrit 138 + ... = 140 ; l'élève écrit 2.

Photofiche S19

39 Lire l'heure (1)

....

Découvrons ensemble

MATÉRIEL E

Observe et **complète** les phrases.

Les nombres rouges du cadran correspondent aux ....

Les nombres du cercle bleu correspondent aux ....

Coche la bonne réponse.

Il est : ☐ 8 h 5 ☐ 8 h 25

La petite aiguille rouge indique les heures.
La grande aiguille bleue indique les minutes.

Observe les horloges à aiguilles ou à affichage numérique. **Complète.**

09:15 — 21:15 — 11:45 — .... : ....

Pour passer de l'heure du matin à l'heure du soir, on ajoute .... heures.

Je m'entraîne

1 **Écris** l'heure du matin indiquée par chaque horloge.

a

A  ...... h ......

B  ...... h ......

b

C  ...... h ......

D  ...... h ......

2 **Écris** l'heure du matin et du soir indiquée par chaque horloge.

a

E 

F 

	E	F
Matin :	...... h	...... h ......
Soir :	...... h	...... h ......

b

G 

H 

	G	H
Matin :	...... h	...... h ......
Soir :	...... h	...... h ......

3 **Problème :** L'école commence à 8 h 30.
Chérifa est-elle en avance ou en retard ?

....

....

Le coin du chercheur

Chaque jour, Matthieu perd 3 cheveux.
Lundi, il lui en restait encore 16.
Quel jour ne restera-t-il plus qu'un seul cheveu sur la tête de Matthieu ? ....

Compétence : Lire l'heure du matin et du soir (heures et minutes).

Calcul mental : Complément à la dizaine avec un nombre de 3 chiffres. L'enseignant écrit 323 + ... = 330 ; l'élève écrit 7.

40 Situations multiplicatives

Découvrons ensemble

Léa et Théo calculent le nombre de chocolats que contient la boîte.
Il faut calculer les **produits** 7 × 3 ou 3 × 7.

Observe et **complète** les égalités.

Il y a 7 rangées de 3 chocolats.

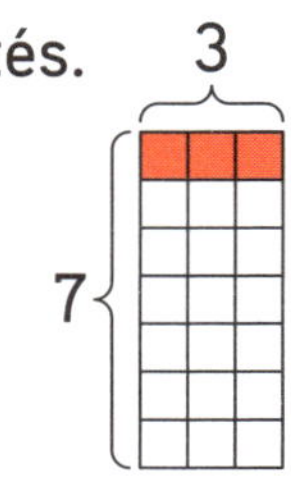

Léa calcule :

3 + 3 + 3 + 3 + 3 + 3 + 3 = ...
7 fois 3

Il y a 3 rangées de 7 chocolats.

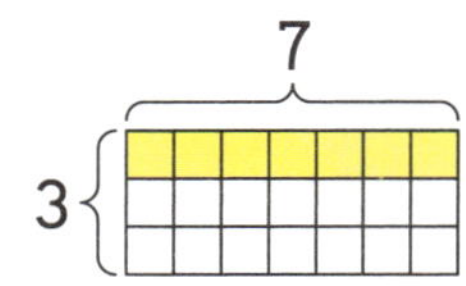

Théo calcule :

7 + 7 + 7 = ...
3 fois 7

7 × 3 = 3 × 7 = ...

Pour calculer le nombre de chocolats, il est plus simple de calculer 3 fois 7 que 7 fois 3.

Je m'entraîne

1 Complète les égalités pour calculer les nombres de fleurs.

a

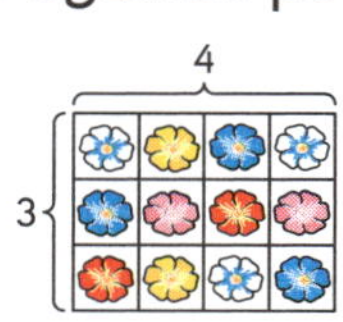

4 × 3 = 3 + ... + ... + ... = ...
3 × 4 = 4 + ... + ... = ...

b

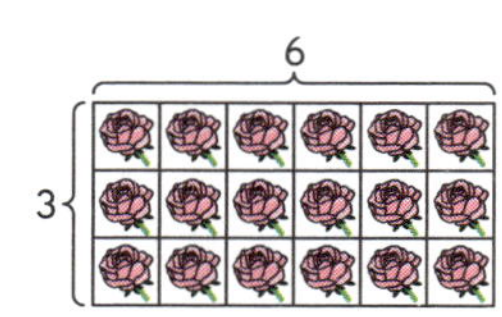

3 × ...... = 6 + ... = ...
6 × ...... = 3 + ... = ...

2 Écris la valeur des produits suivants.

a 2 × 3 = ... ; 4 × 4 = ...
2 × 5 = ... ; 3 × 5 = ...

b 2 × 7 = ... ; 4 × 6 = ...
3 × 8 = ... ; 6 × 5 = ...

Tu peux dessiner sur le quadrillage de ton cahier les rectangles correspondant à chaque produit ou écrire directement les résultats.

3 Problème

Combien de pêches contient ce plateau ?

.... = ...

Ce plateau contient ....

4 Devinette : Mélissa a-t-elle raison ?

4 × 0 c'est pareil que 4 × 1.

Complète.

4 × 1 = ...   4 × 0 = ...

Mélissa ....

Compétences : Reconnaître une situation multiplicative. Utiliser l'addition réitérée pour calculer un produit.
Calcul mental : Soustraire un petit nombre à un nombre de 3 chiffres (multiple de dix). L'enseignant écrit 250 – 4 ; l'élève écrit 246.

Photofiche A12

41 Situations additives ou multiplicatives

Découvrons ensemble

Théo et Léa comptent leurs œufs.

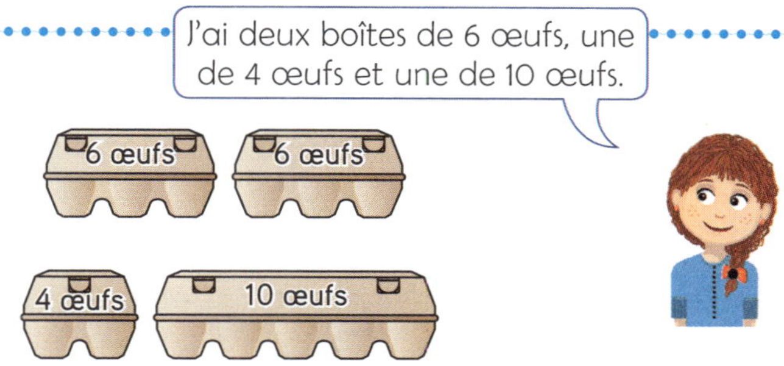

Calcule le nombre d'œufs de Théo.

...... + ... + ... + ... = ...

Peux-tu remplacer cette addition par une multiplication ? ☐ Oui ☐ Non

Si oui, **écris**-la : ....

Calcule le nombre d'œufs de Léa.

...... + ... + ... + ... = ...

Peux-tu remplacer cette addition par une multiplication ? ☐ Oui ☐ Non

Si oui, **écris**-la : ....

Je m'entraîne

1 **Calcule** le nombre de figurines.

a

...... + ... + ... + ... = ...

Peux-tu remplacer cette addition par une multiplication ? ☐ Oui ☐ Non

Si oui, **écris**-la : ....

b

...... + ... + ... + ... = ...

Peux-tu remplacer cette addition par une multiplication ? ☐ Oui ☐ Non

Si oui, **écris**-la : ....

2 **Relie** les étiquettes égales.

A $5 + 5 + 5 + 5$

B $3 + 3 + 3 + 3 + 3 + 3 + 3$

C $7 + 7 + 7 + 7$

D 4×5

E 4×7

F 7×3

3 **Problème**

Un ballon coûte 12 €.
Jade achète 4 ballons.
Combien paie-t-elle ?

....

Jade paie ....

Le coin du chercheur

Utilise ces points pour tracer une étoile sans lever ton crayon.

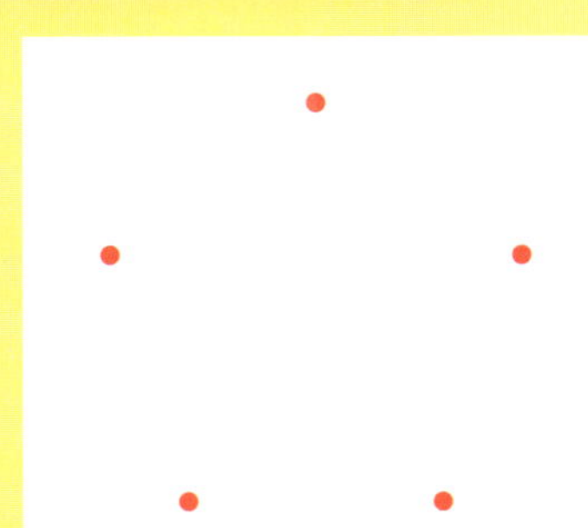

Compétences : Identifier une situation multiplicative. Transformer une somme en produit quand cela est possible et la calculer.
Calcul mental : Soustraire un petit nombre à un nombre de 3 chiffres (multiple de dix). L'enseignant écrit 150 – 7 ; l'élève écrit 143.

42 Unités de longueur : du m au mm (1)

....

Découvrons ensemble

MATÉRIEL D

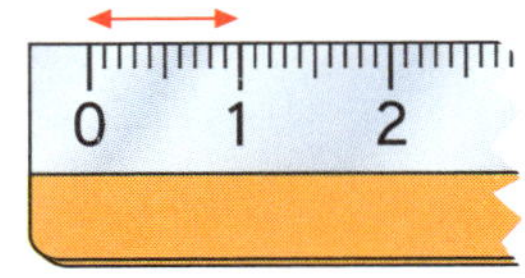

▶ **Observe** ta règle graduée.
Combien de millimètres comptes-tu dans 1 centimètre ?

Complète : 1 cm = ... mm

▶ **Observe** la règle graduée de 1 mètre de la classe.

Complète : 1 m = ... cm ; 1 m = ... mm

m → mètre
dm → décimètre
cm → centimètre
mm → millimètre

▶ La bande rouge ci-dessous a une longueur de 1 décimètre (1 dm).
Mesure sa longueur, en centimètres, puis en millimètres.

Complète : 1 dm = ... cm ; 1 dm = ... mm

Combien de bandes de 1 dm faut-il pour construire une règle de 1 m ? ....

Complète : 1 m = ... dm

▶ Un segment rouge a une longueur de 7 cm et un segment bleu de 63 mm.
Lequel est le plus long ? **Trace** ces segments pour vérifier.

Le segment .... est le plus long.

Je m'entraîne

1 **Complète** avec m, dm, cm ou mm.

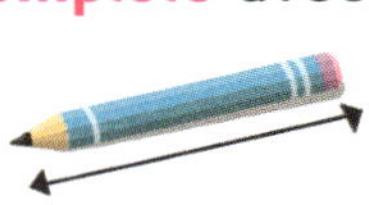

1 ....

4 ....

6 ....

5 ....

2 **Convertis** et **complète**.

a

4 dm = ... cm
4 cm = ... mm
3 m = ... cm
5 dm = ... mm

b

20 mm = ... cm
40 dm = ... m
300 cm = ... m
5 000 mm = ... m

3 **Problème :** Alban et Lenny sont allés à la pêche.
Qui a pêché le plus grand poisson ?

J'ai attrapé une truite de 25 cm.

Alban

Moi, une carpe de 3 dm.

Lenny

....

C'est .... qui a pêché le plus grand poisson.

Compétences : Effectuer des changements d'unité de longueur. Comparer des longueurs.
Calcul mental : Table de multiplication par 2. L'enseignant dit : « 6 × 2 » ; l'élève écrit 12.

Photofiche A13

43 Unités de longueur : du m au mm (2)

Découvrons ensemble

Théo calcule les dimensions en m et cm du camping-car de son papi.

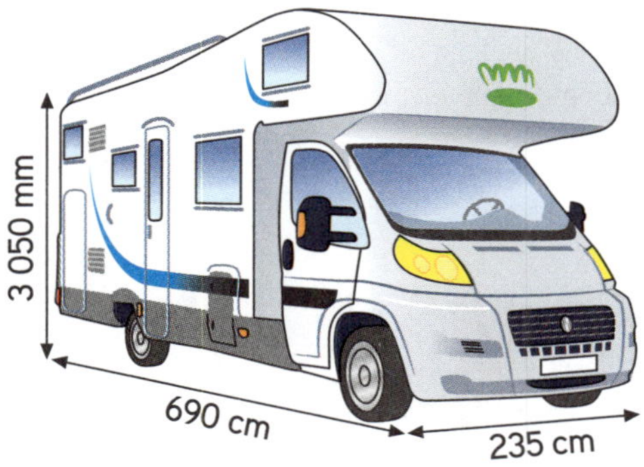

Complète.

235 cm = 200 cm + ... cm

235 cm = ... m + ... cm = ... m .... cm

1 m = 100 cm
1 m = 1 000 mm

Procède de même pour les autres dimensions du camping-car.

690 cm = ... m .... cm ; 3 050 mm = ... m .... cm

Ce camping-car peut-il passer sous un pont de 3 m de hauteur ?

....

Je m'entraîne

1 **Recopie** et **complète**.

a 1 m 25 cm = ... m + ... cm

1 m 25 cm = ... cm + ... cm

1 m 25 cm = ... cm

b 347 cm = 300 cm + ... cm

347 cm = ... m + ... cm

347 cm = ... m .... cm

2 **Convertis** en cm les tailles de Théo et de Mélissa.

Je mesure 1 m 15 cm.

1 m 15 cm = ... cm + ... cm = ... cm

Je mesure 1 m 8 cm.

1 m 8 cm = ... cm + ... cm = ... cm

Range les tailles des enfants de la plus petite à la plus grande.

.... cm < .... cm < .... cm

Je mesure 121 cm.

Quel enfant est le plus grand ?

....

3 **Problème**

Le poisson Guppy mesure 5 cm 4 mm, l'Ecsenius 1 dm 1 cm et le Combattant 1 dm 9 mm.

Range ces poissons du plus grand au plus petit.

....

Le coin du chercheur

Voici le carré magique de Dürer. Toutes les lignes, colonnes et diagonales ont-elles le même total ?

16	3	2	13
5	10	11	8
9	6	7	12
4	15	14	1

....

Compétences : Effectuer des changements d'unité de longueur pour des mesures complexes. Comparer et ranger des longueurs.
Calcul mental : Table de multiplication par 5. L'enseignant dit : « 3 × 5 » ; l'élève écrit 15.

Photofiches P10 et P11

44 Problèmes : Apprendre à résoudre
Utiliser un graphique

Problème de référence 1

La bibliothécaire de l'école représente, dans un graphique, le nombre de bandes dessinées que les enfants ont empruntées ce mois-ci.

Comprendre le graphique

Réponds oralement.

Qu'indiquent les graduations de l'axe vertical ?
Quelles informations donne l'axe horizontal ?

Utiliser le graphique

a Cinq élèves ont emprunté Lucky Luke. Combien d'élèves ont emprunté les BD suivantes :

– Astérix ? .... – Léonard ? ....

– Titeuf ? .... – Boule et Bill ? ....

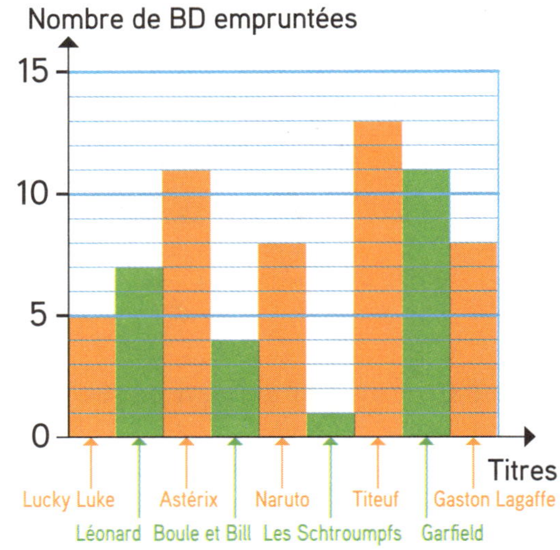

b Quelles sont les trois BD les plus empruntées ? ....

c Quelle est la BD la moins empruntée ? ....

Problème d'application

1 Ce graphique représente les activités proposées lors des temps d'activité périscolaire de l'école de Léa.

a Combien d'élèves pratiquent

– la sculpture ? ....

– le modelage ? ....

– la musique ? ....

b Quelle activité est pratiquée par le plus grand nombre d'élèves ?

....

c Quelles activités sont pratiquées :
– par plus de 25 élèves ?

....

....

– par moins de 15 élèves ?

....

....

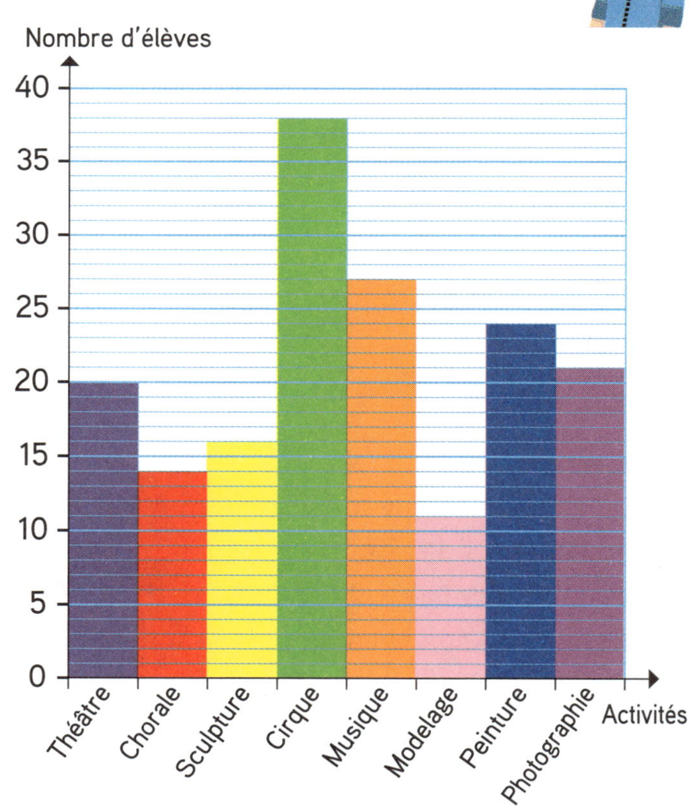

Problème de référence 2

Théo observe son carnet de santé.

Comprendre le graphique

Réponds oralement.

Qu'indiquent les graduations de l'axe vertical ?

Qu'indiquent les graduations de l'axe horizontal ?

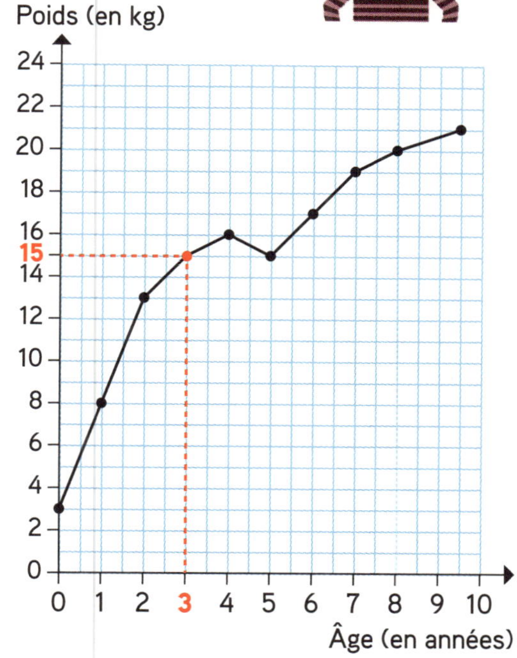

Utiliser le graphique

Observe la remarque de Théo et **réponds**.

a Quel était le poids de Théo :

– à la naissance ? ....

– à 2 ans ? ....

– à 8 ans ? ....

b À quel âge pesait-il :

– 8 kg ? ....

– 16 kg ? ....

– 20 kg ? ....

c A-t-il maigri entre :

– 3 et 4 ans ? ....

– 4 et 5 ans ? ....

– 5 et 6 ans ? ....

Problème d'application

1 **Mélissa observe son carnet de santé.**

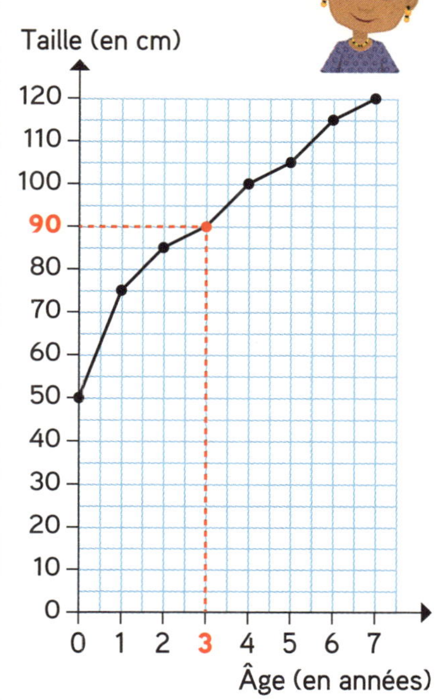

a Quelle était sa taille :

– à la naissance ? ....

– à 2 ans ? ....

– à 7 ans ? ....

b À quel âge mesurait-elle :

– 75 cm ? ....

– 100 cm ? ....

c De combien de centimètres a-t-elle grandi entre :

– 1 an et 2 ans ? ....

– 4 ans et 5 ans ? ....

Compétence : Utiliser un graphique « en bâtons » ou « en courbe » pour traiter des données.

Calcul mental : Dictée de nombres de 4 chiffres. L'enseignant dit : « 2 534 » ; l'élève écrit 2 534.

Photofiche S21

45 Calcul en ligne : Calculer le double d'un nombre

Découvrons ensemble

▶ Théo calcule le double de 14.

Le double de 14, c'est 14 + 14. Je calcule en décomposant 14 en 10 + 4.

Complète.

Double de 10 = 10 + 10 = ...

Double de 4 = 4 + 4 = ...

Double de 14 = ... + ... = ...

▶ Léa calcule le double de 39.

Moi, je calcule le double de 39 en décomposant 39 en 30 + 9.

Complète.

Double de 30 = ...

Double de 9 = ...

Double de 39 = ... + ... = ...

Coche la bonne réponse.

Tous les nombres ont-ils un double ? ☐ Oui ☐ Non

Un double est-il toujours un nombre pair ? ☐ Oui ☐ Non

Je m'entraîne

1 **Calcule** les doubles.

a Double de 23

23 = 20 + 3

Double de 20 = 20 + 20 = ...

Double de 3 = 3 + 3 = ...

Double de 23 = ... + ... = ...

b Double de 48

48 = 40 + ...

Double de 40 = ...

Double de ...... = ...

Double de 48 = ... + ... = ...

2 **Calcule** les doubles.

a Double de 34

34 = 30 + 4

Double de 30 = 30 + 30 = ...

Double de 4 = 4 + 4 = ...

Double de 34 = ... + ... = ...

b Double de 57

57 = ... + ...

Double de .... = ...

Double de ...... = ...

Double de 57 = ... + ... = ...

3 **Problème :** Pour la fête des écoles, Olivia a préparé 28 crêpes. Sa maman en a préparé le double.
Combien de crêpes la maman d'Olivia a-t-elle préparées ?

....

La maman d'Olivia a préparé ....

J'ai déjà appris

Aide-toi du problème de référence 1 de la leçon 23.

4 Ousmane a un sac de 34 billes, des rouges et des vertes. 15 billes sont vertes.
Combien de billes rouges possède Ousmane ?

.... = ... *Ousmane possède* ....

Compétences : Connaître et utiliser l'expression « double d'un nombre ».
Calcul mental : Dictée de nombres de 4 chiffres. L'enseignant dit : « 5 038 » ; l'élève écrit 5 038.

46 Tracer un rectangle, un carré

Découvrons ensemble

Trace un rectangle de 6 carreaux de longueur et 4 carreaux de largeur.

Un rectangle a :
– 4 angles droits,
– des côtés opposés de même longueur.

Le petit côté s'appelle la largeur, le grand côté s'appelle la longueur.

Termine le carré.

Un carré a :
– 4 angles droits,
– 4 côtés de même longueur.

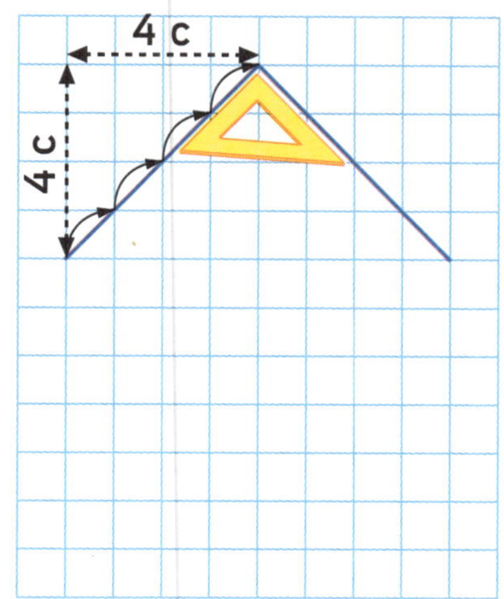

Je m'entraîne

1 **Termine** :

a ce carré. Un côté est déjà tracé.

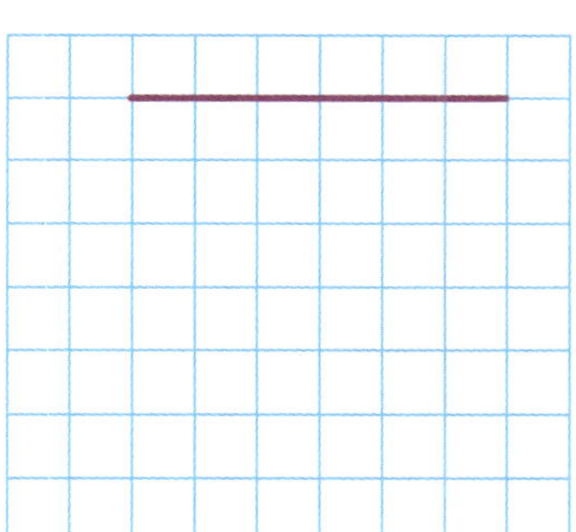

b ce rectangle. 3 sommets sont donnés.

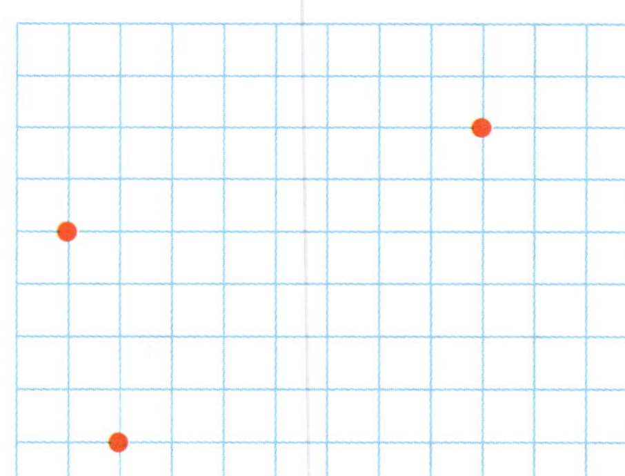

J'ai déjà appris

2 **Décompose** les nombres comme dans l'exemple.

5 308 = 5 000 + 300 + 8

2 680 = ...

6 094 = ...

Le coin du chercheur

Trouve un moyen pour lire cet étrange message.

Le miroir te permet de lire ce message.

J'utilise ....
....

Compétences : Tracer un rectangle, un carré sur quadrillage en utilisant leurs propriétés.
Calcul mental : Soustraire 100 à un nombre inférieur à 1 000. L'enseignant dit : « 572 – 100 » ; l'élève écrit 472.

47 TUIC n° 2 : Tracer un rectangle, un carré

1 **Ouvre** le traitement de texte OpenOffice Writer*.
Vérifie si la barre de boutons ci-dessous apparaît en bas de la fenêtre.

Si elle n'apparaît pas, clique sur le bouton « Dessin » dans la barre du haut.

2 Clique sur la flèche noire à droite du bouton « Formes de base ».
Voici ce que tu obtiens :

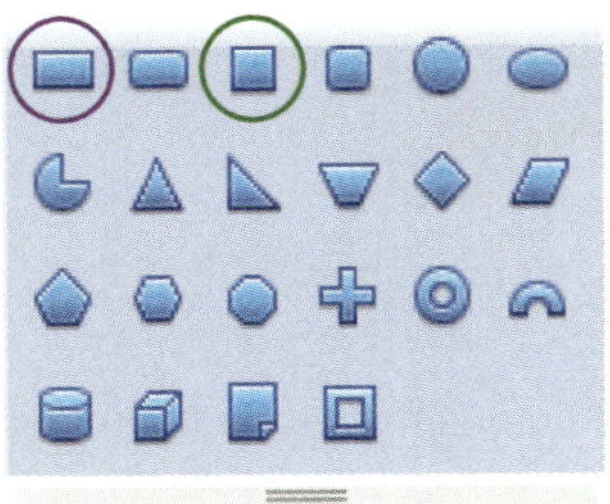

- **Pour tracer un rectangle**

– **Clique** sur le rectangle ;
– Pour le tracer, **déplace** la souris, clic gauche maintenu ;
– **Recommence** plusieurs fois pour tracer différents rectangles comme ci-dessous.

Avant de cliquer sur un bouton, lis bien la petite étiquette qui nomme les boutons.

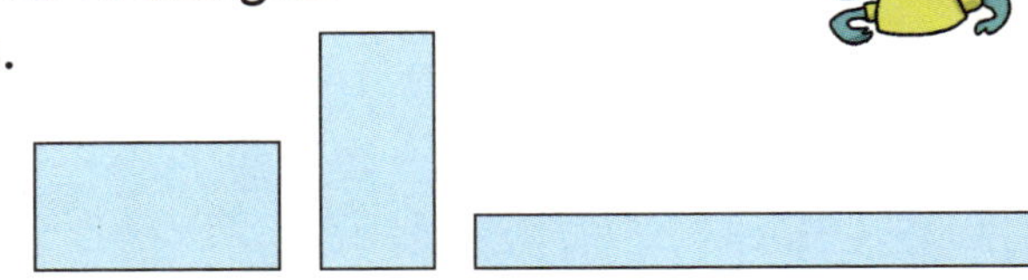

- **Pour tracer un carré**

– **Clique** sur le carré ;
– Pour le tracer, **déplace** la souris, clic gauche maintenu ;
– **Recommence** plusieurs fois pour tracer différents carrés comme ci-contre.

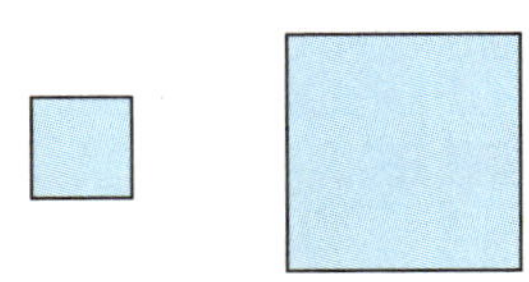

- **Pour tracer un carré à partir du bouton**

– **Clique** sur le rectangle ;
– Pour le tracer, **déplace** la souris, clic gauche maintenu ; pendant que tu traces la figure, **maintiens** la touche ⇧ « Majuscule » enfoncée.

3 **Clique** ensuite sur l'une des figures que tu as tracées. En utilisant les boutons ci-dessous, **modifie** l'aspect et la couleur des côtés et des surfaces.

Par exemple, **essaie** d'obtenir ces figures :

4 **Invente** un dessin en utilisant des rectangles, des carrés et des triangles.
Tu peux t'inspirer du dessin ci-contre.
Lorsque tu as terminé ton dessin, **enregistre** ton travail, puis **imprime**-le.

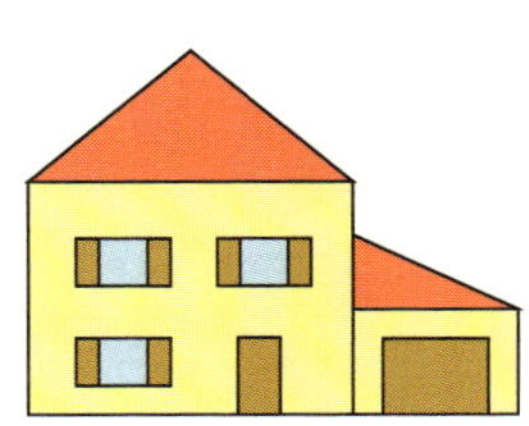

Compétence : Utiliser les outils de dessin d'un traitement de texte pour tracer des rectangles, des carrés.
Calcul mental : Soustraire 100 à un nombre < 1 000. L'enseignant dit : « 572 – 100 » ; l'élève écrit 472.

48 Maths Aventures [2]

Dans la forêt tropicale

Quand ta réponse est correcte, tu colories une étoile. ☆

1 ☆ Chaque lettre cache un nombre. **Trouve** le code pour entrer dans ce temple.

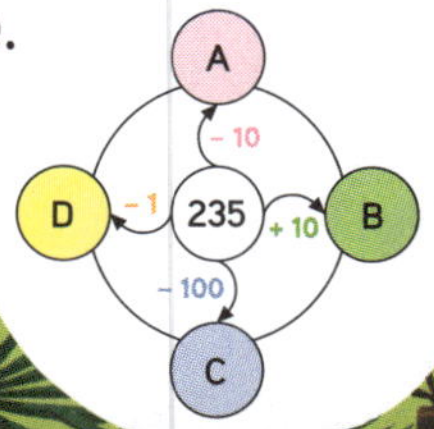

A ....
B ....
C ....
D ....

2 ☆ On compte **trois mille cinq cent trente-deux** espèces d'insectes, **trois cent neuf** espèces d'oiseaux et **mille cinq cent quatre-vingts** espèces de mammifères. **Écris** ces nombres en chiffres.

Insectes : ....

Oiseaux : ....

Mammifères : ....

3 ☆ Il y a 62 bananes sur le bananier. Les singes en mangent 38. **Combien de bananes reste-t-il ?**

Il reste .... bananes.

4 ☆ Un boa mesure 3 m 21 cm ; un python du Mexique 140 cm et un serpent corail 1 m 4 cm. **Range** ces serpents du plus court au plus long.

....

....

....

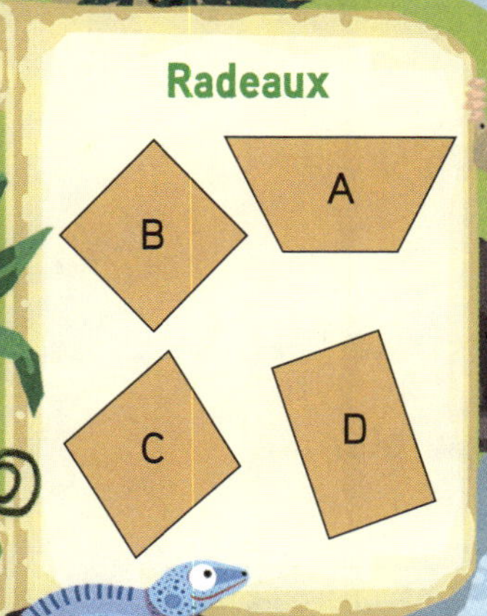

5 ☆ Pour traverser le fleuve nous prenons un radeau en forme de carré. **Entoure**-le.

Perroquets observés

	Bleu	Rouge	Vert
Jour 1	10	28	7
Jour 2	0	10	9
Jour 3	14	5	0
Jour 4	2	13	4
Total	......	......	......

6 ☆ **Calcule** le nombre total de perroquets de chaque couleur observés durant les 4 jours.

Si tu as colorié 5 ou 6 étoiles, entoure la médaille d'or ;
3 ou 4 étoiles, entoure la médaille d'argent ;
sinon, entoure la médaille de bronze.
Quelle médaille as-tu obtenue ?

J'ai compris et je retiens (4)

Cette page t'aide à retenir ce qui est essentiel.

Nombres

N7 Je lis les nombres jusqu'à 9 999.

4 132 → quatre mille cent trente-deux

5 027 → cinq mille vingt-sept

3 006 → trois mille six

N8 Je décompose les nombres jusqu'à 9 999.

4 132 = 4 000 + 100 + 30 + 2

4 132 = 4 m 1 c 3 d 2 u

5 027 = 5 000 + 20 + 7

5 027 = 5 m 2 d 7 u

Calcul

C10 J'écris et je calcule un produit.

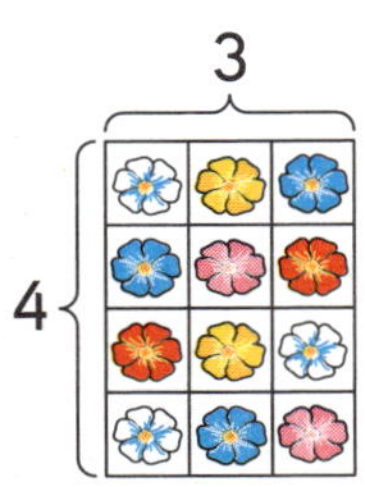

4 × 3 = 3 × 4

4 × 3 = 3 + 3 + 3 + 3 = 12

3 × 4 = 4 + 4 + 4 = 12

C11 Je calcule le double d'un nombre.

Double de 26 ?

26 = 20 + 6

Double de 20 = 40

Double de 6 = 12

Double de 26 = 40 + 12 = 52

C12 Je lis un graphique en bâtons.

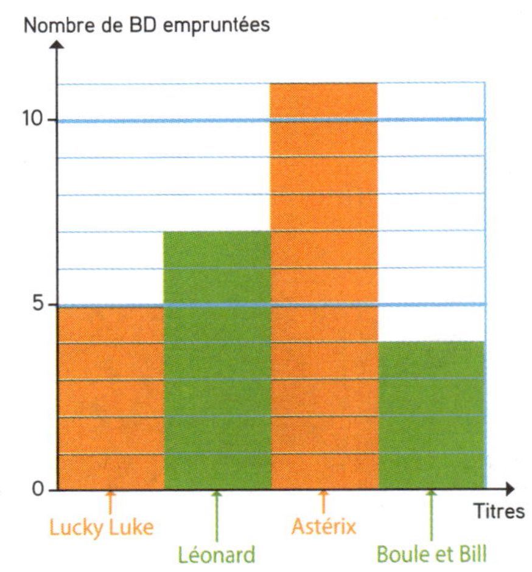

La BD *Léonard* a été empruntée 7 fois.

Grandeurs et mesures

M4 Je connais le m, le dm, le cm, le mm.

1 m = 100 cm 1 m = 1 000 mm

1 cm = 10 mm 1 m = 10 dm

M5 Je mesure en m, dm, cm, mm.

215 cm = 2 m 1 dm 5 cm = 2 m 15 cm

159 mm = 1 dm 5 cm 9 mm = 15 cm 9 mm

3 450 mm = 3 m 4 dm 5 cm = 3 m 45 cm

Espace et géométrie

G5 Je me repère sur un plan.

Le musée est dans la case (B, 3).

Je fais le point (4)

SOCLE COMMUN

Nombres et calculs

1 **Complète** comme dans l'exemple.

1 050	mille cinquante
2 030	....
6 001	....
....	trois mille cinq cent quarante
....	mille cent vingt-trois

Écrire en lettres ou en chiffres un nombre de 4 chiffres.

2 **Complète** comme dans l'exemple.

3 152	3 000 + 100 + 50 + 2
2 678	....
4 052	....
5 006	....
9 999	....

Décomposer de façon canonique un nombre de 4 chiffres.

3 **Entoure** en rouge le chiffre des milliers, en vert celui des dizaines.

5 1 3 4 6 7 0 0 5 0 0 2

Repérer le chiffre des milliers ou des dizaines dans un nombre de 4 chiffres.

4 **Écris** sous forme de 2 produits égaux le nombre de carreaux du tapis et **calcule**-les.

.... × .... = ... × .... = ...

Utiliser la commutativité de la multiplication et calculer un produit.

5 **Observe** le graphique.
Dans quelle classe les filles sont-elles plus nombreuses que les garçons ?

....

Quel est le nombre d'élèves au CP ?

....

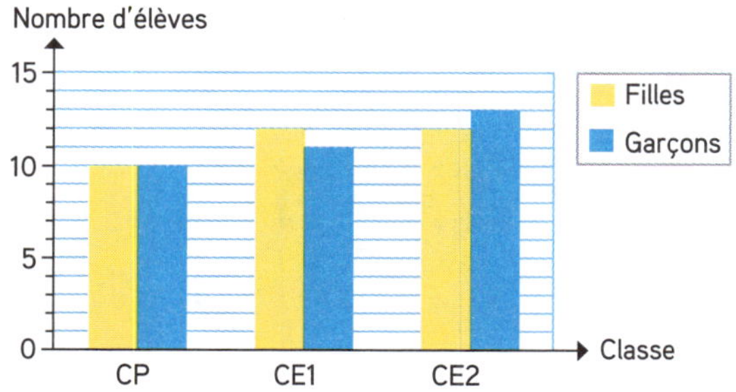

Lire et interpréter un graphique en bâtons.

Grandeurs et mesures

6 **Convertis.**

1 m = ... cm 1 cm = ... mm

1 m = ... dm

235 cm = ... m .... cm

364 mm = ... cm .... mm

Convertir des unités de longueur.

Espace et géométrie

7 Dans quelle case se trouve l'école ?

....

Se repérer sur un plan.

49 Calcul en ligne : Apprentissage des tables de multiplication

Découvrons ensemble

Aide Théo et Léa à compléter la table de 6.

1 × 6   2 × 6   3 × 6   4 × 6

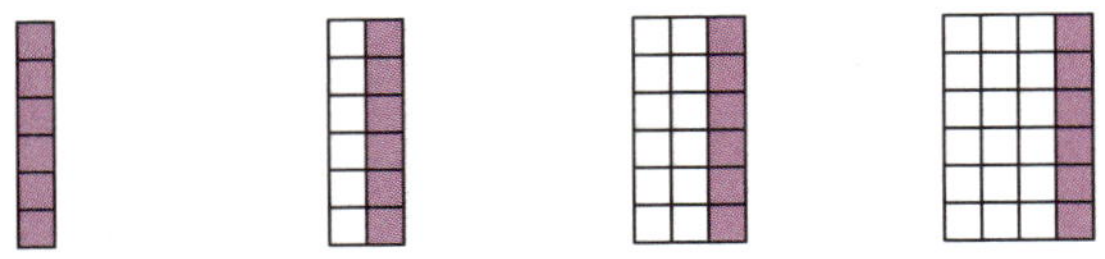

1 × 6 = 6
2 × 6 = 6 + 6 = 12
3 × 6 = 12 + 6 = 18
4 × 6 = 18 + 6 = 24
5 × 6 = 24 + 6 = 30
6 × 6 = ... + 6 = ...
7 × 6 = ... + 6 = ...
8 × 6 = ... + 6 = ...
9 × 6 = ... + 6 = ...
10 × 6 = ... + 6 = ...

Dans la table de 6, j'ajoute 6 pour passer d'un résultat au suivant.

Je connais la table de 3. En prenant les doubles, je trouve la table de 6.

3 × 3 = 9
3 × 3 = 9

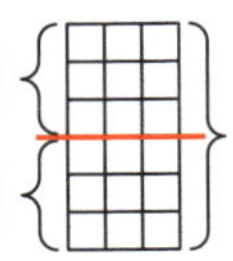

3 × 6 = 9 + 9 = 18

2 × 3 = 6 → 2 × 6 = 12
3 × 3 = 9 → 3 × 6 = 18
4 × 3 = 12 → 4 × 6 = ...
5 × 3 = 15 → 5 × 6 = ...
6 × 3 = ... → 6 × 6 = ...
7 × 3 = ... → 7 × 6 = ...
8 × 3 = ... → 8 × 6 = ...
9 × 3 = ... → 9 × 6 = ...
10 × 3 = ... → 10 × 6 = ...

Je m'entraîne

1 Calcule comme Théo.

5 × 7 = 35
6 × 7 = 35 + ... = ...
7 × 7 = ... + ... = ...
8 × 7 = ... + ... = ...
9 × 7 = ... + ... = ...
10 × 7 = ... + ... = ...

2 Calcule comme Léa.

5 × 4 = 20 → 5 × 8 = ...
6 × 4 = ... → 6 × 8 = ...
7 × 4 = ... → 7 × 8 = ...
8 × 4 = ... → 8 × 8 = ...
9 × 4 = ... → 9 × 8 = ...
10 × 4 = ... → 10 × 8 = ...

J'ai déjà appris

3 Termine le rectangle rouge et le carré bleu.

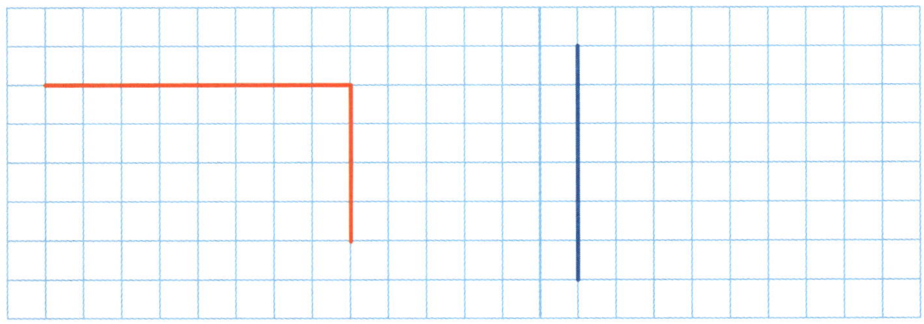

Compétences : Construire et mémoriser les produits de la table de multiplication.
Calcul mental : Complément à la centaine d'un multiple de 10. L'enseignant écrit 180 + ... = 200 ; l'élève écrit 20.

Photofiche S22

50 La table de Pythagore de la multiplication

Découvrons ensemble

Utilise la table de Pythagore pour calculer les produits suivants :

3 × 5 = ... 6 × 3 = ... 8 × 7 = ... 9 × 8 = ...

×	1	2	3	4	5	6	7	8	9	10
1	1	2	3	4	5	6	7	8	9	10
2	2	4	6	8	10	12	14	16	18	20
3	3	6	9	12	15	18	21	24	27	30
4	4	8	12	16	20	24	28	32	36	40
5	5	10	15	20	25	30	35	40	45	50
6	6	12	18	A	30	36	42	48	54	60
7	7	14	21	28	35	42	49	56	63	70
8	8	16	24	32	B	48	56	64	72	80
9	9	18	27	36	45	54	63	72	81	90
10	10	20	30	40	50	60	70	80	90	100

Écris les produits correspondant aux nombres des cases bleues.

4 = 2 × 2 9 = ... × ...... 16 = ... × ...... 25 = ... × ......

36 = ... × ...... 49 = ... × ...... 64 = ... × ...... 81 = ... × ......

Compare la ligne et la colonne qui commencent par la case 3.

Donnent-elles les mêmes résultats ? ☐ Oui ☐ Non

Entoure les résultats de 4 × 7 et de 7 × 4. **Complète** : 4 × 7 = ... × 4 = ...

Retrouves-tu les résultats de la partie jaune dans la partie blanche ? ☐ Oui ☐ Non

Quel nombre doit-on écrire dans la case A ? .... Dans la case B ? ....

Je m'entraîne

1 **Utilise** la table de Pythagore pour calculer les produits suivants.

a 4 × 3 = ... 5 × 3 = ... 6 × 2 = ... 8 × 4 = ... 6 × 4 = ... 7 × 3 = ...

b 4 × 8 = ... 6 × 6 = ... 7 × 8 = ... 7 × 9 = ... 9 × 5 = ... 6 × 8 = ...

2 **Complète** en t'aidant de la partie jaune de la table de Pythagore.

a 12 = 6 × ...... 16 = 2 × ......

12 = 4 × ...... 16 = 4 × ......

b 18 = ... × 6 24 = ... × 4

18 = ... × 9 24 = ... × 3

3 **Calcule** le prix à payer pour chaque article, puis **indique** le total à payer.

Article	Prix unitaire	Nombre	Prix à payer
Paquet biscuits	3 €	8	.... €
Jus de fruits	4 €	6	.... €
Soda	2 €	7	.... €
Gâteau	9 €	4	.... €
	Total à payer		.... €

Le prix unitaire est le prix d'un seul article.

Le coin du chercheur

Quel est le résultat le plus grand ?

1 + 0 ou 1 000 × 0

Entoure-le.

J'ai déjà appris

4 **Complète**. 18 mm + 2 cm = 18 mm + ... mm = ... mm

Compétences : Connaître et utiliser la table de Pythagore pour calculer un produit.

Calcul mental : Ajouter un petit nombre à un nombre de 3 chiffres. L'enseignant écrit 135 + 4 ; l'élève écrit 139.

Photofiche S23

51 Comparer, ordonner, intercaler les nombres de 0 à 9 999

Découvrons ensemble

Écris le score de chaque enfant.

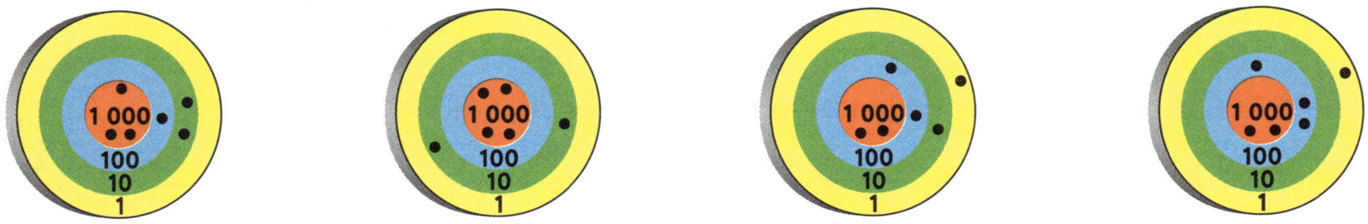

Théo : .... Léa : .... Mélissa : .... Gaël : ....

Compare les scores de Théo et de Léa.
Qui a le plus de points ? ☐ Théo ☐ Léa

Compare les scores de Mélissa et de Gaël.
Qui a le plus de points ? ☐ Mélissa ☐ Gaël

> Je compare d'abord les chiffres des milliers. Si les nombres ont le même chiffre des milliers, je compare alors les chiffres des centaines.

Range les 4 scores du plus grand au plus petit. .... > .... > .... > ....

Nicolas a fait un score de 3 201 points.

Intercale ce score dans la liste précédente. .... > .... > .... > .... > ....

Au bout de trois parties, Léa a marqué 9 000 points et Théo 1 point de moins que Léa.

Quel est le score de Théo ? ....

Je m'entraîne

1 **Entoure** le plus grand nombre de chaque nuage.

a 3 267 ; 2 648 — 4 048 ; 4 267

b 2 267 ; 3 248 ; 1 648 — 6 670 ; 6 830 ; 6 850

2 **Range** ces nombres du plus grand au plus petit.

a 4 567 ; 2 600 ; 5 499 ; 3 378

.... > .... > .... > ....

b 6 880 ; 5 800 ; 6 875 ; 5 458

.... > .... > .... > ....

3 **Écris** le nombre qui précède et le nombre qui suit.

a .... < 1 999 < ....

b .... < 6 000 < ....

4 **Problème :** Voici les billets de tombola que mamie a achetés.
Les billets gagnants sont compris entre 2 500 et 3 500.
Colorie-les.

a 3 100 | 4 200 | 2 740 | 2 190

b 3 015 | 2 469 | 3 547 | 3 364

Compétences : Comparer, ordonner, intercaler les nombres inférieurs à 10 000.
Calcul mental : Ajouter un petit nombre à un nombre de 3 chiffres. L'enseignant écrit 235 + 7 ; l'élève écrit 242.

Photofiche A14

52 Encadrer les nombres de 0 à 9 999

Découvrons ensemble

La distance entre Paris et New York est égale à 5 845 km.
Place approximativement le nombre 5 845 sur cette droite numérique.

4 900 | **5 000** | 5 100 | 5 200 | 5 300 | 5 400 | **5 500** | 5 600 | 5 700 | 5 800 | 5 900 | **6 000** | 6 100

Sur la droite numérique, **entoure** en rouge les deux milliers les plus proches de 5 845.

Encadre 5 845 entre les deux milliers les plus proches. .... < 5 845 < ....

Sur la droite numérique, **entoure** en bleu les deux centaines les plus proches de 5 845.

Encadre 5 845 entre les deux centaines les plus proches. .... < 5 845 < ....

Sans utiliser la droite numérique, **encadre** 5 845 entre les deux dizaines les plus proches.

.... < 5 845 < ....

Je m'entraîne

1 **Encadre** ces nombres entre les deux milliers les plus proches.

a .... < 3 400 < .... ; .... < 5 200 < .... ; .... < 7 520 < ....

b .... < 2 222 < .... ; .... < 1 290 < .... ; .... < 6 603 < ....

2 **Encadre** ces nombres entre les deux centaines les plus proches.

a .... < 3 210 < .... ; .... < 3 650 < .... ; .... < 3 380 < ....

b .... < 2 020 < .... ; .... < 980 < .... ; .... < 1 970 < ....

3 **Écris** les dizaines et les centaines les plus proches qui encadrent ce nombre.

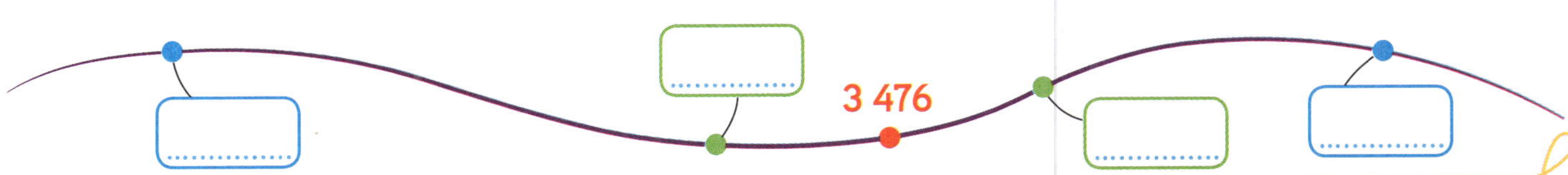

4 **Devinette**

Je suis une des deux centaines les plus proches du nombre 6 546. Mes deux premiers chiffres sont les mêmes. Qui suis-je ?

Je suis ....

Le coin du chercheur

✱, ✦ et ◆ représentent chacun un chiffre différent.
Retrouve ces chiffres.

	✱	✦	◆
+	✦	✦	✱
	5	8	4

✱ = ...
✦ = ...
◆ = ...

Compétence : Encadrer un nombre entre deux milliers ou deux centaines ou deux dizaines les plus proches.
Calcul mental : Soustraire un petit nombre à un nombre de 3 chiffres. L'enseignant écrit : 135 – 4 ; l'élève écrit 131.

Photofiche A15

53 Reconnaître qu'une figure possède un axe de symétrie (1)

Découvrons ensemble

MATÉRIEL F

Découpe les figures A, B et C de la page matériel **F**.

- **Trouve** par pliage les axes de symétrie de ces figures.
Trace-les en rouge.
Barre la figure qui n'a pas d'axe de symétrie.

Par pliage, si les deux parties d'une figure se superposent parfaitement, le pli est un axe de symétrie.

A

B

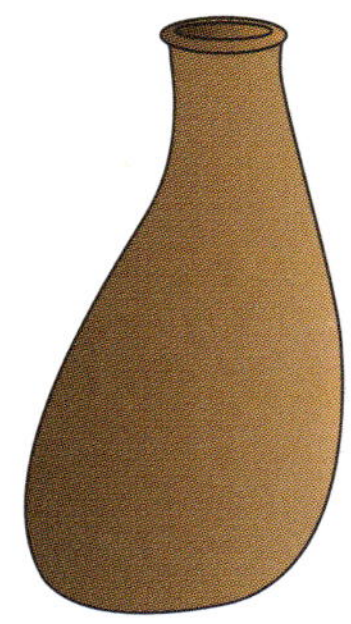
C

Par retournement, si la figure se superpose à son dessin, elle possède un ou plusieurs axes de symétrie. Sinon, elle ne possède aucun axe de symétrie.

- **Retourne** chaque figure puis **essaie** de la replacer sur son dessin.

Quelles figures se retournent exactement sur leur dessin ? ....

Théo a-t-il raison ? ☐ Oui ☐ Non

Je m'entraîne

1 **Découpe** les figures de la page matériel **F**. Chacune possède un axe de symétrie.
Trouve-le par pliage. **Trace**-le en rouge.

a

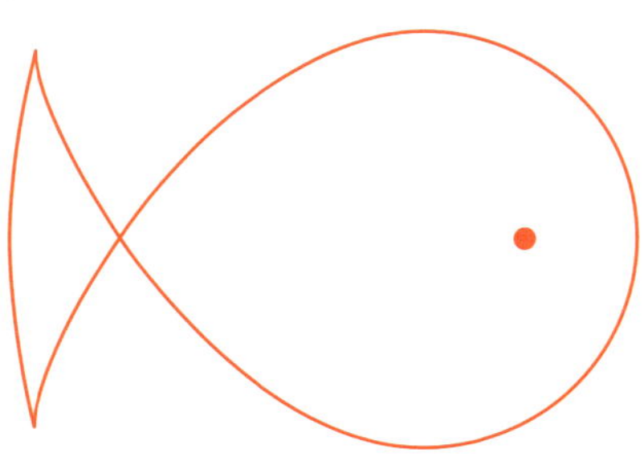

b

2 **Découpe** les feuilles de la page matériel **F**. Par retournement, **trouve** la feuille qui possède un axe de symétrie. **Trouve**-le par pliage. **Trace**-le en rouge.

a

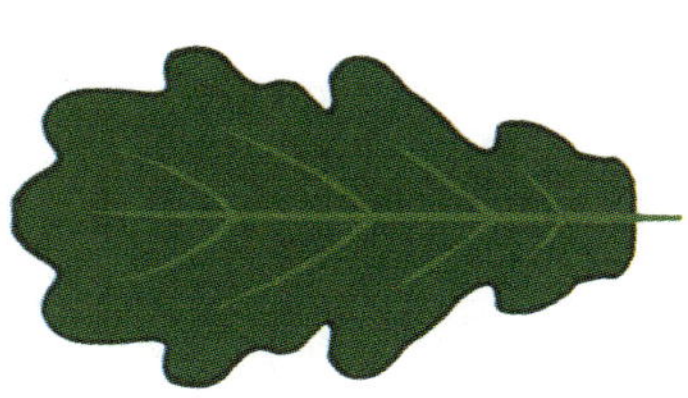

feuille de chêne

b

feuille de platane

Compétence : Reconnaître qu'une figure possède un axe de symétrie par pliage ou par retournement.
Calcul mental : Soustraire un petit nombre à un nombre de 3 chiffres. L'enseignant écrit 121 – 3 ; l'élève écrit 118.

Photofiche S24

54 Unités de longueur : du m au km

Découvrons ensemble

▶ **Convertis** en mètres la distance jusqu'à l'étang. 2 km = ... m

Convertis en mètres la distance jusqu'au stade. 1 km 500 m = ... m + ... m = ... m

▶ **Range** les trois distances indiquées par le panneau de la plus petite à la plus grande.

.... m < .... m < .... m Quel est le lieu le plus éloigné ? ....

Je m'entraîne

1 **Complète** avec l'unité qui convient.

Longueur d'une classe

12 ....

Distance entre deux villages

4 ....

Hauteur d'un arbre

10 ....

Distance entre ces deux villes

1 000 ....

2 **Convertis** en m, comme dans l'exemple. 2 km 700 m = 2 000 m + 700 m = 2 700 m

a 2 km 500 m = ... m + ... m = ... m

3 km 750 m = ... m + ... m = ... m

b 2 km 964 m = ...

3 km 106 m = ...

3 **Convertis** en km et m, comme dans l'exemple. 3 400 m = 3 000 m + 400 m = 3 km 400 m

a
- 1 300 m = ... m + ... m

  1 300 m = ... km .... m
- 4 785 m = ... m + ... m

  4 785 m = ... km .... m

b
- 8 040 m = ...

  8 040 m = ...
- 1 007 m = ...

  1 007 m = ...

4 **Problème**

Parmi ces courses, laquelle est la plus longue :
l'épreuve de relais 4 fois 400 m ou
l'épreuve de demi-fond de 1 km 500 m ?

....

....

Le coin du chercheur

Trace cette figure sans lever le crayon et sans passer deux fois sur la même ligne.

Compétences : Connaître le mètre, le kilomètre et leurs relations.

Calcul mental : Calculer le double d'un nombre. L'enseignant dit : « double de 24 » ; l'élève écrit 48.

Photofiche P12

55 Problèmes : Méthodologie
Rédiger une phrase réponse

....

Analyser une phrase réponse

Dans une phrase réponse, on retrouve :
- des mots de la question ;
- le résultat du calcul.

Dans chaque problème ci-dessous :
- **souligne** les mots qui se trouvent à la fois dans la question et dans la phrase réponse ;
- **entoure** le résultat du calcul et le nombre écrit dans la phrase réponse.

1 Malik a 40 billes en arrivant à l'école. Il perd 15 billes à la récréation.
Combien de billes Malik a-t-il maintenant ?

Résultat du calcul	Phrase réponse
40 – 15 = 25	*Maintenant, Malik a 25 billes.*

2 Dans un tournoi de handball, il y a 8 équipes de 7 joueurs.
Combien de joueurs participent à ce tournoi ?

Résultat du calcul	Phrase réponse
8 × 7 = 56	*56 joueurs participent à ce tournoi.*

Choisir la phrase réponse

Coche, pour chacun des problèmes résolus, la phrase réponse la mieux rédigée.

Question du problème	Résultat du calcul		Phrase réponse
1. Quel est l'âge du grand-père de Mariette ?	70	→	☐ *Âge = 70 ans.* ☐ *Le grand-père de Mariette a 70 ans.* ☐ 70
2. Combien de cartes possède Manon ?	30	→	☐ *30 cartes.* ☐ *Le résultat, c'est 30.* ☐ *Manon possède 30 cartes.*
3. Quelle est la longueur du segment AB ?	13	→	☐ *La longueur du segment AB est 13 cm.* ☐ *J'ai trouvé 13.* ☐ *AB = 13 cm.*

Écrire une phrase réponse

Je rédige une phrase réponse :
– en commençant par une majuscule ;
– en utilisant des mots de la question ;
– en utilisant le résultat du calcul ;
– en terminant par un point.

Prends exemple sur les phrases réponses de la page précédente.

Pour chaque problème ci-dessous :
– **écris** l'opération en ligne et **effectue** les calculs mentalement ;
– **rédige** une phrase réponse.

1 Hugo arrive à l'école avec 42 billes. Il en gagne 18 à la récréation.
Combien de billes Hugo a-t-il à la fin de la récréation ?

.... = ...

....

2 Nikos achète un jeu vidéo avec un billet de 50 €. Le marchand lui rend 10 €.
Combien coûte ce jeu vidéo ?

.... = ...

....

3 Une boîte contient 4 rangées de 5 chocolats.
Combien de chocolats contient cette boîte ?

.... = ...

....

4 Anaïs a un coffret qui contient 20 bracelets.
Elle en donne un à chacune de ses 5 camarades.
Combien de bracelets reste-t-il dans son coffret ?

.... = ...

....

5 Adrien a trouvé 15 escargots, sa sœur 20 et sa cousine 25.
Combien d'escargots ont-ils ensemble ?

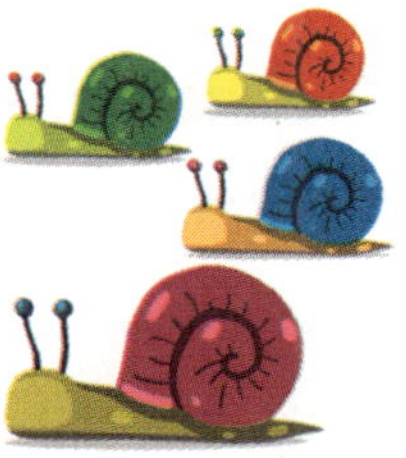

.... = ...

....

Compétence : Rédiger une phrase apportant une réponse à la question du problème.
Calcul mental : Calculer le double d'un nombre. L'enseignant dit : « double de 17 » ; l'élève écrit 34.

Photofiches S25 et A16

56 Calcul en ligne : Multiplier un nombre par 10, par 100, par 1 000

Découvrons ensemble

Théo calcule 4 × 10 et 52 × 10.

4 × 10 c'est 4 dizaines.
52 × 10 c'est 52 dizaines.

Léa calcule 4 × 100 et 52 × 100.

4 × 100 c'est 4 centaines.
52 × 100 c'est 52 centaines.

Complète.

	m	c	d	u	
4 × 10 = 4 dizaines →			4	0	→ 4 × 10 = 40
52 × 10 = 52 dizaines →		5	2	......	→ 52 × 10 = ...
4 × 100 = 4 centaines →		......	......	......	→ 4 × 100 = ...
52 × 100 = 52 centaines →	......	......	......	......	→ 52 × 100 = ...

Dans le tableau, n'oublie pas de compléter les cases avec des 0.

Pour multiplier un nombre par 10, j'écris .... à droite du nombre.
Pour multiplier un nombre par 100, j'écris .... à droite du nombre.

Trouve une règle pour multiplier un nombre par 1 000 et **vérifie** avec ta calculatrice.

Pour multiplier un nombre par 1 000, j'écris .... à droite du nombre.

Je m'entraîne

1 Calcule.

a 4 × 10 = ... ; 4 × 100 = ... ; 4 × 1 000 = ...

b 54 × 10 = ... ; 27 × 100 = ... ; 8 × 1 000 = ...

N'oublie pas que 100 × 8 = 8 × 100.

2 Calcule.

a 10 × 34 = ... ; 100 × 65 = ... ; 1 000 × 2 = ...

b 10 × 30 = ... ; 10 × 300 = ... ; 100 × 30 = ...

3 Problèmes

a Le carton contient 10 pochettes de 15 feutres.
Combien de feutres contient le carton ?

.... = ...

....

b Le coffre du pirate contient 100 sacs de 24 pièces d'or.
Combien de pièces d'or contient le coffre ?

.... = ...

....

Compétences : Multiplier un nombre par 10, par 100, par 1 000.
Calcul mental : Comparer des nombres de 4 chiffres. L'enseignant dit : « 3 214 et 5 012 » ; l'élève écrit le plus grand : 5 012.

Photofiche A17

57 Coder un déplacement

Découvrons ensemble

Pour faire boire son chameau, Ahmed observe la carte qui le conduira jusqu'à l'oasis.
Il code son parcours pour s'en souvenir en écrivant : O3 ; S2 ; E6 ; ...

Que signifient O3 ? S2 ? E6 ?

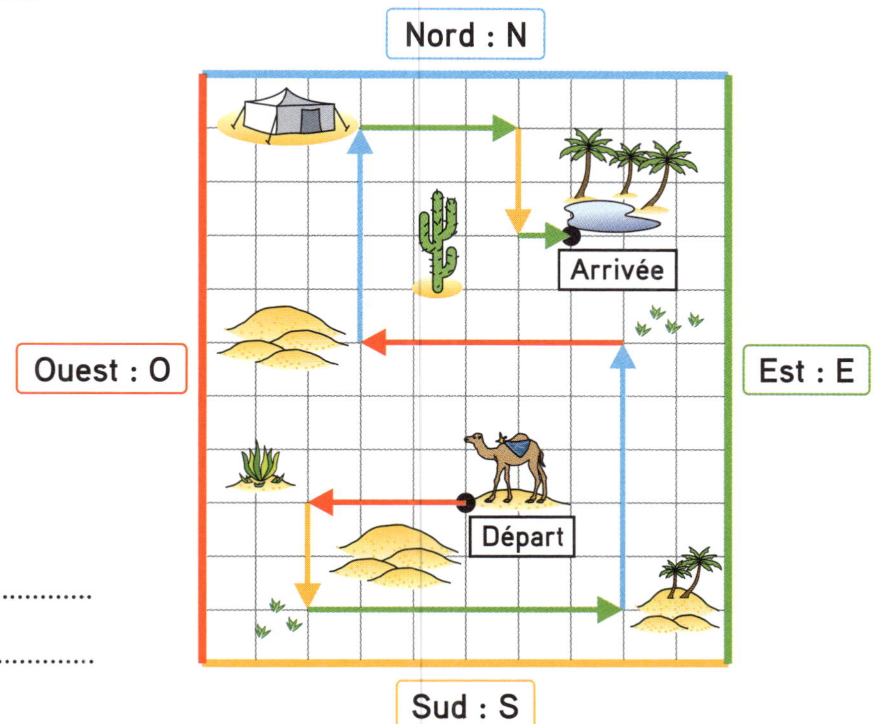

Termine le codage de son parcours jusqu'à l'oasis.

O3 ; S2 ; E6 ; ....

....

Je m'entraîne

1 Dans une course d'orientation, Léa a suivi le trajet fléché sur le quadrillage.

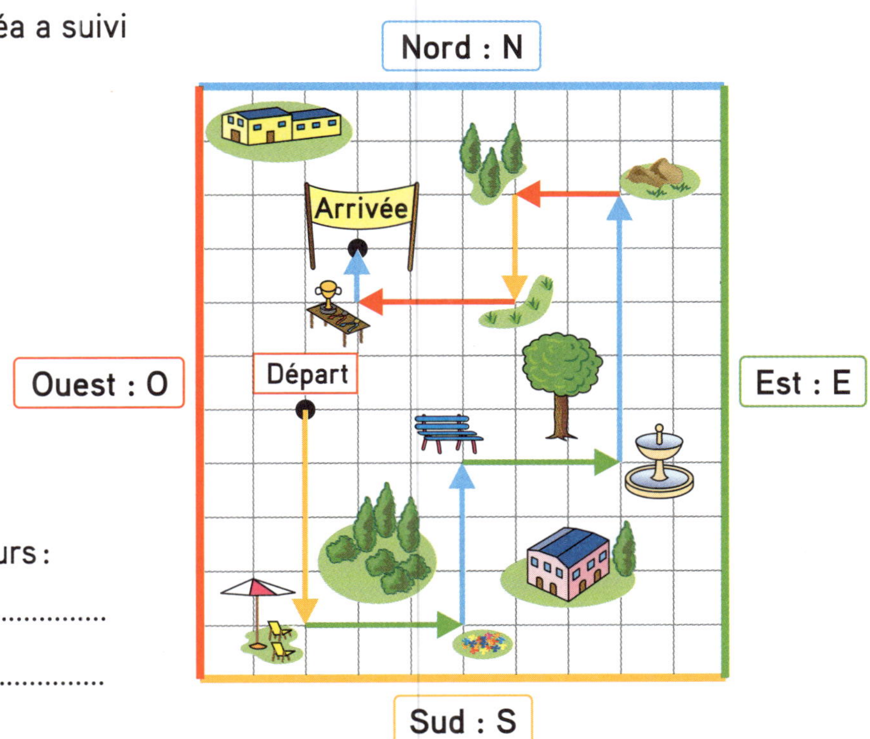

Termine le codage de son parcours :

S4 ; E3 ; ....

....

Compétence : Coder un déplacement sur les lignes d'un quadrillage.
Calcul mental : Comparer des nombres de 4 chiffres. L'enseignant dit : « 2 128 et 2 300 » ; l'élève écrit le plus grand : 2 300.

58 Reconnaître qu'une figure possède un axe de symétrie (2)

Découvrons ensemble

MATÉRIEL F

Découpe les figures A, B et C de la page matériel **F**.

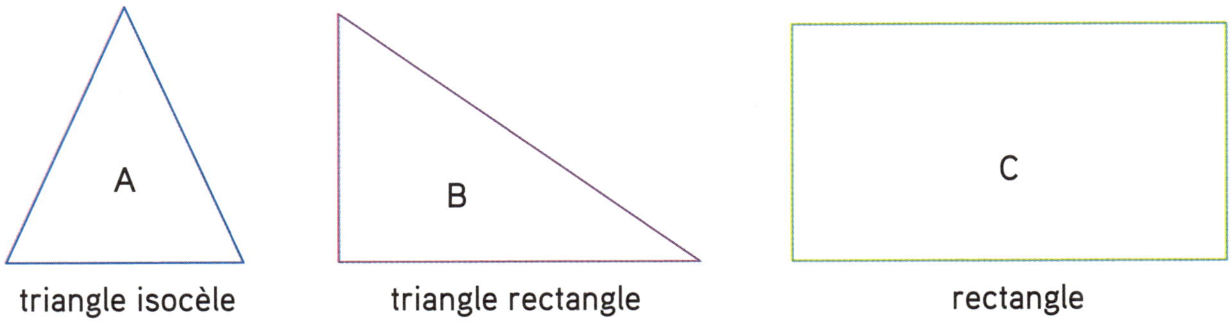

Trouve par pliage leurs axes de symétrie.
Quelle figure possède :

un axe de symétrie ? .... deux axes de symétrie ? .... aucun axe de symétrie ? ....

Trace les axes de symétrie en rouge.

Retourne chaque figure puis **essaie** de la replacer sur sa trace.

Quelles figures se retournent exactement sur leur trace ? ....

Que peux-tu en conclure ? ....

....

Je m'entraîne

MATÉRIEL G

1 **Découpe** les figures D, E et F de la page matériel **G**. **Trace** les axes de symétrie en rouge.

Laquelle ne possède pas d'axe de symétrie ? ....

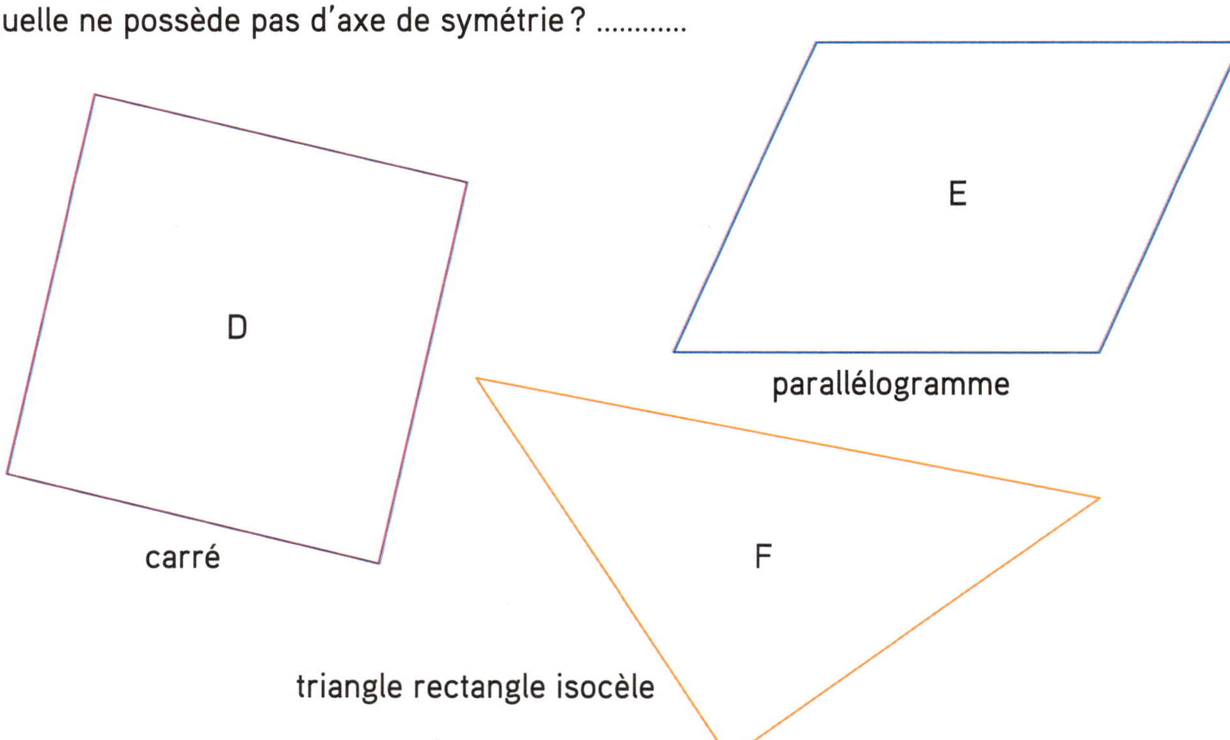

Compétence : Reconnaître par pliage ou par retournement, qu'une figure géométrique possède un axe ou plusieurs axes de symétrie.
Calcul mental : Ajouter 100. L'enseignant écrit : « 2 548 + 100 » ; l'élève écrit : 2 648.

59 Résoudre une addition à trou

Découvrons ensemble

Théo possède 67 € et Léa 92 €.
Combien manque-t-il à Théo pour avoir autant d'argent que Léa ?

Je dois calculer l'addition à trou : **67 + ... = 92**
Ma calculatrice ne sait pas le faire.

Complète.

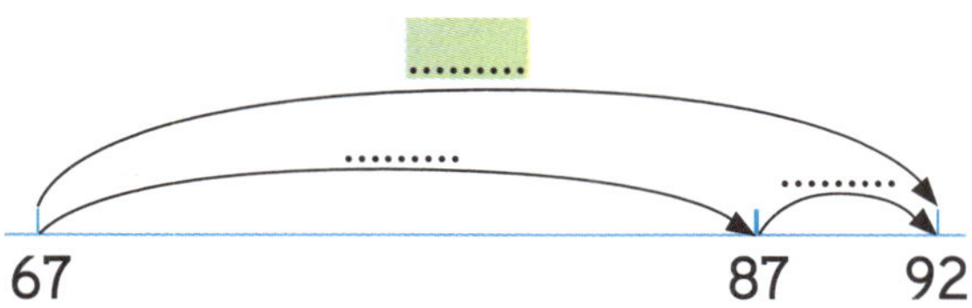

67 + ... = 92

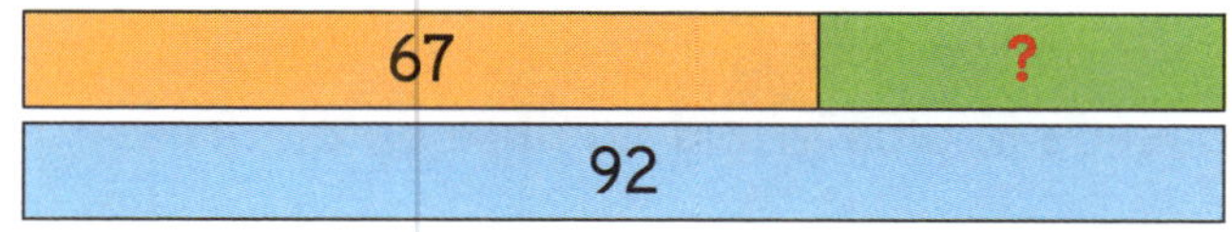

Utilise une calculatrice pour trouver le résultat.

Avec ce schéma, je vois qu'il faut calculer 92 − 67. Ma calculatrice sait le faire.

92 − 67 = ...

Donc : 67 + ... = 92

Il manque .... € à Théo pour avoir autant d'argent que Léa.

Je m'entraîne

1 Calcule 39 + ... = 63

a comme Théo.

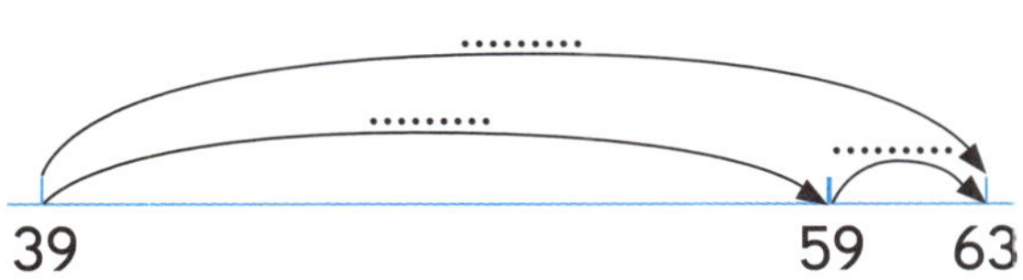

39 + ... = 63

b comme Léa.

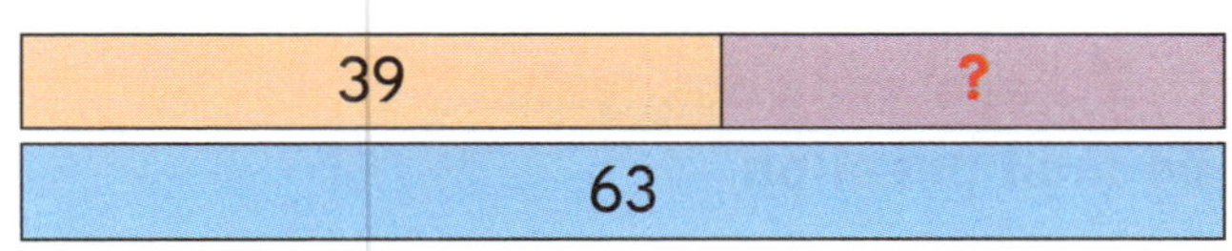

....

2 Aide-toi de ta calculatrice pour résoudre chacune de ces additions à trou.

a 34 + ... = 61 68 + ... = 95 57 + ... = 93

b 125 + ... = 350 340 + ... = 980 1 250 + ... = 2 140

3 Problème

Allia économise pour acheter des rollers à 95 €.
Elle possède actuellement 68 €.
Combien doit-elle encore économiser ?

....

....

....

Le coin du chercheur

Je pense à un nombre de 2 chiffres inférieur à 20. Si je lui ajoute 5, tous les chiffres du nombre obtenu sont les mêmes.

Je pense au nombre : ....

Compétences : Mettre en évidence le lien entre addition et soustraction. Résoudre une addition à trou.
Calcul mental : Soustraire 100. L'enseignant écrit 2 548 − 100 ; l'élève écrit 2 448.

J'ai compris et je retiens (5)

Nombres

N9 Je compare deux nombres.

• Le nombre le plus grand est celui qui possède le plus grand nombre de chiffres.

3 467 est plus grand que 969.

• Si deux nombres ont le même nombre de chiffres, on compare les chiffres à partir de la gauche.

5 734 est plus grand que 2 950 car 5 est plus grand que 2.

N10 J'ordonne des nombres.

Ces nombres sont rangés du plus grand au plus petit. $4\,078 > 3\,873 > 679$

Ces nombres sont rangés du plus petit au plus grand. $679 < 3\,873 < 4\,078$

N11 J'encadre un nombre.

J'encadre 4 562 :

• entre deux centaines les plus proches :

$4\,500 < 4\,562 < 4\,600$

• entre deux milliers les plus proches :

$4\,000 < 4\,562 < 5\,000$

Calculs

C13 J'apprends des tables de multiplication.

Je connais : 5 × 5 = 25

Donc : 6 × 5 = 25 + 5 = 30

C14 Je multiplie par 10, par 100, par 1 000…

8 × 10 = 80

8 × 100 = 800

8 × 1 000 = 8 000

Espace et géométrie

G6 Je reconnais qu'une figure possède un axe de symétrie.

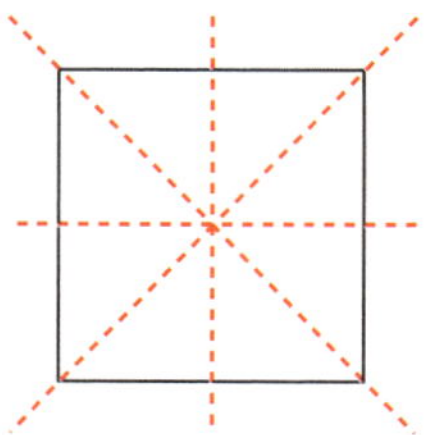

axes de symétrie du carré

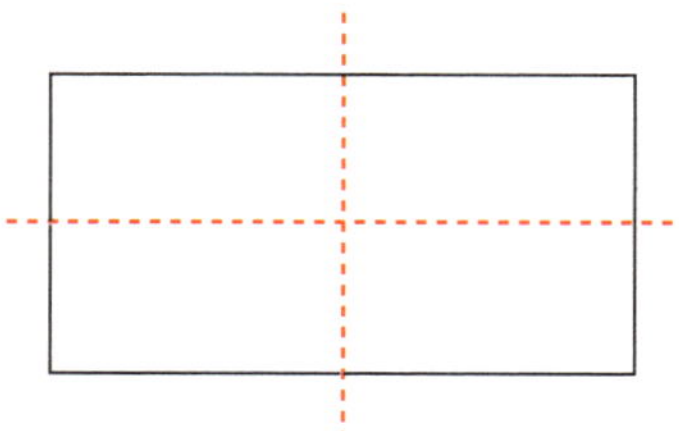

axes de symétrie du rectangle

Grandeurs et mesures

M6 Je connais le m et le km.

1 km = 1 000 m

1 km 80 m = 1 000 m + 80 m = 1 080 m

1 650 m = 1 000 m + 650 m = 1 km 650 m

Je fais le point (5)

SOCLE COMMUN

Nombres et calculs

1 **Entoure** le plus grand nombre.

- 2 760 ; 3 022
- 4 485 ; 3 893 ; 4 560

Comparer des nombres de 4 chiffres.

2 **Écris** ces nombres du plus petit au plus grand :

2 570 ; 4 500 ; 3 980 ; 4 378

.... < .... < .... < ....

Ranger des nombres de 4 chiffres.

3 **Encadre** 5 658 entre les deux **centaines** les plus proches.

.... < 5 658 < ....

Encadrer un nombre de 4 chiffres entre deux centaines.

4 **Encadre** 5 658 entre les deux **milliers** les plus proches.

.... < 5 658 < ....

Encadrer un nombre de 4 chiffres entre deux milliers.

5 **Calcule.**

6 × 7 = 42

7 × 7 = ...

8 × 7 = ...

9 × 7 = ...

Construire la table de 7.

6 **Calcule.**

3 × 4 = ...

7 × 5 = ...

8 × 6 = ...

9 × 3 = ...

Connaître les tables de multiplication.

7 **Calcule.**

7 × 10 = ...

12 × 10 = ...

34 × 100 = ...

5 × 1 000 = ...

Multiplier par 10, par 100, par 1 000.

Espace et géométrie

8 **Repasse** pour chaque figure les lignes pointillées qui sont axes de symétrie.

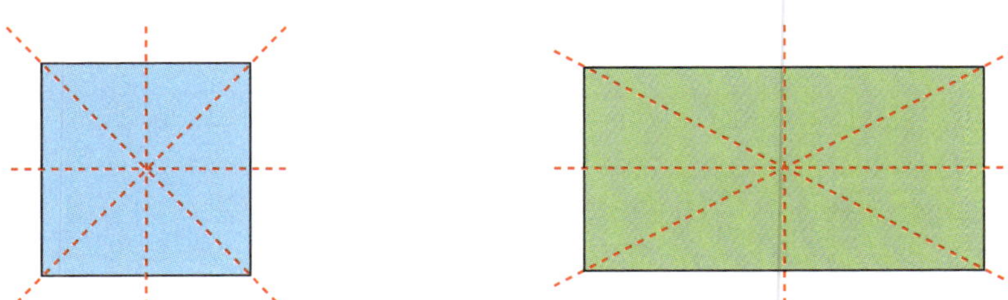

Identifier un axe de symétrie.

Grandeurs et mesures

9 **Complète.**

1 km = ... m

1 km 400 m = ... m + ... m = ... m

2 000 m = ... km

2 600 m = ... m + ... m = ... km .... m

Connaître le kilomètre et le mètre, et leur relation.

Photofiche S26

60 Calcul en ligne : Multiplier un nombre par 20, par 30, par 200, par 300...

……… ……… ……… ……… ………

Découvrons ensemble

Théo calcule 4 × 30.

4 × 30 = 4 × 3 dizaines.
4 × 30 = 12 dizaines.

Léa calcule 4 × 300.

4 × 300 = 4 × 3 centaines.
4 × 300 = 12 centaines.

Complète.

	m	c	d	u	
4 × 30 = 12 dizaines →		1	2	......	→ 4 × 30 = ...
4 × 300 = 12 centaines →	1	2	......	......	→ 4 × 300 = ...

Dans le tableau, n'oublie pas de compléter les cases avec des 0.

Pour multiplier un nombre par 30, je le multiplie d'abord par 3, puis j'écris .... à droite du résultat.

Pour multiplier un nombre par 300, je le multiplie d'abord par 3, puis j'écris .... à droite du résultat.

Je m'entraîne

1 Calcule.

a 3 × 30 = ... | 4 × 20 = ...
3 × 300 = ... | 4 × 200 = ...

b 3 × 50 = ... | 7 × 40 = ...
3 × 500 = ... | 7 × 400 = ...

2 Calcule.

N'oublie pas que 50 × 5 = 5 × 50

a 5 × 20 = ... | 4 × 50 = ...
5 × 200 = ... | 4 × 500 = ...

b 50 × 5 = ... | 50 × 2 = ...
500 × 5 = ... | 500 × 2 = ...

3 Problème

Dans la piscine, Katia effectue 7 longueurs du bassin de 50 m.
Quelle distance a-t-elle parcourue ?

.... = ...

....

J'ai déjà appris

4 Écris les heures du matin et du soir.

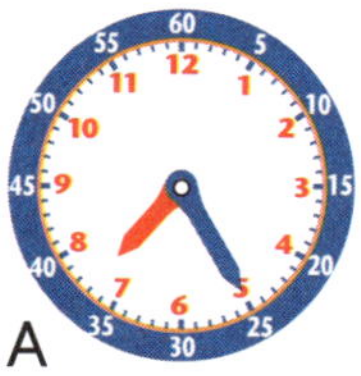

A

Matin : .... h ....
Soir : .... h ....

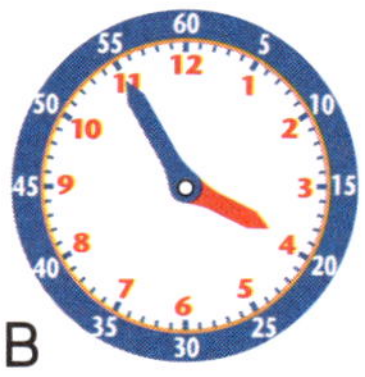

B

Matin : .... h ....
Soir : .... h ....

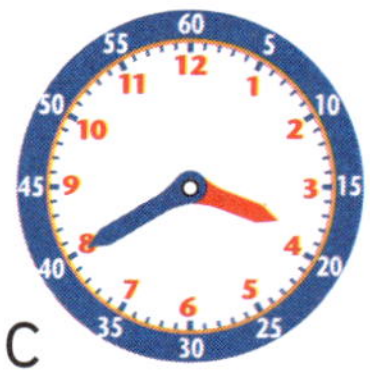

C

Matin : .... h ....
Soir : .... h ....

Compétence : Multiplier un nombre d'un chiffre par un nombre entier de dizaines ou de centaines.
Calcul mental : Table de multiplication par 4. L'enseignant dit : « 3 × 4 » ; l'élève écrit 12.

Photofiches S27, S28 et A18

61 Calculer un produit en utilisant la distributivité

....

Découvrons ensemble

▶ Théo calcule 7 × 14.

Observe ses calculs.

Ce produit n'est pas dans les tables que je connais. Je décompose 14 en 10 + 4.

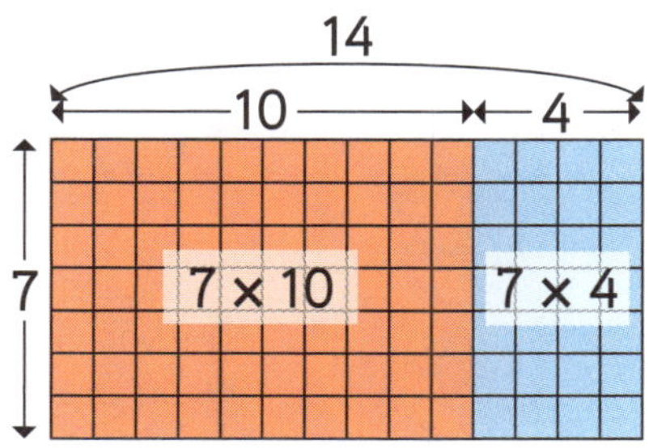

Complète.

7 × 14 = 7 × 10 + 7 × 4

7 × 14 = ... + ...

7 × 14 = ...

▶ Léa calcule 8 × 26.

Observe ses calculs.

Je décompose 26 en 20 + 6. Je ne dessine plus les carreaux.

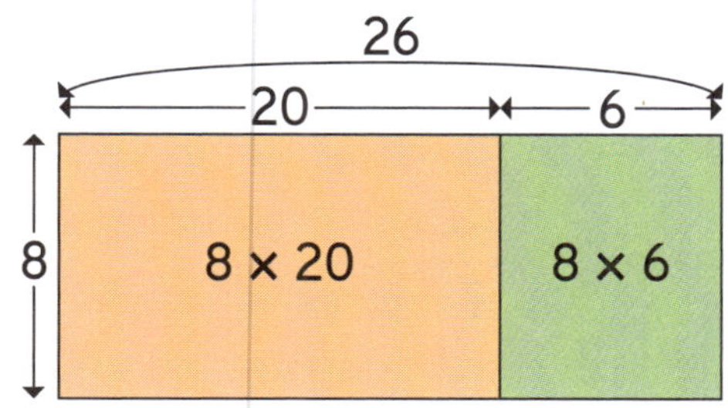

Complète.

8 × 26 = 8 × 20 + 8 × 6

8 × 26 = ... + ...

8 × 26 = ...

Je m'entraîne

1 **Termine** les calculs.

a

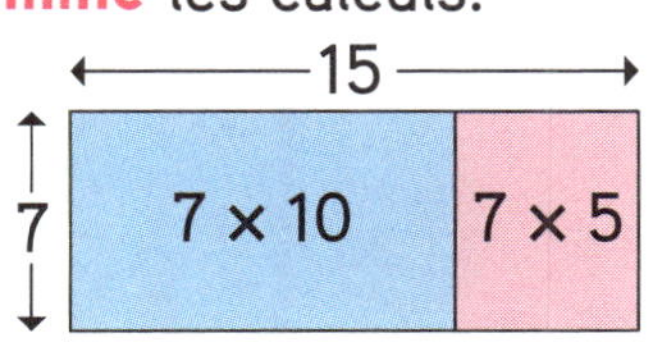

7 × 15 = 7 × 10 + 7 × 5

7 × 15 = ... + ...

7 × 15 = ...

b 4 × 35 = 4 × 30 + 4 × 5

4 × 35 = ... + ...

4 × 35 = ...

2 **Termine** les calculs.

a

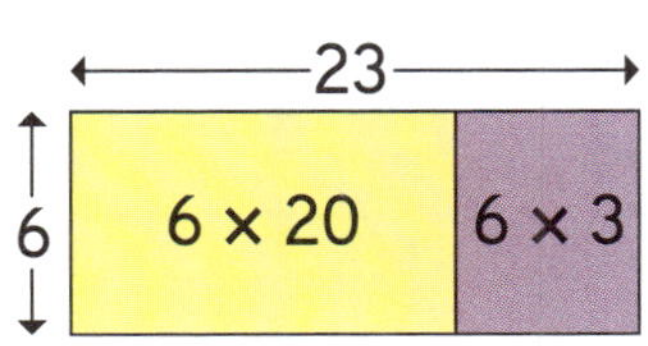

6 × 23 = 6 × 20 + 6 × 3

6 × 23 = ... + ...

6 × 23 = ...

b 8 × 25 = 8 × .... + 8 × ......

8 × 25 = ... + ...

8 × 25 = ...

3 **Problème :** Manuelle réalise une mosaïque avec 6 rangées de 16 carreaux.

Combien de carreaux utilise-t-elle ?

....

....

....

....

Le coin du chercheur

Adèle dit : « J'ai zéro bonbon. »
Maxime ajoute :
« J'en ai moitié moins. »
Mais combien de bonbons Maxime a-t-il ?

....

Compétence : Utiliser la distributivité de la multiplication et la décomposition canonique pour calculer un produit.

Calcul mental : Table de multiplication par 3. L'enseignant dit : « 5 × 3 » ; l'élève écrit 15.

Photofiche S29

62 Lire l'heure (2)

Découvrons ensemble

Aide-toi des schémas.

Observe, puis **relie** chaque étiquette à sa montre.

7 h 30 — 7 h 45 — 7 h 15

7 heures et demie — 7 heures et quart — 8 heures moins le quart

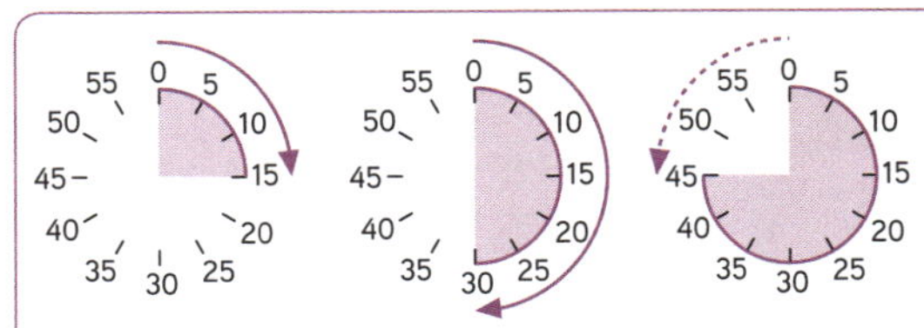

Écris les heures du matin de 2 façons.

....

....

....

....

Quand on dépasse la demie, on dit les minutes qui manquent pour arriver à l'heure d'après.

Je m'entraîne

1 **Écris** de deux façons les heures du matin selon l'exemple.

a

10 h 15

10 heures et quart

A

...... h ......

....

....

b

B

...... h ......

....

....

C

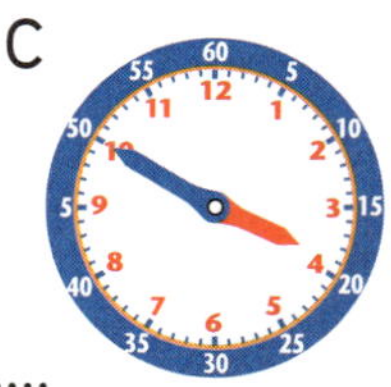

...... h ......

....

....

2 **Colorie** chaque étiquette de la couleur de son horloge.

8 h moins 25

08:20

8 heures 20

07:55

07:35

8 h moins 5

Compétence : Dire l'heure de façon usuelle : et quart, et demie, moins le quart.
Calcul mental : Table de multiplication par 6. L'enseignant dit : « 4 × 6 » ; l'élève écrit 24.

Photofiche S30

63 La multiplication posée (1)

Découvrons ensemble

Léa et Théo calculent 43 × 5.

Observe, puis **complète**.

Je calcule en ligne.

43 × 5 = 40 × 5 + 3 × 5

43 × 5 = ... + ...

43 × 5 = ...

Je pose la multiplication en colonne.

	c	d	u
		4	3
×			5
3 × 5 →		......	......
40 × 5 → +	......	......	......
43 × 5 →	......	......	......

Pour t'aider dans tes calculs, tu peux utiliser la table de Pythagore.

Je m'entraîne

1 Calcule.

a

	c	d	u
		5	6
×			3
6 × 3 →		......	......
50 × 3 → +	......	......	......
56 × 3 →	......	......	......

b

		3	4
×			5
		......	......
+	......	......	......
	......	......	......

		8	6
×			4
		......	......
+	......	......	......
	......	......	......

2 Pose et effectue.

a 65 × 4 48 × 6

b 76 × 6 92 × 7

3 Problème : Les voitures parcourent 58 fois un circuit de 7 km de longueur.
Quelle est la longueur de la course ?

.... = ...

....

Pose l'opération sur ton ardoise.

Le coin du chercheur

L'arbre se lamentait : « J'ai encore 20 feuilles. Chaque jour, le vent m'en arrache la moitié. » Combien de feuilles me restera-t-il dans 2 jours ?

....

Compétence : Connaître une technique opératoire de la multiplication.
Calcul mental : Table de multiplication par 7 (un des facteurs inférieur à 5). L'enseignant dit : « 3 multiplié par 7 » ; l'élève écrit 21.

Photofiches P13 et P14

64

Problèmes : Apprendre à résoudre
Situations additives ou soustractives (3)

Problème de référence 1

Théo a des images. Pour compléter sa collection, son frère lui donne 25 nouvelles images. Il a maintenant 63 images.
Combien d'images Théo avait-il au début ?

Comprendre l'énoncé

Complète.

Au début	Transformation	À la fin
Théo a des images.	Son frère lui donne .... images.	Théo a .... images.

Pour répondre à la question, **imagine** que Théo rende les 25 images à son frère.

Entoure l'opération qui convient.
Au début, le nombre d'images de Théo était : 63 – 25 63 + 25

Répondre à la question

Écris, puis **effectue** l'opération. .... = ...

Rédige une phrase réponse. ....

Problème d'application

1 Ce matin, l'écureuil a des noisettes dans son nid.
Dans la journée, il en trouve encore 15. Le soir, il a 80 noisettes.
Combien de noisettes avait-il ce matin ?

Réfléchis à ce que tu dois chercher, puis **complète**.

Au début	Transformation	À la fin
L'écureuil a des noisettes.	L'écureuil trouve encore .... noisettes.	L'écureuil a .... noisettes.

Entoure l'opération qui convient.
Ce matin, le nombre de noisettes était : 80 + 15 80 – 15
Écris, puis **effectue** l'opération.

.... = ...

Rédige une phrase réponse. ....

Problème de référence 2

Au restaurant scolaire, avant le repas, la corbeille est pleine de petits pains. Au cours du repas, les enfants en prennent 18. À la fin du repas, la corbeille n'en contient plus que 7. Combien de petits pains la corbeille contenait-elle avant le repas ?

Comprendre l'énoncé

Complète.

Au début
Avant le repas, la corbeille est pleine de petits pains.

→ **Transformation**
Les enfants prennent .... petits pains.

→ **À la fin**
La corbeille ne contient plus que ...... petits pains.

Pour répondre à la question, **imagine** que tu remettes dans la corbeille les petits pains qui ont été pris.

Entoure l'opération qui convient.

Avant le repas, le nombre de petits pains était : 18 + 7 18 – 7

Répondre à la question

Écris, puis **effectue** l'opération. .... = ...

Rédige une phrase réponse. ....

Problème d'application

1 Léa a des cerises dans son panier. Elle en donne 15 à sa sœur. Maintenant, il lui reste 27 cerises.
Combien de cerises Léa avait-elle dans son panier ?

Réfléchis à ce que tu dois chercher, puis **complète**.

Au début
Léa a des cerises dans son panier.

→ **Transformation**
Léa donne .... cerises à sa sœur.

→ **À la fin**
Il reste .... cerises dans son panier.

Entoure l'opération qui convient.

Au début, le nombre de cerises dans le panier de Léa était : 27 + 15 27 – 15

Écris, puis **effectue** l'opération.

.... = ...

Rédige une phrase réponse. ....

Compétence : Rechercher la valeur de l'état initial dans des problèmes de transformation d'états.
Calcul mental : Table de multiplication par 8. L'enseignant dit : « 4 × 8 » ; l'élève écrit 32.

Photofiche A19

65 Compléter une figure par symétrie

....

Découvrons ensemble

MATÉRIEL G

Léa veut dessiner un sapin. Le trait rouge est l'axe de symétrie.
Observe cette bande dessinée et **fais** de même sur la figure de la page matériel **G**.

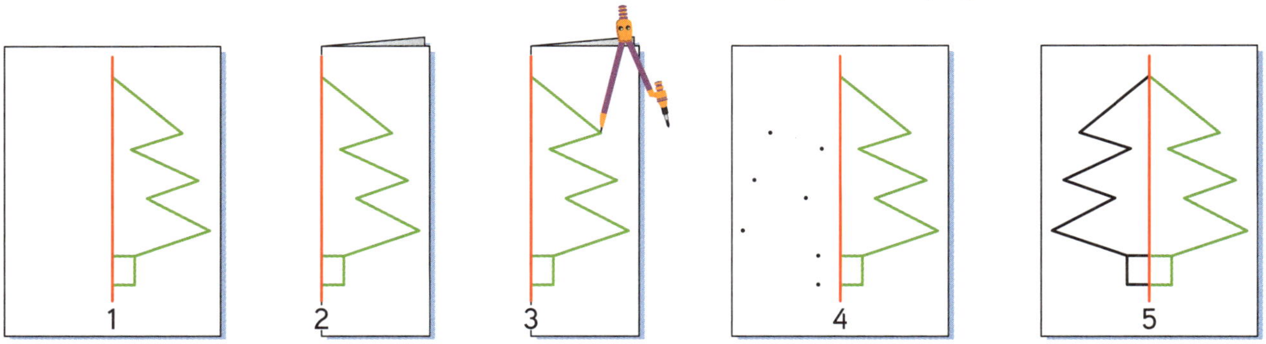

2. *Plie la feuille suivant le trait rouge.*
3. *Pique les sommets avec la pointe de ton compas.*
4. *Déplie la feuille. Repasse le piquage au crayon.*
5. *Joins les points à la règle pour compléter la figure.*

Découpe le sapin obtenu.
Plie-le suivant le trait rouge.

Les deux parties du sapin se superposent-elles ? ....

Que peux-tu en déduire ? ....

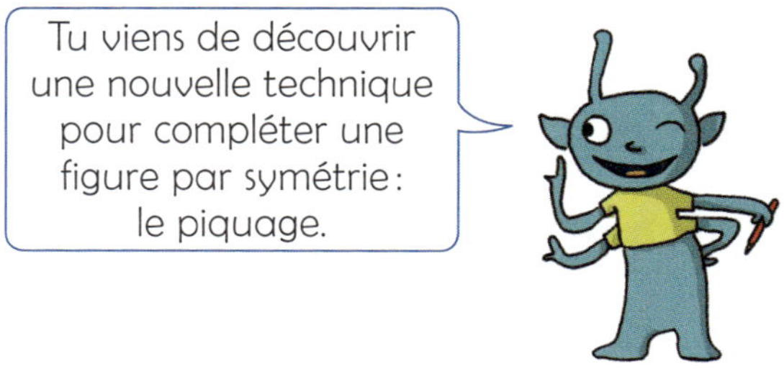

Je m'entraîne

1 **Découpe** les figures de la page matériel **G**.
Complète-les par symétrie en utilisant le piquage.

a 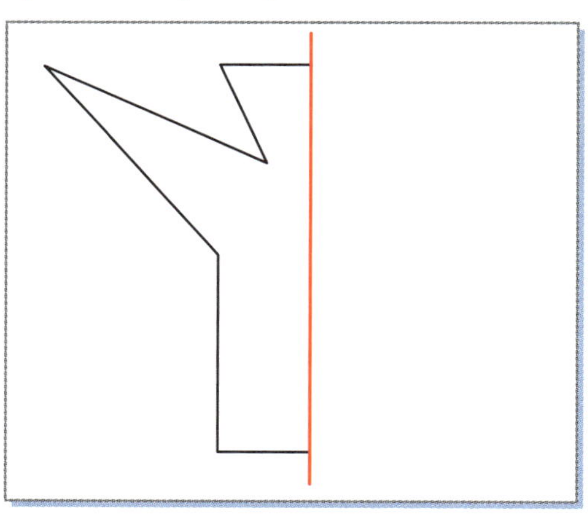

b 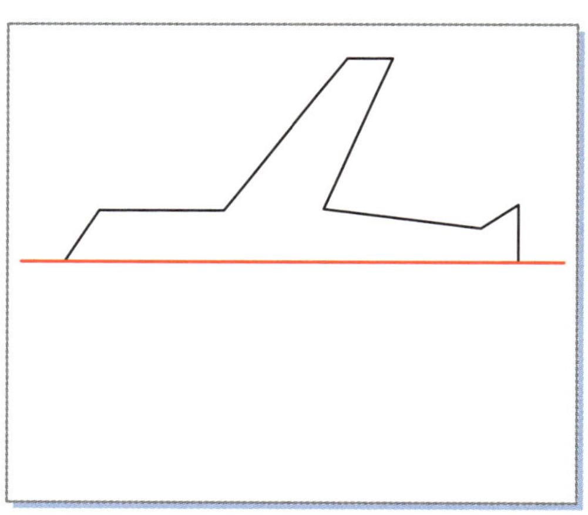

J'ai déjà appris

2 **Effectue** ces multiplications.

4 × 2 = ...
2 × 3 = ...

4 × 20 = ...
2 × 30 = ...

4 × 200 = ...
2 × 300 = ...

Compétence : Compléter une figure par symétrie à l'aide du piquage.
Calcul mental : Complément à la centaine supérieure d'un multiple de 10. L'enseignant dit : « 470 + ... = 500 » ; l'élève écrit 30.

66 Décoder un déplacement

Découvrons ensemble

Théo a codé le parcours que son équipe doit effectuer lors d'une course d'orientation.

S4 ; E3 ; S2 ; O3 ; S1 ;
E6 ; N4 ; O3 ; N1 ; E3

Ce codage est celui utilisé dans la leçon 57.

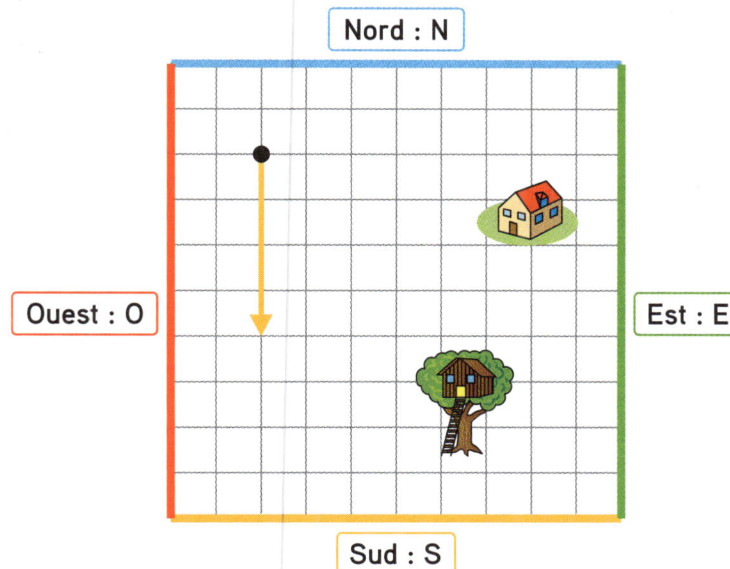

Le point noir indique le départ du parcours.

Trace le parcours de l'équipe de Théo. **Dessine** un point rouge à l'arrivée.

Je m'entraîne

1 On a demandé à Léa et à Marion de coder un parcours pour aller du point bleu au point rouge.

Codage de Léa :

E4 ; S3 ; O2 ; S4 ; E2 ; S1 ; E2

Codage de Marion :

S6 ; E3 ; N2 ; E4 ; S1 ; O1 ; S2

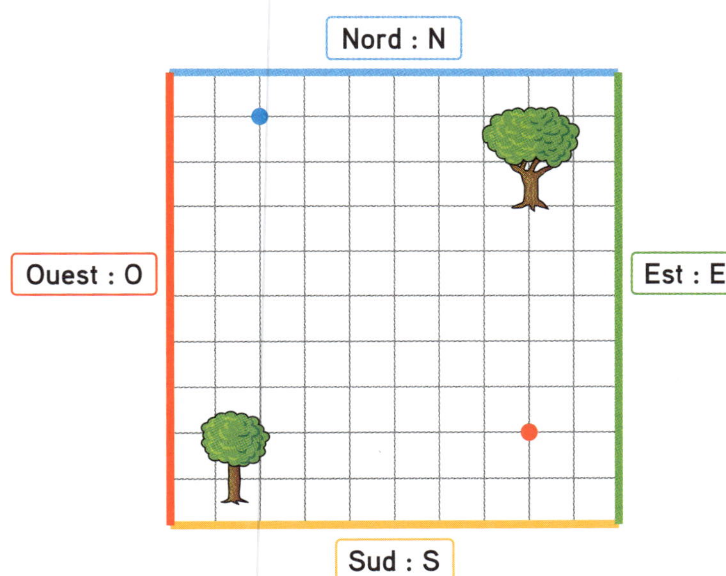

Trace les deux parcours.
Qui a bien codé le parcours ?

....

Utilise deux couleurs différentes pour tracer les deux parcours.

Le coin du chercheur

Je suis un nombre de 2 chiffres inférieur à 20.
Si on m'enlève 6, les chiffres du nombre obtenu sont les mêmes.

Qui suis-je ? ....

J'ai déjà appris

2 **Pose** sur ton ardoise et **effectue**.

43 × 5 = ...   52 × 4 = ...   76 × 3 = ...

Compétence : Décoder un déplacement sur les lignes d'un quadrillage.
Calcul mental : Multiplier par 100. L'enseignant dit : « 41 × 100 » ; l'élève écrit 4 100.

67 La multiplication posée (2)

Découvrons ensemble

Théo calcule 73 × 5.

Observe et **complète** sa multiplication.

Je commence par les unités : 3 × 5 = 15
J'écris 5 et je retiens ①.
Je continue avec les dizaines : 7 × 5 = 35
et j'ajoute la retenue : 35 + ①
J'écris...

	c	d	u	
		7	3	
×			5	
	......	......	5	①

73 × 5 = ...

Léa calcule 273 × 5.

Observe et **complète** sa multiplication.

Comme Théo, je commence par les unités, puis je continue avec les dizaines :
7 × 5 = 35 et j'ajoute la retenue : 35 + ① = 36.
J'écris 6 et je retiens ③.
Je continue avec les centaines...

	c	d	u	
	2	7	3	
×			5	
......	......	6	5	~~①~~ ③

273 × 5 = ...

Je m'entraîne

1 Effectue.

a

	c	d	u	
		5	8	
×			4	
	......	......	......	◯

b

	c	d	u	
	3	6	5	
×			8	
......	......	......	......	◯ ◯

2 Pose et effectue.

a 37 × 3

	c	d	u	
×				
				◯

b 237 × 4

3 Problème

Le centre de loisirs achète 7 VTT.
Un VTT coûte 264 €.
Quelle est la dépense du centre de loisirs pour cet achat ?

....

....

Compétence : Connaître la technique usuelle de la multiplication par un nombre d'un chiffre.
Calcul mental : Multiplier par 20. L'enseignant dit : « 18 × 20 » ; l'élève écrit 360.

68 Se repérer dans le temps

Découvrons ensemble

Observe.

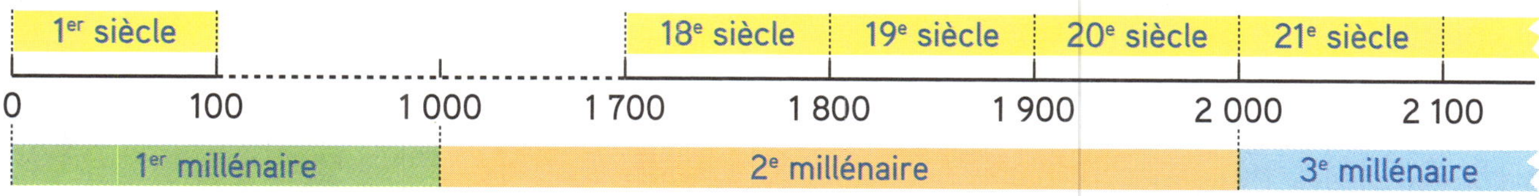

La prise de la Bastille (14 juillet 1789)

- En quel millénaire sommes-nous ? ....

En quel siècle sommes-nous ? ....

En quel siècle et en quel millénaire a eu lieu la Révolution française de 1789 ?

.... ; ....

- **Exprime** ton âge en année et mois. ....

À combien de jours environ cela correspond-il ? ....

- Dans combien de semaines seras-tu en vacances ?

....

1 semaine = 7 jours
1 mois = 30 jours environ
1 année = 365 jours environ
1 siècle = 100 ans
1 millénaire = 1 000 ans

Je m'entraîne

1 **Complète** avec les mots : jours, semaines, mois, ans, siècles, millénaires.

a Le week-end dure 2 ....

Les grandes vacances durent 2 ....

Les vacances de Noël : 2 ....

b Le pont du Gard est vieux de 2 ....

Tu seras au CM2 dans 2 ....

Cette vieille maison a 2 ....

2 **Complète.**

a 1 an = ... mois ; 1 siècle = ... ans

b 1 an = ... jours ; 1 millénaire = ... siècles

3 Victor Hugo est né en 1802. Il est mort en 1885.

En quel siècle cet écrivain célèbre a-t-il vécu ? ....

4 En quel millénaire ont été couronnés ces 2 empereurs français ?

800 : Sacre de Charlemagne

....

1804 : Sacre de Napoléon Ier

....

Le coin du chercheur

Deux briques pèsent 2 kg plus une brique.

Combien pèse une brique ?

....

Compétence : Se repérer dans le temps : jour, semaine, mois, année, siècle, millénaire.

Calcul mental : Multiplier par 200. L'enseignant dit : « 12 × 200 » ; l'élève écrit 2 400.

Photofiches P15 et P16

69 Problèmes : Apprendre à résoudre

Situations additives ou soustractives (4)

....

Problème de référence 1

Théo possède 45 images. Son frère lui en donne de nouvelles. Maintenant, Théo possède 60 images.
Combien d'images son frère lui donne-t-il ?

Comprendre l'énoncé

Que faut-il chercher ?

....

Complète le schéma.

Au début	Transformation	À la fin
Théo a .... images.	Son frère lui donne des images.	Théo a maintenant .... images.

Pour t'aider à choisir l'opération qui convient, les enfants te racontent le problème.

Entoure l'opération qui permet de répondre à la question. 60 + 45 60 – 45

Répondre à la question

Recopie, puis **effectue** l'opération. .... = ...

Rédige une phrase réponse. ....

Problème d'application

1 Ce matin, l'écureuil a 54 noisettes dans son nid. Dans la journée, il en ramasse d'autres. Le soir, il a 63 noisettes.
Combien de noisettes ramasse-t-il dans la journée ?

Complète le schéma.

Au début	Transformation	À la fin
Ce matin, l'écureuil a .... noisettes dans son nid.	L'écureuil ramasse des noisettes.	Le soir, l'écureuil a .... noisettes dans son nid.

Entoure l'opération qui permet de répondre à la question. 63 – 54 63 + 54

Recopie, puis **effectue** l'opération. .... = ...

Rédige une phrase réponse. ....

Problème de référence 2

Au restaurant scolaire, avant le repas, la corbeille contenait 65 petits pains. À la fin du repas, elle n'en contient plus que 12.
Combien de petits pains les enfants ont-ils pris au cours du repas ?

Comprendre l'énoncé

Que faut-il chercher ?

....

Complète le schéma.

Au début	Transformation	À la fin
Au début du repas, la corbeille contient .... petits pains.	Les enfants prennent des petits pains.	À la fin du repas, la corbeille contient .... petits pains.

Pour t'aider à choisir l'opération qui convient, les enfants te racontent le problème.

Entoure l'opération qui permet de répondre à la question. 65 + 12 65 – 12

Répondre à la question

Recopie, puis **effectue** l'opération. .... = ...

Rédige une phrase réponse. ....

Problème d'application

1 Léa a 120 cerises dans son panier. Elle en donne à sa sœur. Il reste 70 cerises dans son panier.
Combien de cerises Léa donne-t-elle à sa sœur ?

Complète le schéma.

Au début	Transformation	À la fin
Léa a .... cerises dans son panier.	Léa donne des cerises à sa sœur.	Il reste .... cerises dans son panier.

Choisis l'opération qui convient.

Entoure l'opération qui permet de répondre à la question. 120 – 70 120 + 70

Recopie, puis **effectue** l'opération. .... = ...

Rédige une phrase réponse. ....

Compétence : Rechercher la valeur de la transformation dans des problèmes de transformation d'états.
Calcul mental : Convertir des mètres en kilomètres et mètres. L'enseignant dit : « 2 500 mètres » ; l'élève écrit 2 km 500 m.

70 TUIC n° 3 : Programmer le déplacement d'un « robot » sur un écran

1 **Ouvre** le logiciel GéoTortue*.
Observe les boutons à droite de la fenêtre.

– **Clique** sur le bouton [av 100]. La tortue avance de 100 pas.
Sur quel bouton dois-tu cliquer pour que la tortue avance de 25 pas ?

– **Clique** sur le bouton [td 90]. La tortue tourne à droite.
Sur quel bouton dois-tu cliquer pour que la tortue tourne à gauche ?

– **Utilise** les boutons [av 100] et [td 90] pour tracer un carré.

> Sans cliquer, positionne la souris sur un bouton : une étiquette d'information apparaît.

> [td 90] signifie « tourner à droite d'un angle de 90 degrés », c'est-à-dire de la mesure d'un angle droit que tu apprendras au collège.

Enregistre ta figure.
Clique ensuite sur le bouton [vg] à gauche de la fenêtre pour vider le graphique, c'est-à-dire pour supprimer la figure tracée.

2 **Trace** un rectangle.
Sur quels boutons as-tu cliqués ?

....

....

Enregistre ta figure.
Clique ensuite sur le bouton [vg].

3 **Exécute** ce programme :

[av 100] ; [tg 90] ; [tg 30] ; [av 100] ; [tg 90] ; [tg 30] ; [av 100]

Quelle figure as-tu tracée ? ....

Enregistre ta figure. **Clique** ensuite sur le bouton [vg].

4 **Utilise** les boutons [av 25], [av 100], [td 90] et [tg 90] pour tracer la lettre ci-contre.

Enregistre ta figure.

> Pour colorier ta figure, clique sur le menu « Coloriage » en haut à droite de l'écran.

* Cette activité est conçue à l'aide du logiciel GéoTortue. Ce logiciel est libre et gratuit, il est téléchargeable sur ce site : http://geotortue.free.fr/

Compétence : Utiliser un logiciel pour programmer les déplacements d'un personnage sur un écran.
Calcul mental : Convertir des centimètres en mètres et centimètres. L'enseignant dit : « 140 centimètres » ; l'élève écrit « 1 m 40 cm ».

71 Maths Aventures [3]

Au Sahara

Quand ta réponse est correcte, tu colories une étoile. ☆

1 ☆ Chaque dromadaire porte 125 kg de sel. **Quelle quantité de sel transporte cette caravane de 8 dromadaires ?**

....

2 ☆ Un dromadaire parcourt 50 km par jour. **Quelle distance parcourt-il en une semaine ?**

....

3 ☆ **Trace** l'axe ou les axes de symétrie de ce bijou.

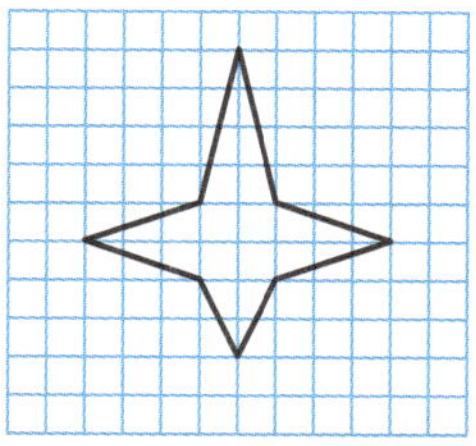

4 ☆ Des caravaniers traversent le désert à dos de chameau en 6 semaines.
Exprime cette durée en jours.

....

5 ☆ Un dromadaire boit 100 L d'eau. **Combien de litres d'eau le chamelier doit-il puiser pour faire boire 12 dromadaires ?**

....

Oasis du Fennec
8 500 m

6 ☆ **Écris** cette distance en km et m.

....

Si tu as colorié 5 ou 6 étoiles, entoure la médaille d'or ; 3 ou 4 étoiles, entoure la médaille d'argent ; sinon, entoure la médaille de bronze.

J'ai compris et je retiens (6)

Calculs

C15 Je multiplie par 20, 30, 200, 300…

Pour multiplier un nombre par 20, je le multiplie d'abord par 2 puis j'écris un zéro à droite du résultat.

24 × 20 = 480

Pour multiplier un nombre par 200, je le multiplie d'abord par 2 puis j'écris deux zéros à droite du résultat.

24 × 200 = 4 800

C16 Je calcule un produit.

6 × 14 ?

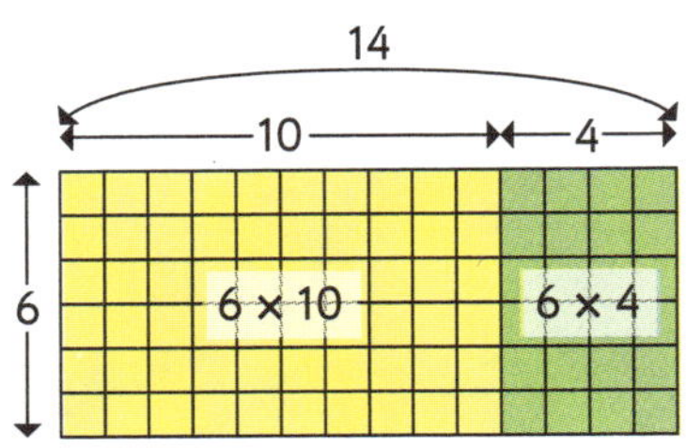

14 = 10 + 4

6 × 14 = 6 × 10 + 6 × 4

6 × 14 = 60 + 24

6 × 14 = 84

C17 Je pose et j'effectue une multiplication.

		c	d	u
		2	5	3
	×			5
3 × 5 →			1	5
50 × 5 →		2	5	0
200 × 5 →	+ 1	0	0	0
253 × 5 →	1	2	6	5

ou directement en utilisant les retenues

	c	d	u
	2	5	3
×			5
1	2	6	5

(retenues barrées : 1, 2)

Espace et géométrie

G7 Je décode un déplacement.

E1, N3, E2, S2

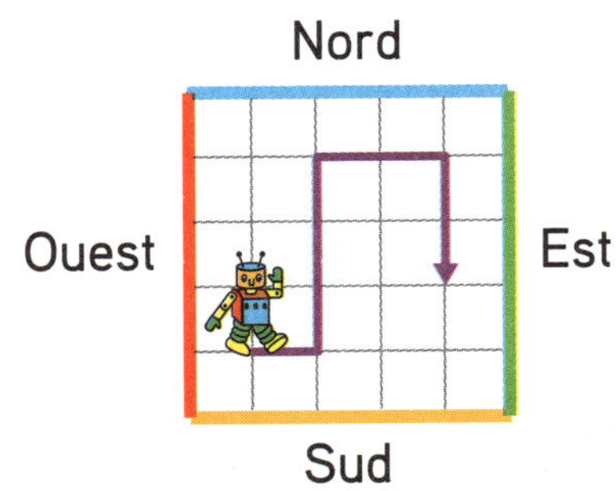

G8 J'utilise le piquage pour compléter une figure par symétrie.

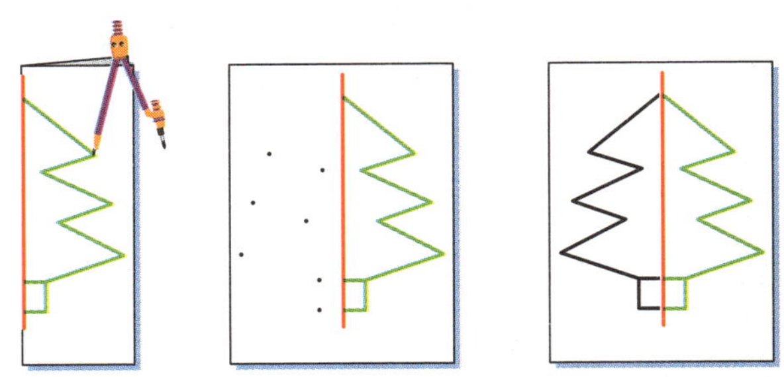

Lorsqu'on plie la figure suivant l'axe de symétrie, les points symétriques se superposent.

Grandeurs et mesures

M7 Je lis l'heure.

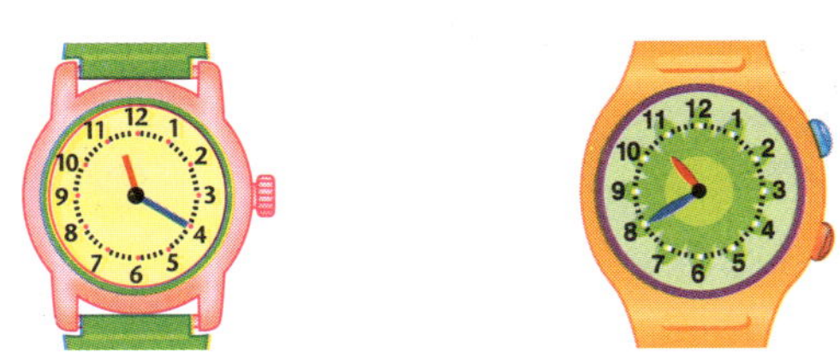

11 h 20 — 11 h moins 20

M8 Je connais les unités de mesure de durée.

1 millénaire = 1 000 ans = 10 siècles

1 an = 12 mois ; 1 an, c'est environ 365 jours.

1 mois, c'est environ 30 jours.

Je fais le point (6)

SOCLE COMMUN

Nombres et calculs

1 Calculé. 7 × 20 = ... 4 × 300 = ... 12 × 40 = ...

Multiplier par un nombre entier de dizaines, de centaines.

2 Calcule : 5 × 24

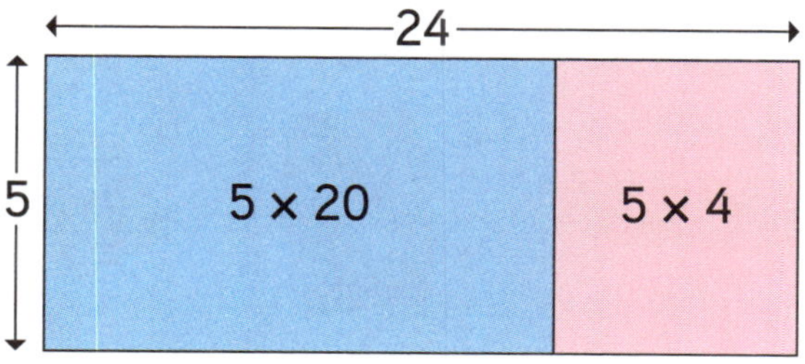

24 = 20 + ...

5 × 24 = 5 × 20 + ... × ......

5 × 24 = ... + ...

5 × 24 = ...

Effectuer une multiplication en ligne.

3 Pose et **calcule** : 342 × 6

Poser et effectuer une multiplication.

Espace et géométrie

4 Trace le chemin suivi par le robot.

CODAGE du chemin
E3, N1, O2, N2, E1, S1

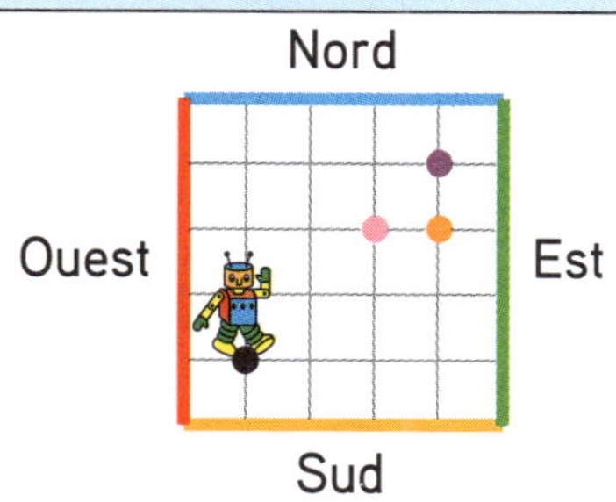

Quelle est la couleur du rond où s'arrêtera le robot ? ....

Décoder un déplacement.

5 Dessine sur papier uni une figure semblable à celle-ci.
Utilise le piquage pour la compléter par symétrie.

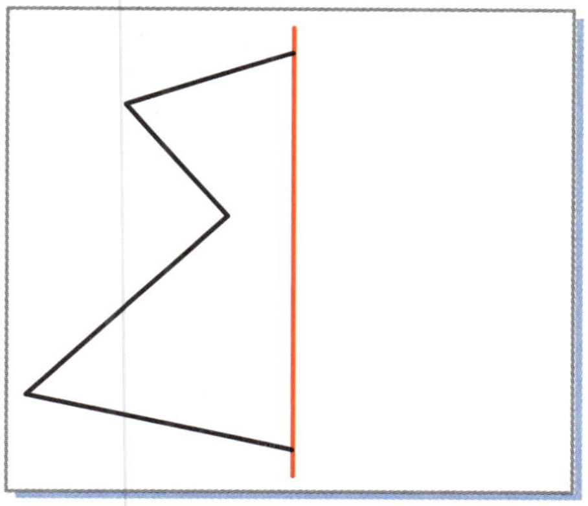

Compléter une figure par symétrie.

Grandeurs et mesures

6 Écris de deux façons l'heure du matin.

....

....

Lire l'heure.

7 Complète.

1 millénaire = ... ans = ... siècles

1 an, c'est .... jours environ.

Nous sommes actuellement au .... siècle.

Connaître des unités de durée et leurs relations.

72 Les solides

Découvrons ensemble

Complète le tableau.

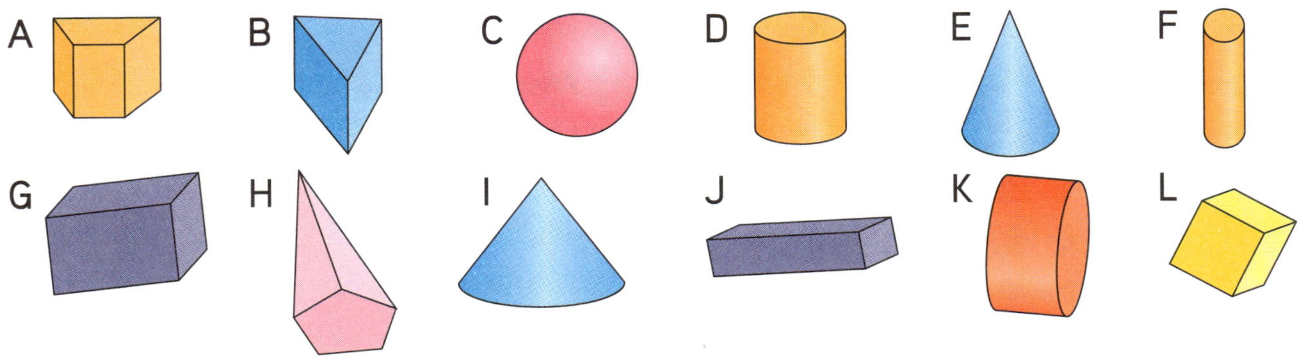

boule	cylindre	cône	cube	pavé droit	pyramide	autres
....	....	....	....	....	....	....

Les solides A, B, G, H, J, L sont des polyèdres. Qu'est-ce qui les différencie des autres solides ?

....

Parmi ces polyèdres, **entoure** celui qui possède 5 faces et 6 sommets.

Combien d'arêtes ce polyèdre possède-t-il ? ....

Je m'entraîne

1 **Nomme** chaque solide.

a

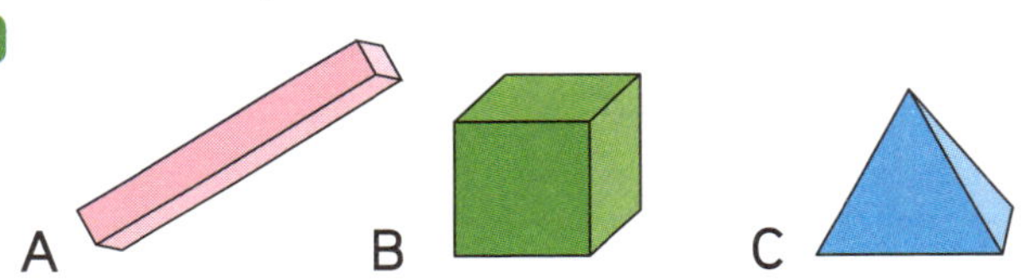

A ....

B ....

C ....

b

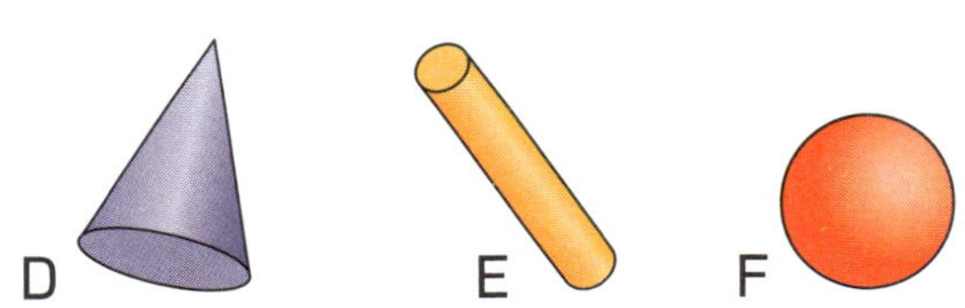

D ....

E ....

F ....

2 Cette pyramide possède :

.... faces

.... sommets

.... arêtes

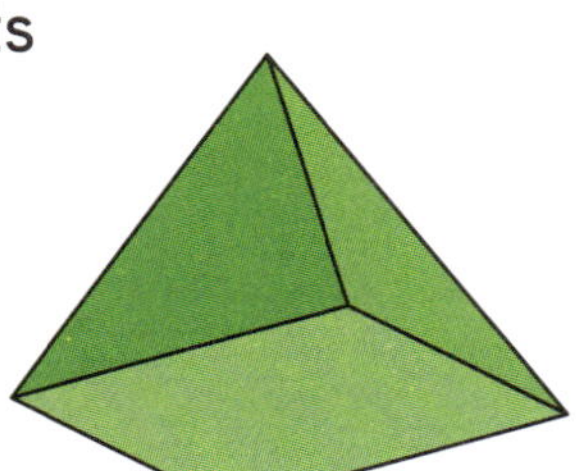

3 Dans ce jeu de construction, il y a :

.... boule

.... cylindres

.... cône

.... cubes

.... pavés droits

.... pyramide

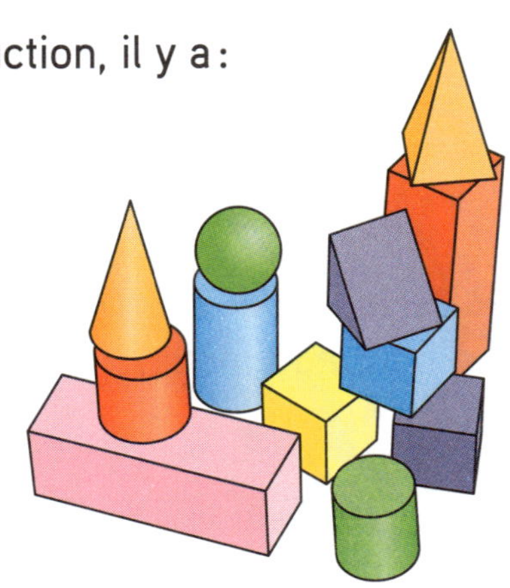

Compétences : Nommer des solides (boule, cylindre, cône, cube, pavé droit, pyramide). Décrire des polyèdres (face, sommet, arête).
Calcul mental : Convertir des dizaines en centaines. L'enseignant dit : « 120 dizaines » ; l'élève écrit 12 centaines.

Photofiche A20

73 Jour, heure, minute, seconde

Découvrons ensemble

Je compte les bonds de l'aiguille rouge, appelée trotteuse : 1, 2, 3...

Tu comptes donc les secondes. Si tu comptes jusqu'à 60, c'est une minute ! La trotteuse aura fait un tour complet.

Complète.

1 minute (min) = ... secondes (s)

1 heure (h) = ... minute (min)

1 jour (j) = ... heures (h)

Calcule.

1 min 30 s = ... s + ... s = ... s

1 h 30 min = ... + ... = ... min

1 heure = ... × .... s = ... s

Une journée dure 24 heures !

Pour Pâques, les parents de Nadia n'ont pas travaillé samedi, dimanche et lundi. À combien d'heures, cette durée correspond-elle ?

....

Je m'entraîne

1 Choisis l'unité : jour (j), heure (h), minute (min) ou seconde (s), pour exprimer la durée :

a • de la récréation : ....
• d'une journée de classe : ....

b • de la sonnerie de la récréation : ....
• d'un tour du monde en bateau : ....

2 Convertis en secondes.

a • 2 min = ... s
• 10 min = ... s

b 1 min 45 s = ... s

3 Convertis en minutes.

a • 1 h 10 min = ... min
• 2 h 30 min = ... min

b une demi-heure = ... min

4 Problème

Julia

Pour faire le tour du stade, j'ai mis 230 s.

Et moi, seulement 4 min.

Mélissa

Qui a couru le plus vite ? ....

Le coin du chercheur

Coche le plus lourd :

☐ 1 kilogramme de plumes

☐ 1 kilogramme de fer

Compétences : Connaître jour, heure, minute et seconde ainsi que leurs relations.

Calcul mental : Multiplier une dizaine entière par un petit nombre. L'enseignant dit : « 60 multiplié par 4 » ; l'élève écrit 240.

Photofiche S31

74 Mesurer une masse : g, kg, t

Découvrons ensemble

Observe et **complète** les égalités.

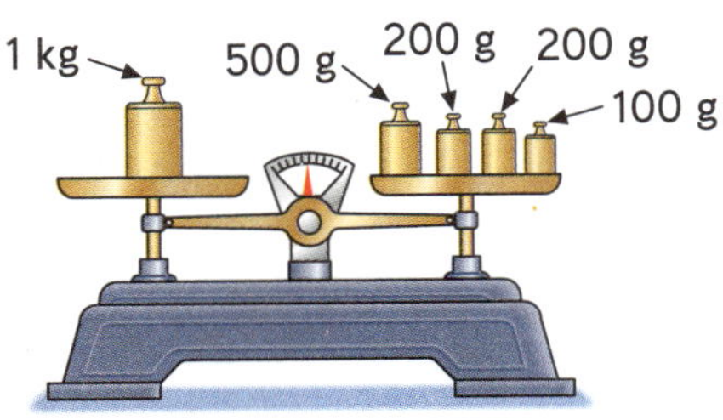

1 kilogramme (kg) = ... grammes (g)

Masse des pommes = ... g

Masse des pommes = ... kg .... g

Un hippopotame pèse 1 t 700 kg et un rhinocéros noir 1 400 kg. Quel est le plus lourd de ces deux animaux ?

....

....

1 tonne (t) = 1 000 kg

Je m'entraîne

1 **Entoure** la bonne masse.

100 g / 100 kg

2 g / 2 kg

400 g / 400 kg

25 t / 25 kg

2 **Calcule** les masses des objets pesés.

a

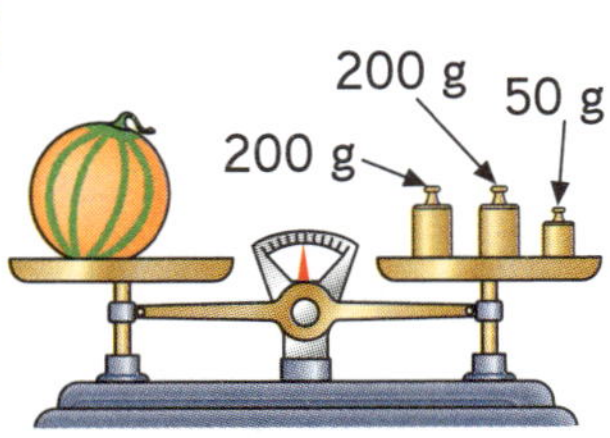

Masse du melon : ....

b

Masse du chou-fleur : ....

Masse de l'ananas : ....

3 **Problème :** Un requin blanc pèse 1 300 kg et un orque femelle 2 t.
Quel est le plus lourd de ces deux animaux ?

....

....

Compétences : Connaître le gramme, le kilogramme et la tonne ainsi que les relations qui les lient.
Calcul mental : Écrire le suivant d'un grand nombre. L'enseignant dit : « suivant de 5 499 » ; l'élève écrit 5 500.

Photofiche S32

75 Compléter une suite de nombres

Découvrons ensemble

Observe la suite de nombres que Léa a écrite.
Trouve la règle de comptage de Léa. **Continue** la suite.

962	972	982	....	....	....	....

Observe la suite de nombres que Théo a écrite.
Trouve la règle de comptage de Théo. **Continue** la suite.

8 640	8 740	8 840	....	....	....	....

Observe la suite de nombres que Mélissa a écrite.
Trouve la règle de comptage de Mélissa. **Continue** la suite.

930	1 930	2 930	....	....	....	....

Je m'entraîne

1 **Complète** la suite de nombres.

a 5 600 ; 5 700 ; 5 800 ; .... ; .... ; .... ; ....

b 7 650 ; 7 750 ; 7 850 ; .... ; .... ; .... ; ....

2 **Complète** la suite de nombres.

a 6 450 ; 6 460 ; 6 470 ; .... ; .... ; .... ; ....

b .... ; .... ; .... ; .... ; 5 820 ; 5 830 ; 5 840.

3 **Complète** la suite de nombres.

a 4 500 ; 5 500 ; 6 500 ; .... ; .... ; .... ; ....

b .... ; .... ; .... ; .... ; 4 600 ; 5 600 ; 6 600.

4 **Problème :** Harpagon possède 1 800 pièces d'or.
Sa fortune augmente de 100 pièces d'or par jour.
Combien de pièces d'or possède-t-il au bout d'une semaine ?

....

....

J'ai déjà appris

5 **Convertis.**

5 m = ... dm

3 m = ... cm

5 cm = ... mm

2 m = ... mm

Le coin du chercheur

Observe la suite suivante :
1, 2, 3, 5, 8
Quel nombre suivra le nombre 8 ? ....

Compétence : Compter de 10 en 10, de 100 en 100, de 1 000 en 1 000.
Calcul mental : Dictée de nombres de 4 chiffres. L'enseignant dit : « 5 235 » ; l'élève écrit 5 235.

Photofiches P17 et P18

76 Problèmes : Méthodologie Rechercher des informations dans un énoncé complexe

Rechercher des informations dans un texte

Dans un énoncé, on trouve des informations.
Toutes ne sont pas utiles pour répondre à la question.

Tu dois lire le problème une première fois pour savoir ce qu'on demande. Relis-le une deuxième fois pour choisir les informations utiles.

Dans chaque problème ci-dessous :
- **souligne** les informations utiles ;
- **écris** l'opération ;
- **rédige** une phrase réponse.

1 Hier, Julia a fabriqué 3 bracelets avec des élastiques. Ce matin, sa mamie lui a acheté 5 nouveaux paquets d'élastiques à 1 € chacun. Julia fabrique alors 2 nouveaux bracelets.
Combien de bracelets Julia a-t-elle réalisés en tout ?

.... = ...

....

2 Sarah est allée à 10 h à la piscine. Elle a payé 4 € l'entrée. À 13 h, elle a acheté une part de pizza à 3 € et une glace à 2 €.
Combien a-t-elle dépensé pour son repas ?

.... = ...

....

3 Lia a 4 poupées. Pour son anniversaire, ses parents lui offrent une nouvelle poupée, ses grands-parents 20 € et sa tante 15 €.
Combien de poupées possède-t-elle maintenant ?

.... = ...

....

4 Dans ce jeu de société, la place de la Liberté coûte 6 800 €. Teddy a 3 500 €, Thibault 5 600 € et Quentin 1 200 €.
Quelle somme manque-t-il à Thibault pour acheter la place de la Liberté ?

.... = ...

....

Rechercher des informations dans une illustration ....

Dans un énoncé, toutes les informations ne sont pas écrites, certaines sont données par l'illustration.

Dans chaque problème ci-dessous :

- **entoure** les informations utiles ;
- **écris** l'opération ;
- **rédige** une phrase réponse.

1 Samia achète un maillot de bain et une paire de lunettes de soleil.
Combien Samia va-t-elle dépenser ?

.... = ...

....

....

2 À la jardinerie, Nils achète ces deux pots de fleurs.
Combien Nils va-t-il dépenser ?

.... = ...

....

....

3 Marie va au parc de jeux en passant par le lac.
Combien de mètres doit-elle parcourir ?

.... = ...

....

Compétence : Rechercher des informations dans un texte ou une illustration.
Calcul mental : Dictée de nombres de 4 chiffres. L'enseignant dit : « 3 015 » ; l'élève écrit 3 015.

Photofiche S33

77 La multiplication posée (3)

Découvrons ensemble

▶ Théo calcule 37 × 25.
Observe, puis **complète** sa multiplication.

			3	7	
	×		2	5	
37 × 5 →				5	③
37 × 20 →	+			0	◯
37 × 25 →					

Pour multiplier 37 par 25, je commence par multiplier 37 par 5. Puis je multiplie 37 par 2 dizaines ou 20 unités. Enfin, j'additionne.

▶ Léa calcule 157 × 32.
Observe, puis **complète** sa multiplication.

	1	5	7		
×		3	2		
			4	①	◯
+			0	◯	◯

Je m'entraîne

1 Effectue.

a

		c	d	u	
			2	9	
	×		1	7	
29 × 7 →				3	⑥
29 × 10 →	+			0	
29 × 17 →					

b

		5	9	
×		3	6	
				◯
+			0	◯

2 Pose et effectue.

45 × 23

45 × 23 = ...

3 Problème

Le directeur du centre de vacances achète 20 BMX.
Combien va-t-il payer ?

....

....

....

....

Compétence : Connaître la technique usuelle de la multiplication par un nombre de deux chiffres.
Calcul mental : Convertir des grammes en kilogrammes et grammes. L'enseignant dit : « 2 500 grammes » ; l'élève écrit 2 kg 500 g.

Photofiches S34 et A21

78 Calcul en ligne : Calculer la moitié d'un nombre

Découvrons ensemble

▶ Théo calcule la moitié de 50.

Complète.

Je calcule la moitié de 50 en décomposant 50 en 40 + 10.

Moitié de 40 = ... car .... + ... = ...

Moitié de 10 = ... car ...... + ... = ...

Moitié de 50 = ... + ... = ...

▶ Léa calcule la moitié de 58.

Complète.

Je calcule la moitié de 58 en décomposant 58 en 50 + 8 et j'utilise le résultat de Théo.

Moitié de 50 = ... car .... + ... = ...

Moitié de 8 = ... car ...... + ... = ...

Moitié de 58 = ... + ... = ...

▶ **Coche** la bonne réponse.

Peut-on calculer la moitié de 29 ? ☐ Oui ☐ Non

Tous les nombres ont-ils une moitié ? ☐ Oui ☐ Non

Les nombres pairs ont une moitié, les nombres impairs n'en ont pas.

Je m'entraîne

1 **Calcule** la moitié des nombres suivants.

a Moitié de 20 = ... Moitié de 60 = ...

b Moitié de 30 = ... Moitié de 70 = ...

2 **Calcule** la moitié des nombres suivants.

a Moitié de 26

26 = 20 + 6

Moitié de 20 = ... car .... + ... = 20

Moitié de 6 = ... car ...... + ... = 6

Moitié de 26 = ... + ... = ...

b Moitié de 78

78 = 70 + ...

Moitié de 70 = ... car .... + ... = ...

Moitié de ...... = ... car ...... + ... = ...

Moitié de 78 = ... + ... = ...

3 **Calcule** la moitié des nombres suivants.

Fais les calculs sur ton ardoise.

a Moitié de 24 = ... Moitié de 46 = ... Moitié de 82 = ...

b Moitié de 36 = ... Moitié de 74 = ... Moitié de 98 = ...

4 **Problème :** Pour la fête des écoles, la maman de Sylvia a préparé 72 crêpes. Sylvia en a préparé la moitié.

Combien de crêpes Sylvia a-t-elle préparées ?

....

....

Le coin du chercheur

Le berger avait 20 moutons.
Le loup les a tous mangés sauf 5.
Combien de moutons reste-t-il ? ....

Compétences : Connaître et utiliser l'expression « moitié d'un nombre ».
Calcul mental : Convertir des kilogrammes et grammes en grammes. L'enseignant dit : « 1 kg 400 g » ; l'élève écrit 1 400 g.

79 Identifier un pavé droit

Découvrons ensemble

Observe la boîte.

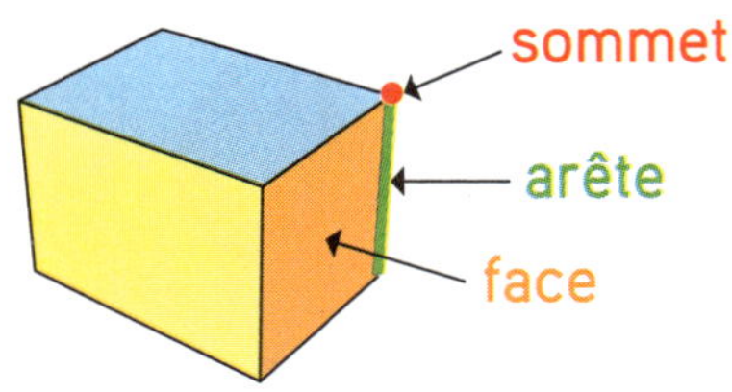

Complète. *Un pavé droit possède ...... faces, ... arêtes et ...... sommets.*

Entoure les traces que peut laisser un pavé droit.

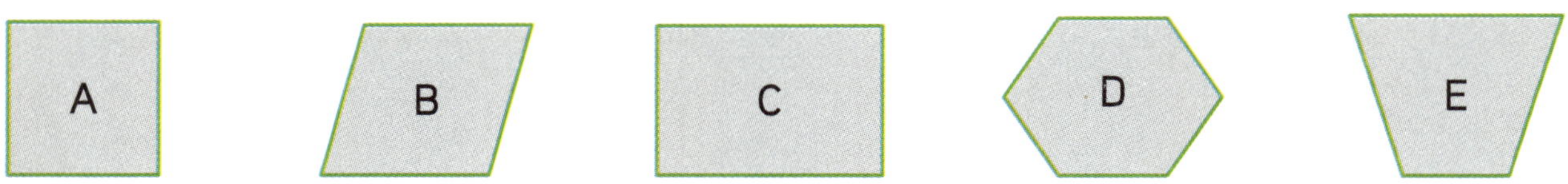

Je m'entraîne

1 **Entoure** les pavés droits.

a

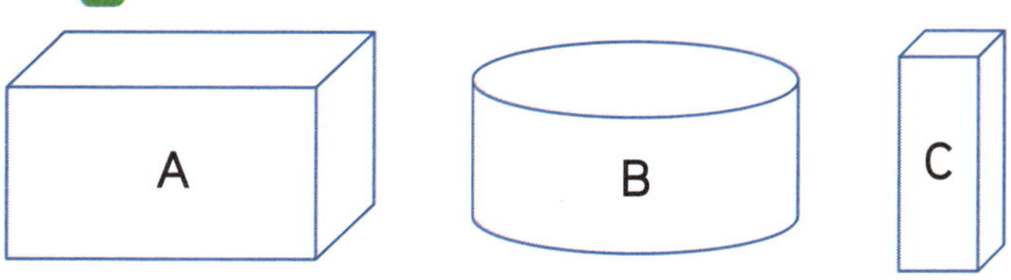

b

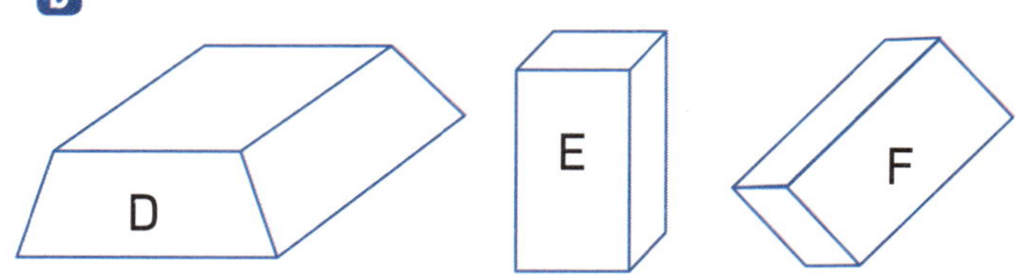

2 **a** **Colorie** :

- une face en jaune ;
- une arête en bleu ;

Entoure un sommet.

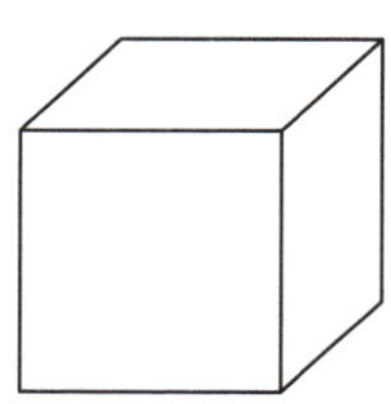

b **Écris** le nombre de :

- sommets cachés : ......
- arêtes cachées : ......
- faces cachées : ......

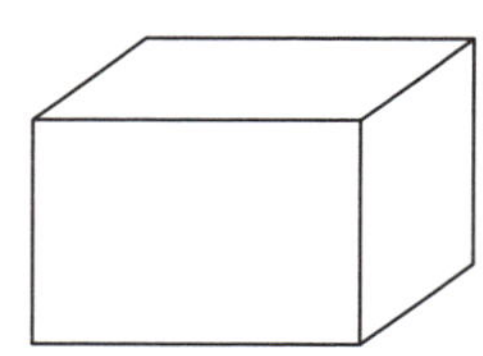

3 **Entoure** les traces de pavés droits.

a

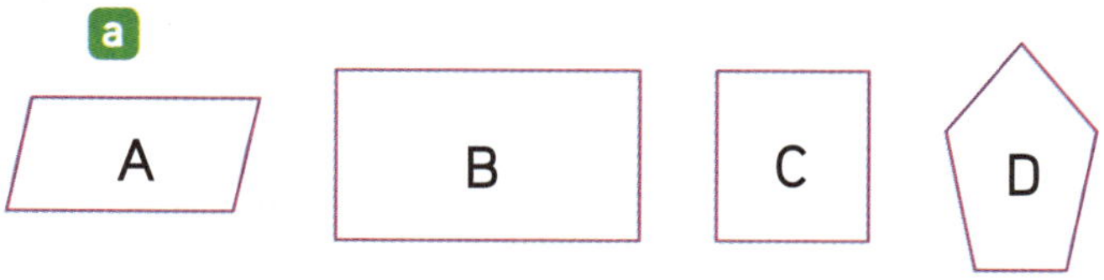

b

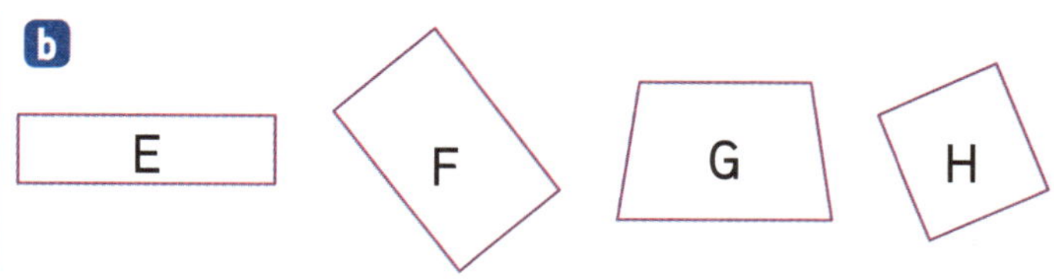

4 **Coche** la bonne réponse.

a Un pavé droit possède le même nombre de sommets que de faces.

☐ Vrai ☐ Faux

b Un pavé droit possède le même nombre de faces que d'arêtes.

☐ Vrai ☐ Faux

Compétences : Reconnaître, décrire un pavé droit. Utiliser en situation le vocabulaire géométrique.

Calcul mental : Calculer la différence entre deux nombres proches. L'enseignant dit : « 31 – 28 » ; l'élève écrit 3.

80 Distinguer un cube ou un pavé droit

Découvrons ensemble

Observe une boîte de mouchoirs et une boîte à chaussures comme celles ci-dessous.

Ces deux boîtes sont des pavés droits.
L'une est un cube. Laquelle ?

☐ la boîte de mouchoirs ☐ la boîte à chaussures

Entoure la trace que peut donner la boîte de mouchoirs.

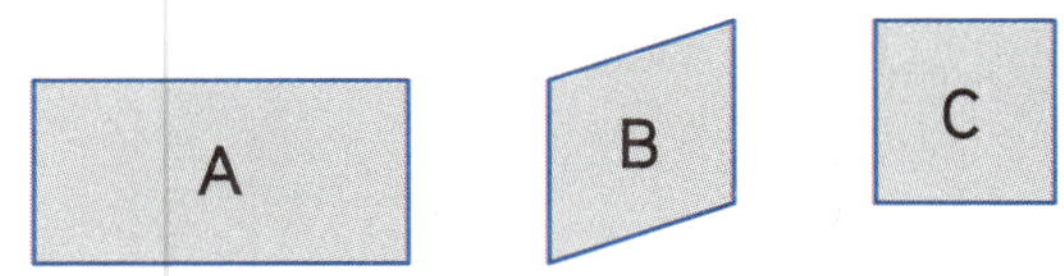

Je m'entraîne

1 Deux solides ont laissé les empreintes ci-dessous.

a Solide 1

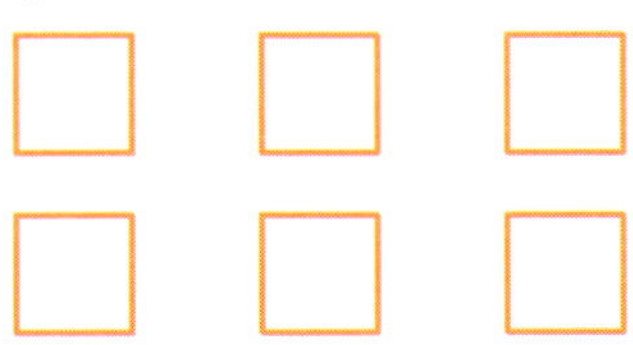

Ce solide est-il un cube ? ☐ Oui ☐ Non

b Solide 2

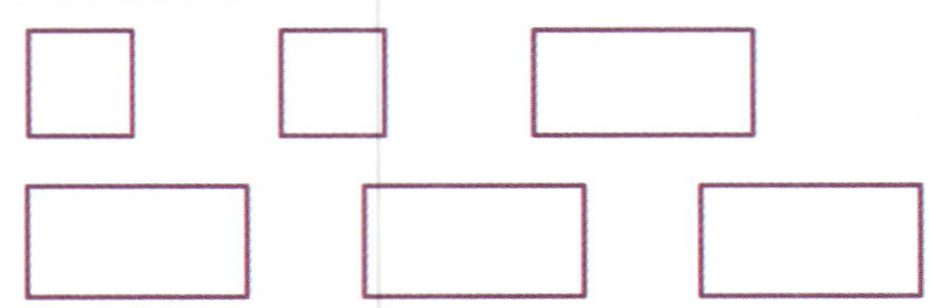

Ce solide est-il un cube ? ☐ Oui ☐ Non

2 **Colorie** :

a en bleu les deux empreintes du cube.

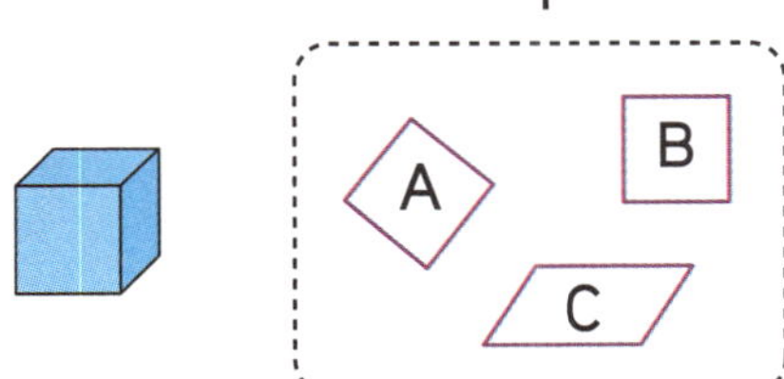

b en vert les deux empreintes du pavé droit.

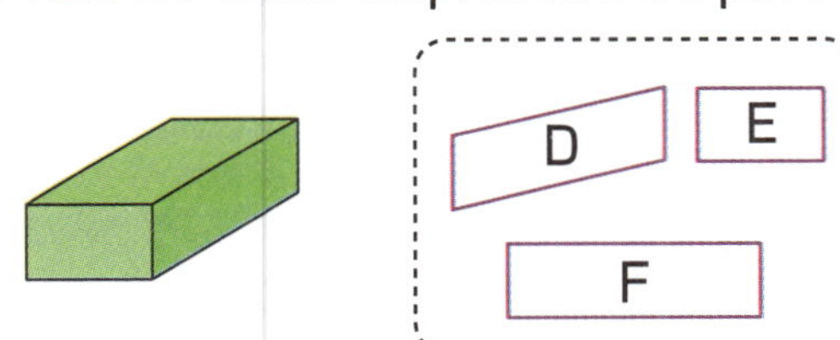

3 **Problème :** Théo a posé ce cube sur la table.
Chaque arête mesure 4 cm.
Dessine la trace de la face posée sur la table.

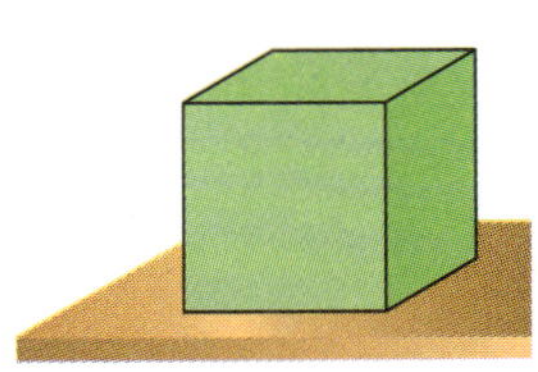

J'ai déjà appris

4 **Calcule** la moitié des nombres suivants :

26 = 20 + 6
Moitié de 26 = ... + ...
Moitié de 26 = ...

34 = 30 + 4
moitié de 34 = ... + ...
moitié de 34 = ...

Le coin du chercheur

Mais quelle heure est-il ?

....

Compétence : Distinguer un cube ou un pavé droit d'après leurs propriétés.
Calcul mental : Calculer la différence entre deux dizaines proches. L'enseignant dit : « 150 – 130 » ; l'élève écrit 20.

Photofiche P19

81 Problèmes : Apprendre à résoudre
Situations multiplicatives

Problème de référence 1

Un pack d'eau contient 6 bouteilles. Au supermarché, Émilie achète 4 packs d'eau.
Combien de bouteilles achète-t-elle ?

Associer un schéma à l'énoncé

Léa et Théo ont chacun représenté ce problème par un schéma.

(6) (6) (6) (6) | (6) (4)

Entoure le schéma qui correspond à l'énoncé.
Entoure les opérations qui permettent de répondre à la question.

6 + 6 + 6 + 6 6 + 4 4 × 6

Pour écrire la phrase réponse, utilise les mots de la question.

Répondre à la question

Écris, puis **effectue** les calculs. ....

Rédige une phrase réponse. ....

....

Problème d'application

1 Une boîte d'œufs contient 4 œufs. Lydia achète 5 boîtes d'œufs.
Combien d'œufs Lydia achète-t-elle ?

Léa et Théo ont chacun représenté ce problème par un schéma.

(5) (4) | (4) (4) (4) (4) (4)

Entoure le schéma qui correspond à l'énoncé.
Entoure les opérations qui permettent de répondre à la question.

5 × 4 4 + 4 + 4 + 4 + 4 5 + 4

Écris, puis **effectue** les calculs. ....

Rédige une phrase réponse. ....

....

Problème de référence 2

L'immeuble de Théo comporte 7 étages.
Chaque étage possède 5 fenêtres.
Combien de fenêtres peut-on voir sur la façade de l'immeuble de Théo ?

Interpréter un schéma

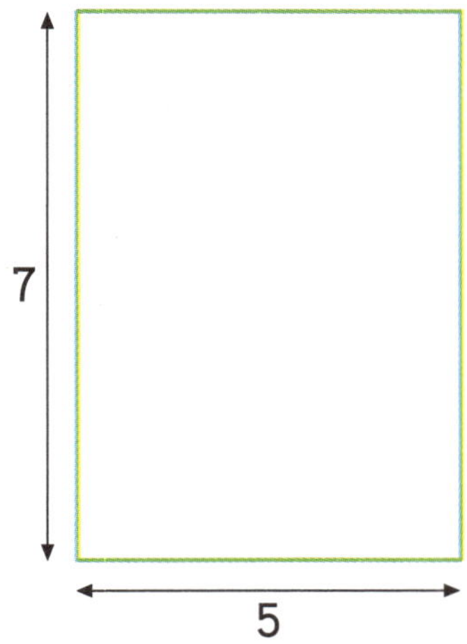

Voici le schéma qui correspond à l'énoncé.

Coche les bonnes phrases.

Le nombre 7 représente :
- ☐ le nombre de fenêtres par étage.
- ☐ le nombre d'étages.

Le nombre 5 représente :
- ☐ le nombre de fenêtres par étage.
- ☐ le nombre d'étages.

Entoure les opérations qui permettent de répondre à la question.

$5 + 5 + 5 + 5 + 5 + 5 + 5$ $\quad$ $7 + 5$ $\quad$ 7×5

Répondre à la question

Écris, puis **effectue** les calculs. ....

Rédige une phrase réponse. ....

Problème d'application

1 Dans une tablette de chocolat, il y a 8 barres.
Chaque barre est composée de 3 carrés de chocolat.
Combien de carrés une tablette contient-elle ?

Voici le schéma qui correspond à l'énoncé.

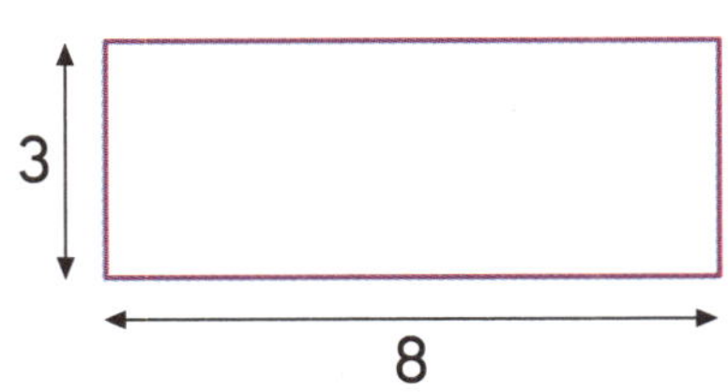

Coche les bonnes phrases.

Le nombre 3 représente :
- ☐ le nombre de carrés par barre.
- ☐ le nombre de barres.

Le nombre 8 représente :
- ☐ le nombre de carrés par barre.
- ☐ le nombre de barres.

Entoure les opérations qui permettent de répondre à la question.

$3 + 8$ $\quad$ $8 + 8 + 8$ $\quad$ 3×8

Écris, puis **effectue** les calculs. ....

Rédige une phrase réponse. ....

Compétences : Utiliser un schéma pour identifier et résoudre une situation multiplicative.
Calcul mental : Ajouter 100. L'enseignant écrit : 1 248 + 100 ; l'élève écrit 1 348.

J'ai compris et je retiens (7)

Calculs

C18 J'effectue une multiplication.

		c	d	u	
			3	7	
	×		2	5	
37 × 5 →		1	8	5	(3)
37 × 20 →	+	7	4	0	(1)
37 × 25 →		9	2	5	

C19 Je calcule la moitié d'un nombre.

Moitié de 26

26 = 20 + 6

Moitié de 20 = 10

Moitié de 6 = 3

Moitié de 26 = 10 + 3 =13

C20 Je compte de 10 en 10.

476 486 496 506 516

Le chiffre des unités ne change pas.

Je compte de 100 en 100.

751 851 951 1 051 1 151

Le chiffre des unités et le chiffre des dizaines ne changent pas.

Espace et géométrie

G9 Je connais des solides.

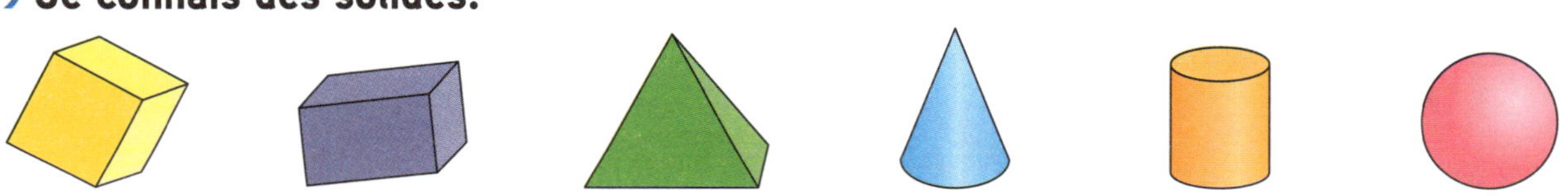

cube pavé droit pyramide cône cylindre boule

G10 Je distingue un cube et un pavé droit.

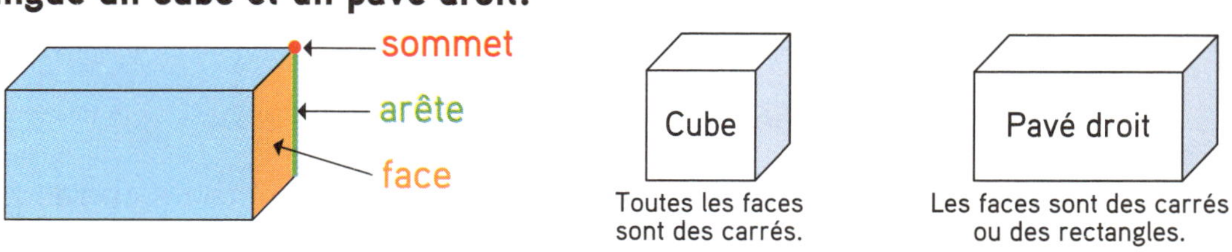

Grandeurs et mesures

M9 Je connais les unités de masse.

1 kg = 1000 g
1 t = 1000 kg

1 kg 500 g = 1500 g
1 t 400 kg = 1400 kg

2 350 g = 2 kg 350 g
2 650 kg = 2 t 650 kg

M10 Je connais des unités de durées.

1 j = 24 h
1 h 30 min = 60 min + 30 min = 90 min
100 min = 60 min + 40 min = 1 h 40 min

1 h = 60 min 1 min = 60 s
1 min 30 s = 60 s + 30 s = 90 s
100 s = 60 s + 40 s = 1 min 40 s

Je fais le point (7)

SOCLE COMMUN

Nombres et calculs

1 **Calcule** la moitié de 56.

....

....

....

....

Calculer la moitié d'un nombre.

2 **Pose** et **effectue** 36 × 42.

Multiplier par un nombre de 2 chiffres.

Espace et géométrie

3 **Écris** le nom de chaque solide.

A 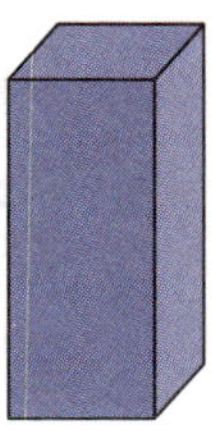

B 

C 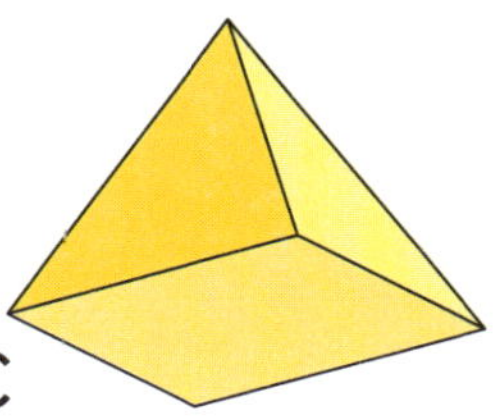

A : ....

B : ....

C : ....

Identifier quelques solides.

4 Quel solide est un cube ? **Complète**.

Les faces d'un cube sont toutes des ....

Un cube ou un pavé droit possède :

- .... *faces*
- .... *sommets*
- .... *arêtes*

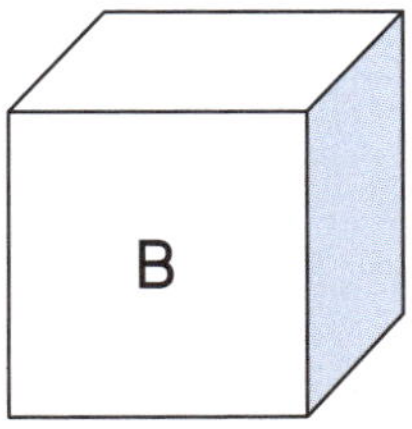

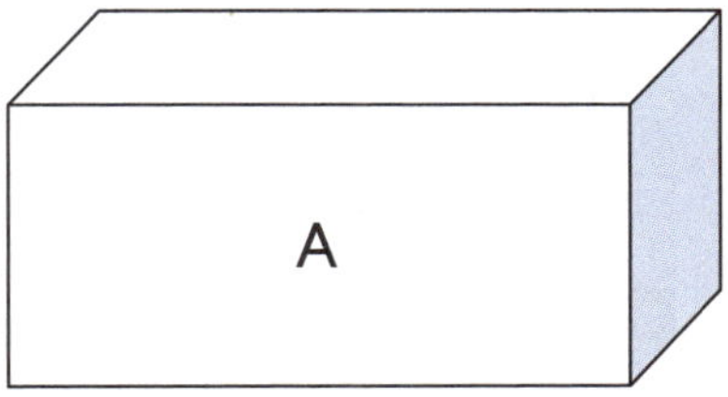

Distinguer cube et pavé droit.

Grandeurs et mesures

5 **Complète**.

1 kg 300 g = ... g

1 t 500 kg = ... kg

2 350 g = ... kg .... g

1 270 kg = ... t .... kg

Connaître et convertir les unités de masse.

6 **Convertis** en minutes : 1 h 20 min = ...

Écris en minute et secondes : 75 s = ...

Connaître et convertir les unités de durée.

82 Arrondir un nombre

Découvrons ensemble

Dives-sur-Mer a une population de 5 814 habitants.

Dives-sur-Mer

Encadre ce nombre entre deux milliers qui se suivent.

.... < 5 814 < ....

Place la population de Dives-sur-Mer sur la droite numérique ci-dessous.

Arrondis 5 814 au millier le plus proche. ....

Encadre maintenant 5 814 entre deux centaines qui se suivent.

.... < 5 814 < ....

Place la population de Dives-sur-Mer sur la droite numérique ci-dessous.

Arrondis 5 814 à la centaine la plus proche. ....

Je m'entraîne

1 **Arrondis** les nombres suivants au millier le plus proche en t'aidant du schéma ci-dessous.

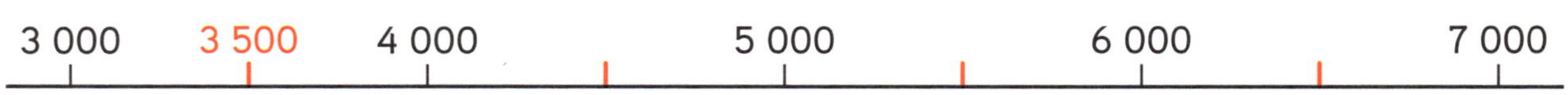

a 3 700 ➔ .... ; 3 200 ➔ ....
4 300 ➔ .... ; 5 900 ➔ ....

b 5 345 ➔ .... ; 6 789 ➔ ....
6 805 ➔ .... ; 4 189 ➔ ....

2 Voici les populations de quatre villes françaises :

Carnac	Plouay	Quiberon	Arradon
4 443 habitants	4 764 habitants	5 074 habitants	4 719 habitants

Place approximativement ces populations sur la droite numérique en dessinant un point de la couleur du cadre de la ville.

Arrondis chaque population à la centaine d'habitants la plus proche.

Carnac : .... Plouay : .... Quiberon : .... Arradon : ....

Compétence : Arrondir un nombre au millier le plus proche ou à la centaine la plus proche.
Calcul mental : Ajouter 1000. L'enseignant écrit 3 450 + 1 000 ; l'élève écrit 4 450.

83 Vraisemblance d'un résultat

Découvrons ensemble

Vadim calcule **374 + 218** avec sa calculatrice.

Es-tu du même avis que Théo ? ☐ Oui ☐ Non

Le résultat affiché est-il vraisemblable ? ☐ Oui ☐ Non

Utilise ta calculatrice pour trouver le résultat. ....

Léa défie ses amies. Sans poser l'opération, elles doivent écrire sur leur ardoise un nombre le plus proche possible du résultat de l'addition **124 + 285**.

Mélissa **300** Louise **400** Marion **800**

Le résultat de Marion est-il vraisemblable ? ☐ Oui ☐ Non

Arrondis chaque nombre de l'addition à la centaine la plus proche. .... + ...

Donne une valeur approchée du résultat : .... Qui a gagné ? ....

Je m'entraîne

1 Parmi les résultats proposés, un seul est exact. **Entoure**-le.

a 250 + 370 → 920 ; 620 ; 320
190 + 280 → 270 ; 870 ; 470

b 482 + 114 → 596 ; 396 ; 1 096
218 + 387 → 205 ; 805 ; 605

2 **Utilise** la droite graduée pour indiquer quelle est la centaine la plus proche de chacun de ces nombres : 130, 210 et 280.

centaine proche de 130 : .... ; centaine proche de 210 : .... ; centaine proche de 280 : ....

Donne une centaine proche du résultat de 130 + 210 + 280 → ....

J'ai déjà appris

3 **Indique** le nombre de faces cachées et d'arêtes cachées de cette pyramide.

faces cachées : ....

arêtes cachées : ....

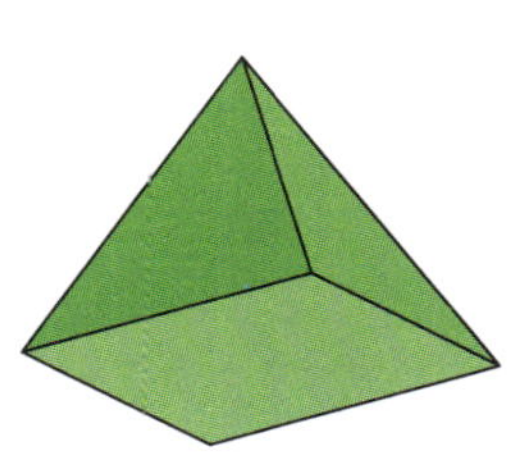

Le coin du chercheur

Combien peut-on tracer de segments différents en joignant ces points deux à deux ?

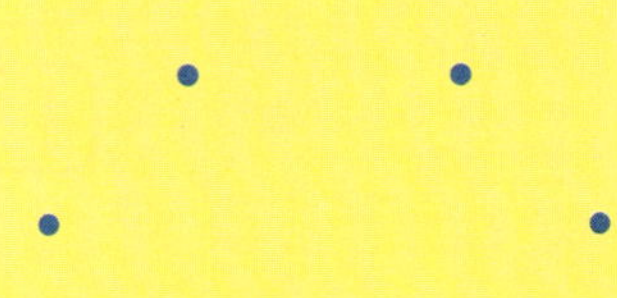

....

Compétence : Vérifier la vraisemblance d'un résultat.
Calcul mental : Connaître l'heure du soir. L'enseignant dit : « 9 h » ; l'élève écrit 21 h.

Photofiche S36

84 Situations de division : groupements (1)

Découvrons ensemble

Un paquet de 5 croix représente une pochette de 5 images.

Léa veut ranger 23 images dans des pochettes de 5 images.
Combien de pochettes remplira-t-elle ?
Combien restera-t-il d'images ?

Léa a représenté les images en dessinant 23 croix.
Fais des paquets de 5 croix tant que cela est possible.

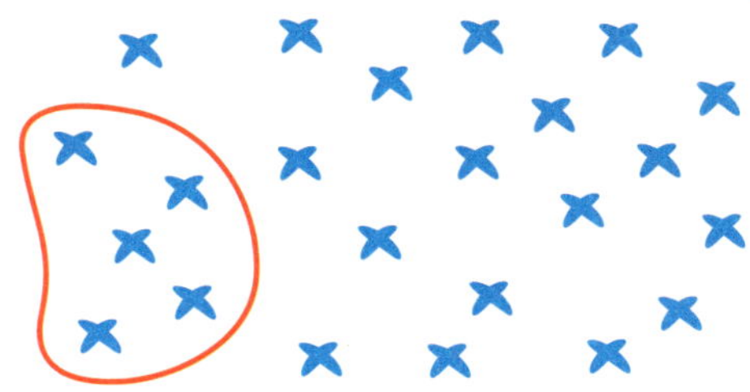

Combien de paquets as-tu faits ? ....

Combien de croix sont à l'extérieur des paquets ? ....

Complète.

Léa remplira ...... pochettes de 5 images. Il restera ...... images.

J'ai divisé 23 par 5.

Je m'entraîne

1 Alex range sa collection de 32 voitures dans des boîtes de 6.

Combien de boîtes Alex peut-il remplir ?
Combien restera-t-il de voitures ?

Représente les voitures par des croix, puis **fais** des paquets de 6 croix.

Combien de paquets as-tu faits ? ....

Combien de croix sont à l'extérieur des paquets ? ....

Complète.

Alex aura ...... boîtes pleines. Il restera ...... voitures.

Tu as divisé 32 par 6.

2 La fermière range 30 œufs dans des boîtes de 6 œufs.

Combien de boîtes seront pleines ? ....

Restera-t-il des œufs non rangés ?

....

3 Théo range 17 images dans des pochettes de 4 images.

Je ne peux remplir que 3 pochettes et il reste 5 images.

Théo a-t-il raison ? ☐ Oui ☐ Non

Aurait-il pu remplir une pochette supplémentaire ? ☐ Oui ☐ Non

Compétence : Résoudre une situation de division en effectuant des groupements.
Calcul mental : Moitié d'une dizaine entière. L'enseignant dit : « moitié de 40 » ; l'élève écrit 20.

Photofiche A22

85 Situations de division : groupements (2)

Découvrons ensemble

Thomas range 28 volants de badminton dans des boîtes de 6 volants.

Combien de boîtes remplira-t-il ?

Combien de volants restera-t-il ?

Au lieu de dessiner des croix, comme dans la leçon 84, je vais trouver le résultat par le calcul en utilisant la table de 6.

Nombre de boîtes remplies	Nombre de volants rangés	Nombre de volants restants
1	1 × 6 = 6	28 – 6 = 22
2	2 × 6 = 12	28 – 12 = ...
3	3 × 6 = ...	28 – .... = ...
4	4 × 6 = ...	28 – .... = ...
5	5 × 6 = ...	Impossible car il n'y a que .... volants.

Complète le tableau.

Complète l'égalité.

28 = ... × 6 + ...

Complète les phrases réponses.

Thomas remplira ...... boîtes.

Il restera ...... volants.

Tu as divisé 28 par 6.

Je m'entraîne

1 Dans une classe, il y a 29 élèves. Sur le terrain d'éducation physique, l'enseignant forme des équipes de 5 élèves.

Combien d'équipes a-t-il formées ?

Complète le tableau.

Nombre d'équipes	Nombre d'élèves placés	Nombre d'élèves restants
1	1 × 5 = ...	29 – ...... = ...
2	2 × 5 = ...	29 – .... = ...
3	3 × 5 = ...	29 – .... = ...
4	4 × 5 = ...	29 – .... = ...
5	5 × 5 = ...	29 – .... = ...
6	6 × 5 = ...	Impossible car il n'y a que .... élèves.

Complète l'égalité.

29 = ... × 5 + ...

Rédige les phrases réponses.

....

....

Le coin du chercheur

Je pense à deux nombres. Lorsque je les additionne, je trouve 13. Lorsque je les soustrais, je trouve 3.

Quels sont ces deux nombres ?

....

Compétence : Résoudre une situation de groupements en effectuant des calculs.

Calcul mental : Moitié d'un nombre pair. L'enseignant dit : « moitié de 24 » ; l'élève écrit 12.

Photofiche S37

86 Cercle et compas

Découvrons ensemble

Place un point bleu à 35 mm du point rouge.
Place la pointe de ton compas sur le point rouge.
Écarte le crayon de ton compas jusqu'au point bleu.
Trace le cercle avec ton compas.
Le point rouge est le centre de ce cercle.

Nomme **A** le centre du cercle.
Place sur le cercle des points que tu nommes **B**, **C**, **D**, **E**.
Trace les segments **AB**, **AC**, **AD**, **AE**.
Ce sont des rayons du cercle.
Compare leur longueur.

....

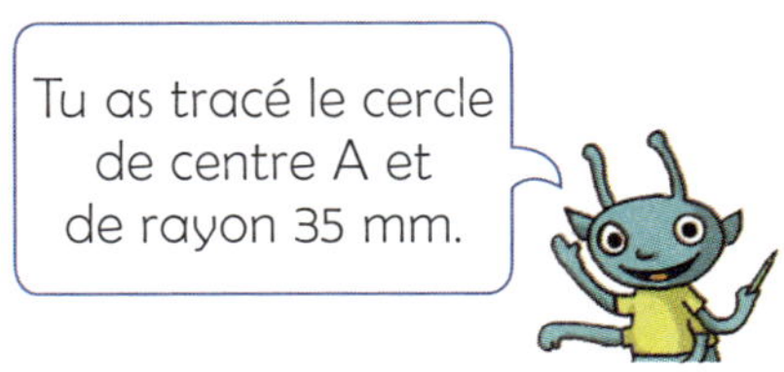

Je m'entraîne

1 **Complète** avec les mots suivants : rayon, centre, longueur, cercle.

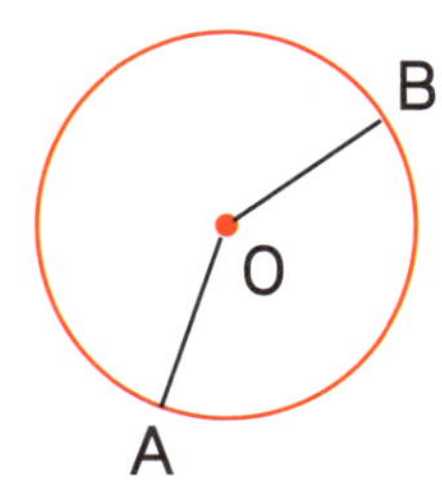

- La ligne rouge est un ....
- Le point O est le .... du cercle.
- Le segment OA est un .... de ce cercle.
- Tous les rayons d'un cercle ont la même ....

2 **Trace** :

a un cercle qui a pour centre le point rouge et qui passe par le point bleu.

b deux cercles qui ont pour centre le point rouge. Le rayon du premier cercle mesure 3 cm et celui du deuxième 4 cm.

Compétences : Tracer un cercle avec un compas. Utiliser en situation le vocabulaire : centre d'un cercle, rayon.
Calcul mental : Comparer deux nombres. L'enseignant écrit 7 230 et 4 650, l'élève écrit le plus grand nombre : 7 230.

87 Fabriquer un cube

Découvrons ensemble

Découpe les figures de la page matériel **H**.

Plie-les et **essaie** de construire un cube.

Laquelle de ces figures permet de construire un cube ? ....

La figure qui permet de construire un cube s'appelle un patron du cube.

A

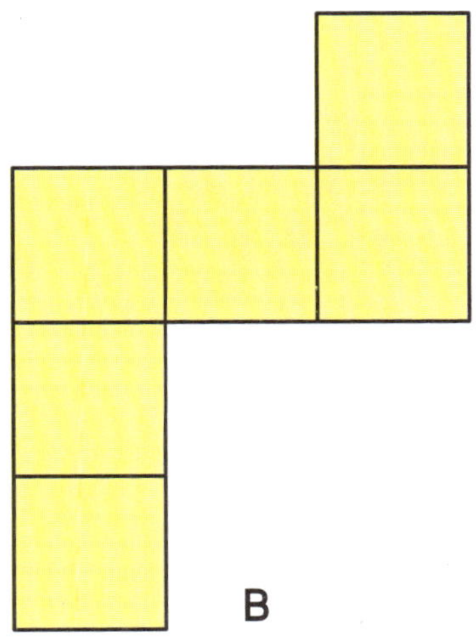

B

Je m'entraîne

1 **Découpe** les figures C et D de la page matériel **H**, puis **plie**-les et **essaie** de construire un cube.

Laquelle de ces figures est un patron de cube ? ....

C

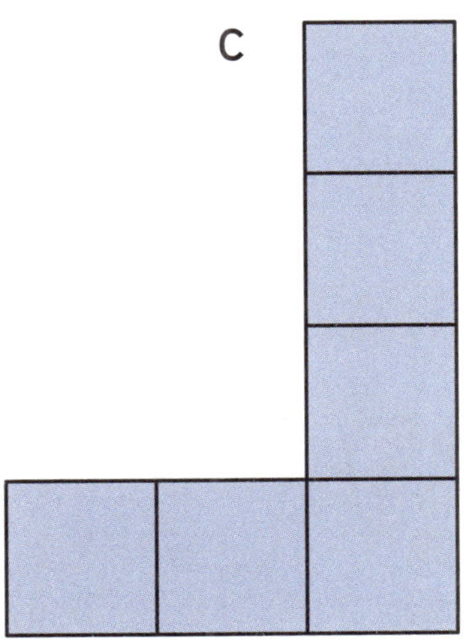

D

J'ai déjà appris

2 **Arrondis** ces nombres au millier le plus proche.

2 800 → .... 4 200 → ....

6 198 → .... 3 924 → ....

Le coin du chercheur

Mathix pense à trois nombres qui se suivent. Il les additionne et trouve 60.

Quels sont ces trois nombres ?

....

Compétence : Fabriquer un cube à partir d'un patron fourni.

Calcul mental : Tables de multiplication par 10. L'enseignant dit : « 6 × 10 » ; l'élève écrit 60.

Photofiche S38

88 Situations de division : partages (1)

Découvrons ensemble

Théo veut partager équitablement un paquet de 21 bonbons entre ses quatre amis.
Combien de bonbons chaque ami a-t-il ? Combien de bonbons reste-t-il ?

Aide Théo à résoudre ce problème grâce au schéma.
Chaque fois que tu as distribué un bonbon à chacun, **barre** 4 ronds.

Les bonbons sont représentés par des ronds jaunes.

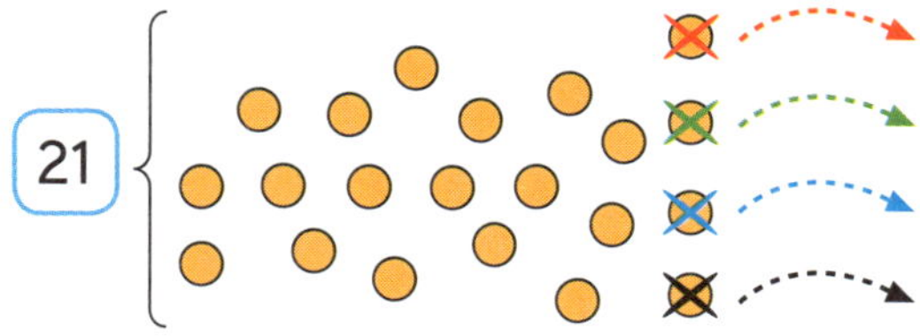

●	Luc
●	Mélissa
●	Karim
●	Olga

Complète.

Chaque ami a ...... bonbons. Il reste ...... bonbon non distribué.

Tu as divisé 21 par 4.

Je m'entraîne

1 Léa, Nils, Chen et Kim se partagent équitablement un paquet de 16 feuilles de dessin.
Réalise ce partage.

Combien de feuilles chacun aura-t-il ?

....

Restera-t-il des feuilles non distribuées ?

☐ Oui ☐ Non

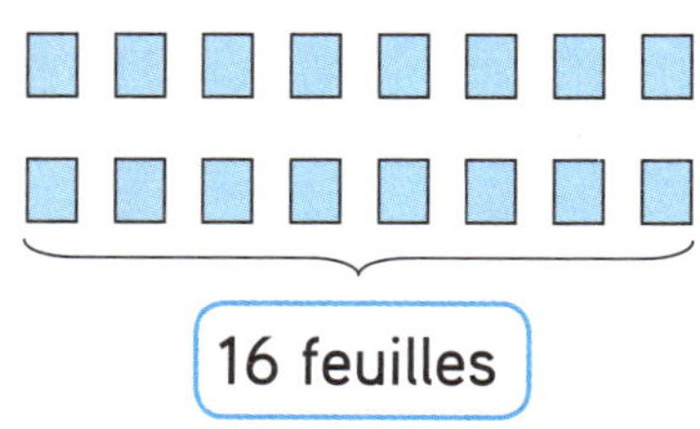

	Léa
	Nils
	Chen
	Kim

Rédige les phrases réponses.

....

....

2 Théo, Shanice et Maxime se partagent 15 balles.
Combien de balles chacun aura-t-il ?
Combien de balles restera-t-il ?
Réalise ce partage.
Rédige les phrases réponses.

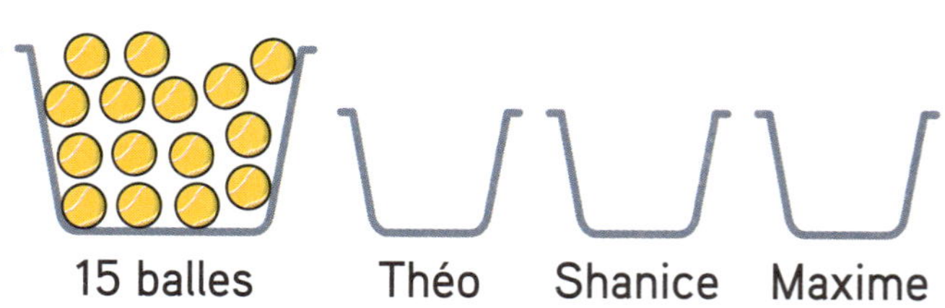

....

....

J'ai déjà appris

3 **Encadre** 8 317 entre :

a deux milliers qui se suivent.

.... < 8 317 < ....

b deux centaines qui se suivent.

.... < 8 317 < ....

Compétence : Résoudre une situation de partage de façon figurative.
Calcul mental : Tables de multiplication par 9. L'enseignant dit : « 4 × 9 » ; l'élève écrit 36.

89 Situations de division : partages (2)

....	....	....	....	....

Découvrons ensemble

Mamie partage 50 cerises entre ses 8 petits-enfants.
Combien de cerises reçoit chaque enfant ?
Combien de cerises ne sont pas distribuées ?

Pour répondre, je ne vais plus faire un dessin, mais utiliser la table de 8.

Nombre de cerises données à chacun	Nombre de cerises distribuées	Nombre de cerises restantes
1	1 × 8 = 8	50 – 8 = 42
2	2 × 8 = 16	50 – 16 = 34
3	3 × 8 = 24	50 – 24 = 26
4	4 × 8 = ...	50 – .... = ...
......	5 × 8 = ...	....
......	....	....
......	....	....

Complète le tableau.

Complète. 50 = ... × 8 + ...

Chaque enfant reçoit ...... cerises.
Il reste ...... cerises non distribuées.

Tu as divisé 50 par 8.

Je m'entraîne

1 Mehdi partage un jeu de 32 cartes entre 5 joueurs.
Combien de cartes chacun reçoit-il ?
Combien de cartes ne sont pas distribuées ?

Nombre de cartes données à chacun	Nombre de cartes distribuées	Nombre de cartes restantes
1	1 × 5 = 5	32 – 5 = 27
2	2 × 5 = 10	32 – 10 = 22
3	3 × 5 = ...	....
4	....	....
......	....	....
......	....	....
......	....	....

Complète le tableau.

Complète. 32 = ... × 5 + ...

Rédige les phrases réponses.

....

....

2 La maîtresse partage 45 cahiers entre 10 élèves de CE2.
Combien de cahiers chaque élève reçoit-il ?
Combien de cahiers ne seront pas distribués ?

Complète. 45 = ... × 10 + ...

Utilise ton cahier d'essai.

Rédige les phrases réponses.

....

....

Le coin du chercheur

Dans 10 min, il sera demain.
Quelle heure est-il ?

....

Compétence : Résoudre une situation de partage par le calcul.
Calcul mental : Compléter un produit. L'enseignant écrit 4 × ... = 24 ; l'élève écrit 6.

90 Étude du reste dans une situation de division

Découvrons ensemble

Lundi, Théo a pêché 16 perles.
Il les partage équitablement entre ses 6 amis.

Observe le tableau, puis **complète**.

Il donne ...... perles à chacun.

Il reste ...... perles à Théo.

16 = ... × 6 + ...

Lorsqu'on divise 16 par 6 :
6 est le diviseur, 2 est le quotient,
4 est le reste de la division.

	Lundi	Mardi	Mercredi	Jeudi	Vendredi	Samedi
Perles pêchées	16	20	24	18	15	25
Amis	6	6	6	6	6	6
Perles données à chaque ami	2	3	4	2	2	3
Perles gardées par Théo	4	2	0	6	3	7

Observe le tableau et **écris** les jours où Théo s'est trompé.

Théo s'est trompé .... et .... parce qu'il doit toujours lui rester moins de ...... perles.

Le reste d'une division est toujours inférieur au diviseur : 4 < 6

Entoure les égalités qui correspondent à un partage correct des perles.

Jeudi : 18 = 2 × 6 + 6
Jeudi : 18 = 3 × 6 + 0

Samedi : 25 = 3 × 6 + 7
Samedi : 25 = 4 × 6 + 1

Je m'entraîne

1 Cinq amis se partagent équitablement 48 images.
Combien d'images chacun reçoit-il ?

Entoure l'égalité qui permet de savoir combien chacun recevra d'images.

48 = 8 × 5 + 8 48 = 9 × 5 + 3 48 = 10 × 4 + 8

Rédige une phrase réponse. ....

2 La fermière a ramassé 52 œufs dans son poulailler.
Elle les range dans des boîtes de 6 œufs.
Combien de boîtes seront complètes ?

Entoure l'égalité qui permet de savoir combien de boîtes seront complètes.

52 = 7 × 6 + 10 52 = 5 × 10 + 2 52 = 8 × 6 + 4

Rédige une phrase réponse. ....

Compétences : Donner du sens au reste d'une division. Introduire les mots quotient et reste.
Calcul mental : Compléter un produit. L'enseignant écrit 6 × ... = 54 ; l'élève écrit 9.

91 Mesurer une contenance

Découvrons ensemble

La contenance d'un récipient est la quantité de liquide qu'il peut contenir.

▶ Théo possède une gourde de contenance 50 centilitres (cL) et Léa une carafe de contenance 2 décilitres (dL).

Observe comment Théo et Léa ont rempli une bouteille de 1 litre (L).

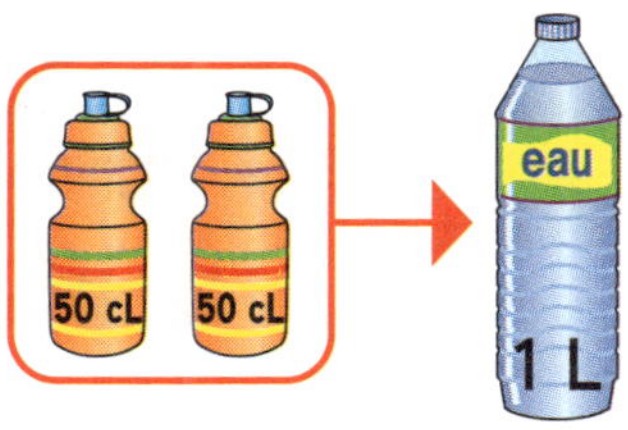

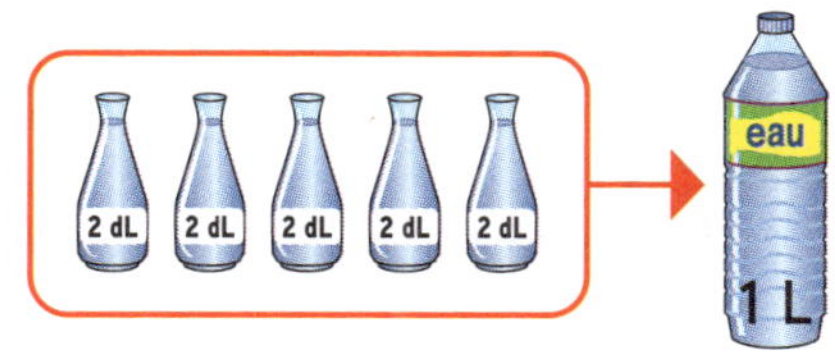

Complète.

Pour remplir une bouteille de 1 L, il faut ...... gourdes de 50 cL ou ...... carafes de 2 dL.

1 L = ... cL   1 L = ... dL   1 dL cL

Pour comparer ou calculer avec des contenances, écris leurs mesures avec la même unité (L ou cL).

▶ La cafetière des parents de Mélissa contient 1 L de café.
Combien de tasses de 10 cL Mélissa peut-elle servir ?

....

....

Je m'entraîne

1 **Complète** avec L ou cL.

A

12 ......

B

10 ......

C

2 ......

D

100 ......

E

1 ......

2 **Complète.**

a 3 L = ... cL ; 3 L = ... dL

200 cL = ... L ; 500 cL = ... L

b 2 L 50 cL = ... cL ; 1 L 25 cL = ... cL

120 cL = ... dL ; 175 cL = ... L cL

3 **Problème.** Marine prépare un cocktail. Elle mélange 1 L 50 cL de jus de fruits, 4 dL de limonade et 20 cL de sirop de grenadine.
Quelle quantité de cocktail a-t-elle préparée ?

....

....

Compétence : Connaître le litre et le centilitre et les relations qui les lient.
Calcul mental : Multiplier par un nombre entier de dizaines. L'enseignant dit : « 5 × 30 » ; l'élève écrit 150.

Photofiches P20, P21 et P22

92 Problèmes : Apprendre à résoudre
Situations additives avec des mesures de grandeurs

Problème de référence 1

Léa se rend à vélo chez Samia qui habite à 2 km 600 m de chez elle. Ensuite, Léa et Samia se rendent chez Rachel qui habite à 1 km 700 m de Samia.
Quelle distance, en km et m, Léa a-t-elle parcourue pour se rendre chez Rachel ?

Comprendre l'énoncé

Que faut-il chercher ?

Complète le schéma.

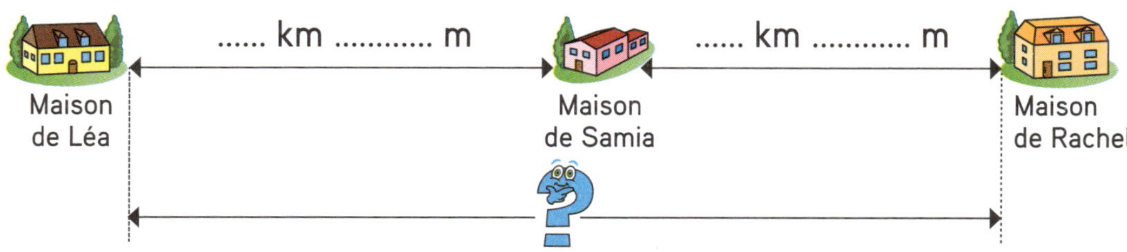

Écris l'opération qui permet de répondre à la question.

....

Répondre à la question

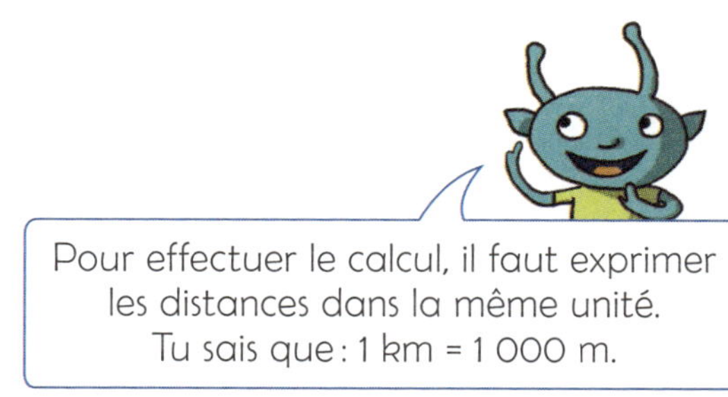

Convertis :

2 km 600 m = ... m + ... m = ... m

1 km 700 m = ... m + ... m = ... m

Écris puis **effectue** l'opération. ....

Exprime le résultat en km et m. ....

Rédige une phrase réponse. ....

Problème d'application

1 Le matin, dans son jardin, Théo a creusé une tranchée de 3 m 50 cm de long. L'après-midi, il a continué de creuser la tranchée sur 4 m 80 cm de long.
Quelle longueur totale de tranchée Théo a-t-il creusée ?

Convertis les longueurs.

3 m 50 cm = ... cm + ... cm = ... cm

4 m 80 cm = ... cm + ... cm = ... cm

Écris l'opération à effectuer puis **effectue**-la.

....

Exprime le résultat en m et cm. ....

Rédige une phrase réponse. ....

Problème de référence 2

Léa sort du supermarché avec un sac dans chaque main.
Le premier sac pèse 2 kg 850 g et le second 1 kg 350 g.
Quelle est la masse totale des deux sacs ?

Comprendre l'énoncé

Que faut-il chercher ?

Écris l'opération qui permet de répondre à la question.

....

Répondre à la question

Pour effectuer le calcul, il faut exprimer les masses dans la même unité. N'oublie pas 1 kg = 1 000 g.

Convertis :

2 kg 850 g = ... g + ... g = ... g

1 kg 350 g = ... g + ... g = ... g

Écris puis **effectue** l'opération.

....

Exprime le résultat en kg et g.

....

Rédige une phrase réponse.

....

Problème d'application

1 Le matin, Mélissa cueille 2 kg 500 g de cerises.
L'après-midi, elle en cueille 1 kg 800 g.
Quelle masse de cerises a-t-elle cueillies ?

Convertis les masses en g.

....

....

Écris puis **effectue** l'opération.

....

Exprime le résultat en kg et g.

....

Rédige une phrase réponse.

....

Compétence : Convertir des mesures dans la même unité pour pouvoir les ajouter.
Calcul mental : Multiplier par un nombre entier de centaines. L'enseignant dit : « 6 × 200 » ; l'élève écrit 1 200.

93 TUIC n° 4 : Tracer un pavé droit, un cube

1 **Ouvre** le traitement de texte OpenOffice Writer*.
Reporte-toi au TUIC n° 1, page 38, si la barre « Dessin » ci-dessous n'apparaît pas.

2 **Clique** sur la flèche noire à droite du bouton « Formes de base » .

- **Pour tracer un pavé droit**

– **Trace** d'abord un rectangle.

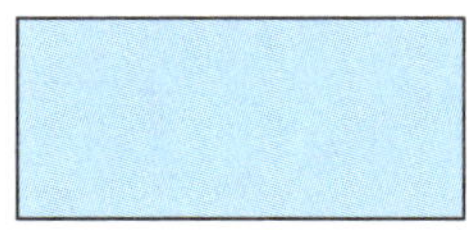

Reporte-toi au TUIC n° 2, si tu ne sais pas tracer un rectangle.

– **Clique** sur le bouton dans la barre « Dessin ».
Un pavé droit apparaît, ainsi qu'une barre de boutons « Paramètres 3D ».

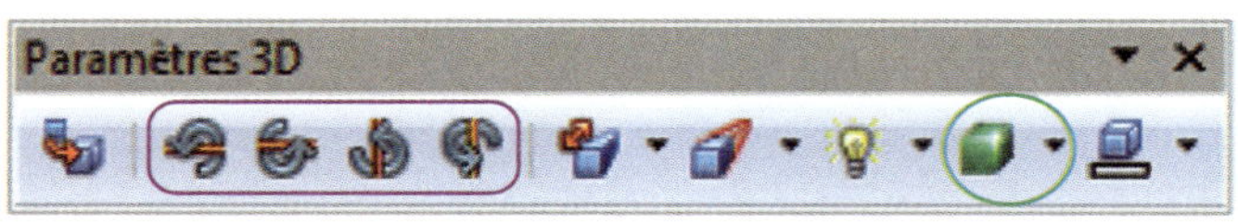

Pour voir :
– les faces cachées du pavé droit, **clique** sur les boutons « Incliner vers... » .
– les arêtes du pavé droit, **clique** sur la flèche noire à droite du bouton « Surface » .
Choisis « **Fil de fer** ».

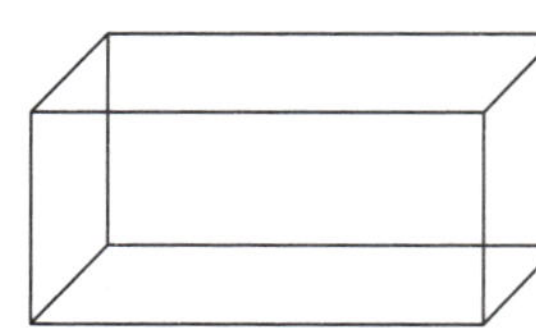

- **Pour tracer un cube**

Trace un carré et **exécute** ensuite les mêmes étapes que pour tracer un pavé droit.

3 **Clique** ensuite sur l'une des figures que tu as tracées. En utilisant les boutons ci-dessous, **modifie** l'aspect et la couleur des arêtes et des faces.

Par exemple, **essaie** d'obtenir ces figures :

4 **Invente** un dessin.
Tu peux t'inspirer des dessins ci-contre.
Lorsque tu as terminé ton dessin, **enregistre** ton travail, puis **imprime**-le.

* Cette activité est conçue à l'aide du logiciel OpenOffice. Elle peut être facilement adaptée et réalisée avec tout logiciel de traitement de texte équipé des outils de dessin (Microsoft Word, ...).

Compétence : Utiliser les outils de dessin d'un traitement de texte pour tracer des pavés droits, des cubes.
Calcul mental : Complément à 1 000. L'enseignant écrit 800 + ... = 1 000 ; l'élève écrit 200.

94 Maths Aventures [4]
À Tahiti

Quand ta réponse est correcte, tu colories une étoile. ☆

1 ☆ Le « va'a » est une pirogue qui accueille 6 rameurs. Dans une grande compétition, 136 équipages de 6 rameurs se sont inscrits.
Combien de rameurs vont participer à cette compétition ?

……………………………………………

2 ☆ À quel solide géométrique ressemble le toit de cette paillote ?

……………………………

3 ☆ Les Marquises font partie de l'archipel de la Polynésie française. La population de ces îles s'élève à 9 264 habitants.
Arrondis ce nombre à la centaine d'habitants la plus proche.

……………………………………………………

4 ☆ À Tahiti, on élève des huîtres perlières. Un bijoutier reçoit une boîte de 30 perles de Tahiti.

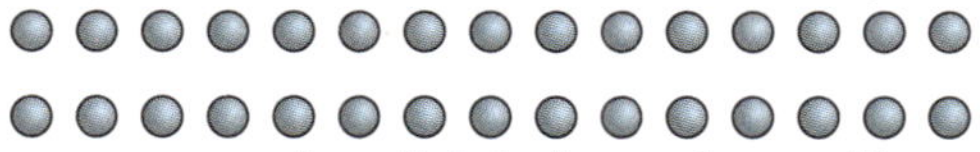

Avec ces perles, il fabrique des colliers. Chaque collier contient 6 perles.
Combien de colliers peut-il fabriquer ?

……………………………………………………

5 ☆ Lors d'une compétition de pirogues, le temps de l'équipage vainqueur est de 1 h 45 min. **Exprime** cette durée en minutes.

……………………………………………

6 ☆ Un chasseur sous-marin a capturé deux poissons perroquets : l'un de 2 kg 680 g et l'autre de 850 g.
Quelle est la masse totale des poissons capturés ?

……………………………………………………………

Si tu as colorié 5 ou 6 étoiles, entoure la médaille d'or ;
3 ou 4 étoiles, entoure la médaille d'argent ;
sinon, entoure la médaille de bronze.

J'ai compris et je retiens (8)

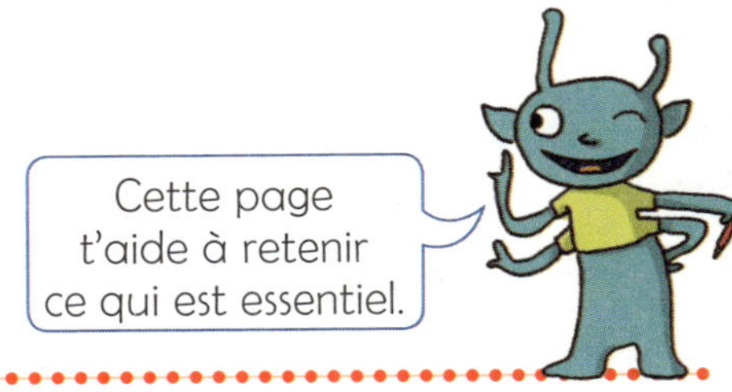

Nombres

N12 J'arrondis un nombre.

Arrondir 7 470 à la centaine la plus proche.

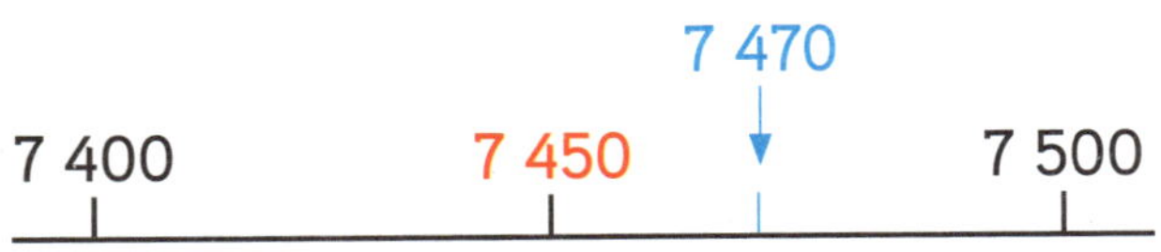

7 470 est plus proche de 7 500 que de 7 400.

7 470 ➔ 7 500

Arrondir 7 470 au millier le plus proche.

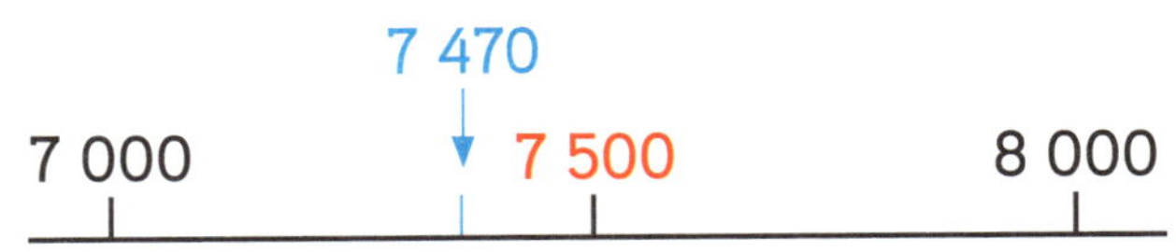

7 470 est plus proche de 7 000 que de 8 000.

7 470 ➔ 7 000

Calculs

C21 Je résous une situation de division.

29 divisé par 6

J'utilise la table de 6

(4) × 6 = 24

29 – 24 = 5

Nombre d'équipes	Nombre d'élèves placés	Nombre d'élèves restants
1	1 × 6 = 6	29 – 6 = 23
2	2 × 6 = 12	29 – 12 = 17
3	3 × 6 = 18	29 – 18 = 11
4	4 × 6 = 24	29 – 24 = 5
5	5 × 6 = 30	Impossible car il n'y a que 29 élèves.

29 = 4 × 6 + 5

4 est le quotient

6 est le diviseur

5 est le reste

Le reste est toujours plus petit que le diviseur :

5 < 6

Espace et géométrie

G11 Je construis un cube avec son patron.

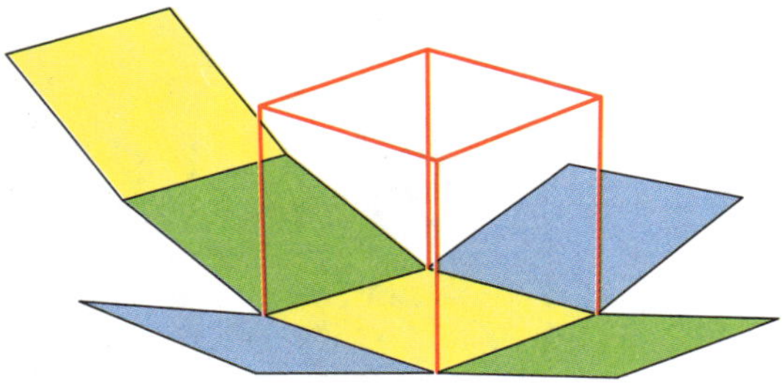

G12 Je connais les propriétés du cercle

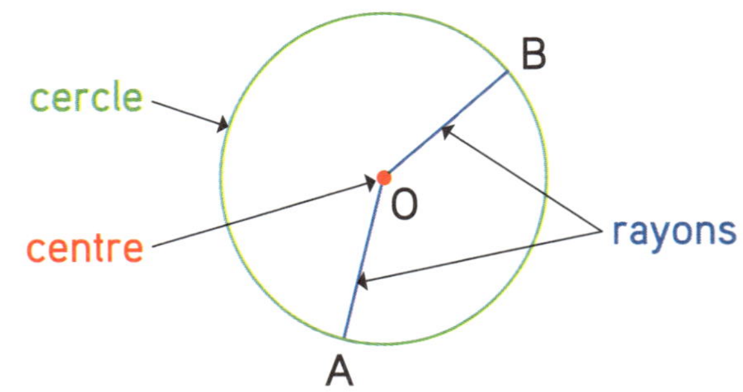

Grandeurs et mesures

M11 Je connais les unités de contenance.

1 litre (L) = 10 décilitres (dL)

1 litre (L) = 100 centilitres (cL)

1 dL = 10 cL

1 L 5 dL = 10 dL + 5 dL = 15 dL

45 dL = 40 dL + 5 dL = 4 L 5 dL

1 L 50 cL = 100 cL + 50 cL = 150 cL

75 cL = 70 cL + 5 cL = 7 dL 5 cL

Je fais le point (8)

SOCLE COMMUN

Nombres et calculs

1 **Encadre** 3 270 entre deux milliers qui se suivent. .... < 3 270 < ....

Arrondis 3 270 au millier le plus proche. ....

Arrondir au millier le plus proche.

2 **Encadre** 4 875 entre deux centaines qui se suivent. .... < 4 875 < ....

Arrondis 4 875 à la centaine la plus proche. ....

Arrondir à la centaine la plus proche.

3 Les 24 élèves de la classe de CE2 participent à un tournoi de rugby.
On forme des équipes de 6 joueurs.
Combien d'équipes peut-on former ?

Complète. 24 = ... × 6

On forme .... équipes.

Résoudre une situation de division.

Espace et géométrie

4 Quelles sont les couleurs de cercles :

– de même centre ?

....

– de même rayon ?

....

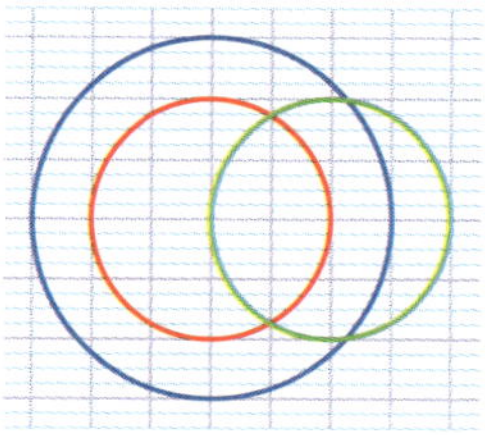

Connaître et utiliser le vocabulaire : centre d'un cercle, rayon.

Grandeurs et mesures

5 **Convertis.**

2 L = ... cL

3 L = ... dL

1 L 50 cL = ... cL

20 dL = ... L

150 cL = ... L cL

175 cL = ... L cL

Connaître les unités de contenance et les relations qui les lient.

6 **Calcule :** – en mètres : 1 km 500 m + 700 m = ...

– en grammes : 3 kg 200 g + 1 kg 900 g = ...

– en centilitres : 3 L 50 cL + 5 dL = ...

Ajouter des mesures.

Photofiche S40

95 Construire un carré et un rectangle

Découvrons ensemble

Léa construit un rectangle de 10 cm de longueur et 4 cm de largeur.
Quelles sont les propriétés géométriques d'un rectangle ?

....

De quels instruments a-t-elle besoin pour tracer ce rectangle ?

....

Tu as plusieurs façons de terminer le rectangle.

Observe le schéma. **Explique** le début de la construction de ce rectangle.

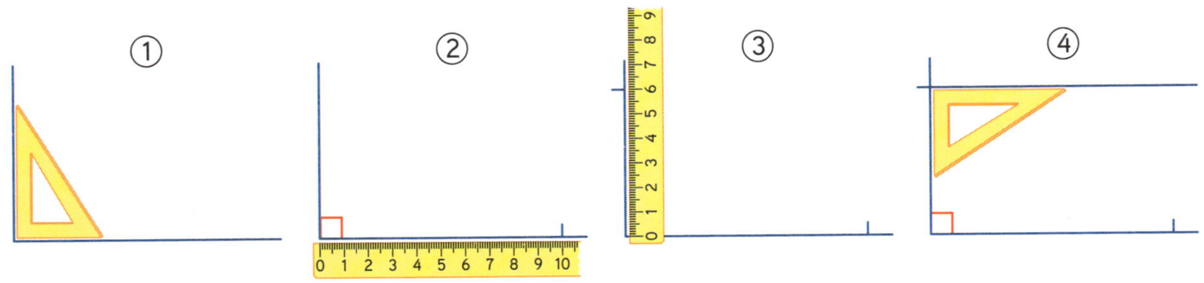

Construis le rectangle de Léa.

Je m'entraîne

1 **Utilise** la méthode de Léa pour construire :

a un carré de 4 cm de côté.

b un rectangle de 3 cm de largeur et 5 cm de longueur.

Compétence : Construire sur papier uni un rectangle ou un carré de dimensions données.
Calcul mental : Multiplier par 20. L'enseignant dit : « 13 × 20 » ; l'élève écrit 260.

Photofiches S41 et A24

96 Nombre de dizaines, de centaines dans un nombre

Découvrons ensemble

MATÉRIEL A   MATÉRIEL B

▶ Théo calcule le nombre de dizaines dans **240**.

240 → 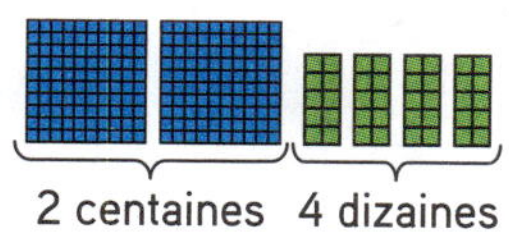

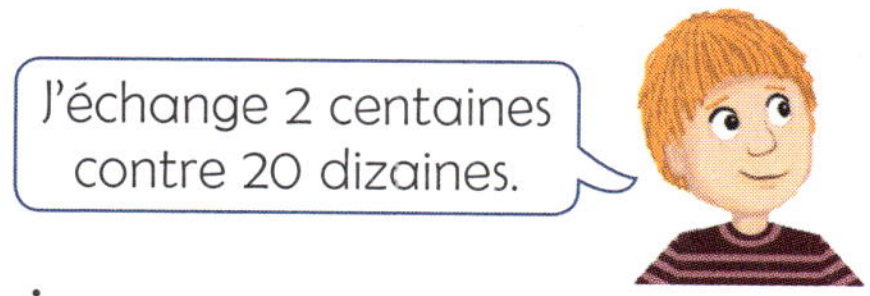

240 → 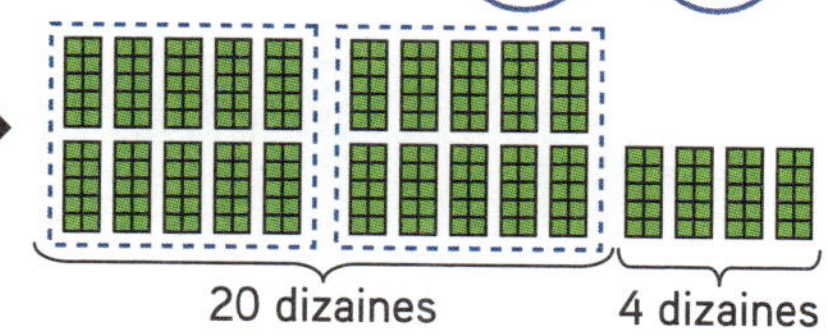

Complète. 240 = ... dizaines

Dans 240, le nombre de dizaines est ....

Dans 240, le chiffre des dizaines est ....

m	c	d	u
	2	4	

▶ Léa calcule le nombre de centaines dans **1 240**.

1 240 → 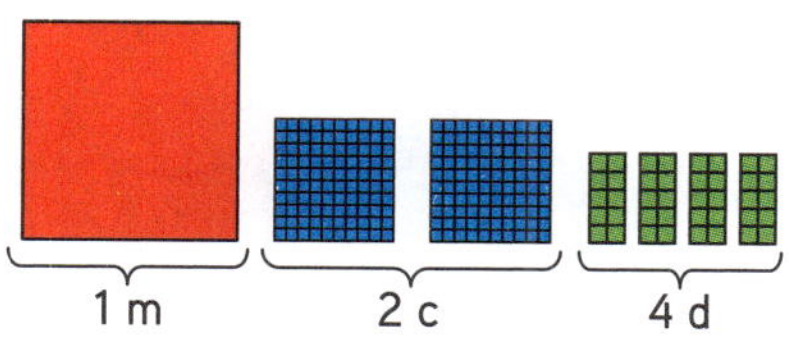

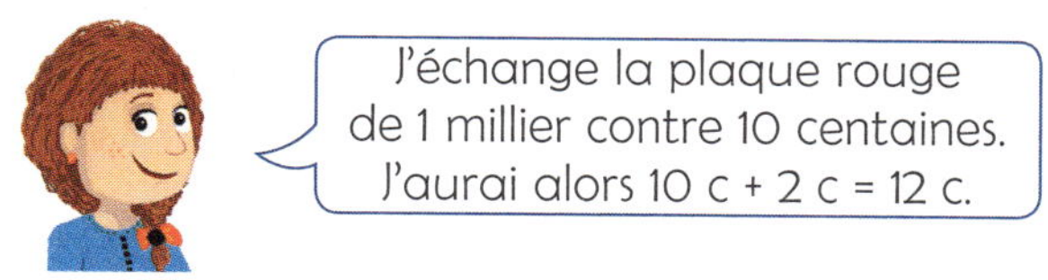

Complète. 1 240 = ... centaines + 40

Dans 1 240, le nombre de centaines est ....

Dans 1 240, le chiffre des centaines est ....

m	c	d	u
1	2		

Je m'entraîne

1 Quel est le nombre de dizaines des nombres suivants ?

a 70 ; 100 ; 250 ; 480 ; 760

....

b 68 ; 115 ; 539 ; 1 000 ; 6 500

....

2 Quel est le nombre de centaines des nombres suivants ?

a 500 ; 320 ; 1 000 ; 2 400

....

b 683 ; 709 ; 2 800 ; 9 439 ; 7 060

....

3 **Souligne** le chiffre des centaines et **entoure** le nombre de centaines de chaque nombre.

a 3 698 ; 1 600 ; 7 210

b 679 ; 8 075 ; 1 000

4 **Problème**

Dans le jeu de société de Victor, la place de l'Étoile coûte 3 600 €.
Il l'achète, avec des billets de 100 €.
Combien de billets doit-il donner ?

....

....

Le coin du chercheur

Dans un quart d'heure, il sera minuit !
Quelle heure est-il ?

....

Compétence : Trouver le nombre de dizaines, de centaines dans un nombre.
Calcul mental : Soustraire un multiple de cent à un nombre de 3 chiffres. L'enseignant dit : « 456 – 200 » ; l'élève écrit 256.

Photofiches P23 et P24

97 Problèmes : Apprendre à résoudre
Situations de division

Problème de référence 1

Les 30 élèves de la classe participent à un tournoi de basket. On forme des équipes de 5 joueurs.
Combien d'équipes de 5 joueurs forme-t-on avec 30 élèves ?

Comprendre l'énoncé

Complète.

30 = ... × 5

2 × 5 = 10
3 × 5 = 15
4 × 5 = 20
5 × 5 = 25
6 × 5 = 30 ←
7 × 5 = 35

Répondre à la question

Rédige une phrase réponse.

....

Problèmes d'application

1 Les 24 élèves d'une classe participent à un tournoi de sixte.
On forme des équipes de 6 joueurs.
Combien d'équipes de 6 joueurs peut-on former avec 24 élèves ?

Complète.

Je cherche 24 dans la table de ....

24 = ... × 6

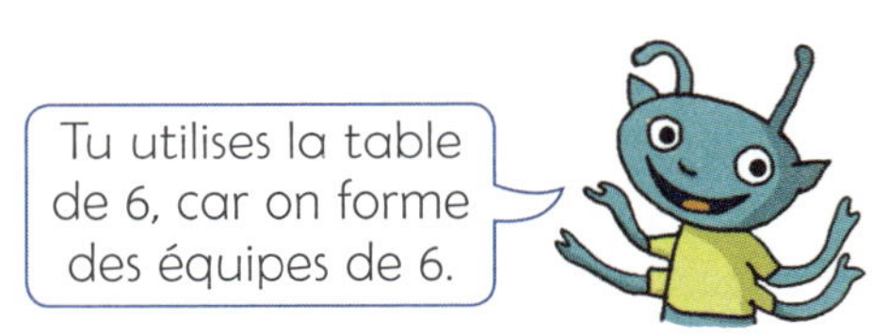

2 × 6 = 12
3 × 6 = 18
4 × 6 = 24
5 × 6 = 30
6 × 6 = 36
7 × 6 = 42

Rédige une phrase réponse.

....

2 Le pâtissier a préparé 72 macarons. Pour les vendre, il confectionne des sachets de 8 macarons.
Combien de sachets peut-il confectionner ?

6 × 8 = 48
...... × 8 = ...
...... × 8 = ...
...... × 8 = ...

Complète. Je cherche 72 dans la table de ....

72 = ... × 8

Rédige une phrase réponse.

....

Problème de référence 2

Six amis jouent aux cartes. Un des joueurs distribue les 52 cartes du paquet.
Combien de cartes chaque joueur reçoit-il ?

Comprendre l'énoncé

Je dois calculer le nombre de cartes de chacun après la distribution.

Tu dois diviser 52 par 6. Utilise la table de multiplication de 6.

52 n'est pas dans la table de 6 : 52 s'intercale entre 48 et 54.

Intercale 52 entre deux multiples de 6 qui se suivent. **Complète.** .... < 52 < ....

Si on distribue 48 cartes, chacun des 6 joueurs reçoit : ...... cartes car 48 = ... × 6.

Comme on a 52 cartes, il restera 52 – 48 = ... cartes non distribuées.

Avec 54 cartes, chacun des 6 joueurs recevrait .... cartes.

Cela n'est pas possible car on n'a que 52 cartes : 52 < ....

5 × 6 = 30	
6 × 6 = 36	
7 × 6 = 42	
8 × 6 = 48	← 52
9 × 6 = 54	
10 × 6 = 60	

Répondre à la question

Complète le calcul et les phrases réponses. 52 = ... × 6 + ...

Chaque joueur reçoit .... cartes. Il reste .... cartes non distribuées.

Problèmes d'application

1 Quatre amis se partagent un paquet de 30 biscuits.
Combien de biscuits chacun aura-t-il ?

Encadre 30 dans la table de 4 : .... < 30 < ....

Complète. .... × 4 < 30 < ...... × 4

30 = ... × 4 + ...

Rédige les phrases réponses.

....

Trouve entre quels nombres s'intercale 30 dans la table de 4.

5 × 4 = 20
6 × 4 = 24
7 × 4 = 28
8 × 4 = 32
9 × 4 = 36

2 Le professeur de tennis range 27 balles dans des boîtes de 4 balles.
Combien de boîtes seront complètes ?

Encadre 27 dans la table de 4 : .... < 27 < ....

Complète. 27 = ... × 4 + ...

Rédige les phrases réponses.

....

Utilise la table de 4 précédente.

Compétences : Comprendre et résoudre des situations de division.
Calcul mental : Écrire le précédent d'un nombre de 4 chiffres. L'enseignant dit : « Quel est le nombre qui précède 5 800 ? » ; l'élève écrit 5799.

Périmètre d'un polygone (1)

Découvrons ensemble

Léa compare les périmètres de ces deux polygones.

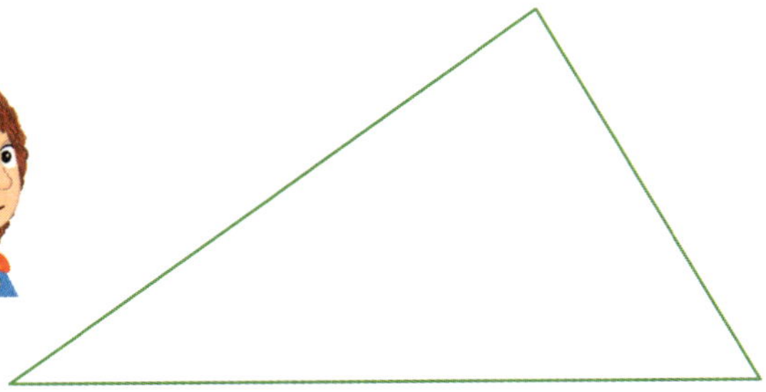

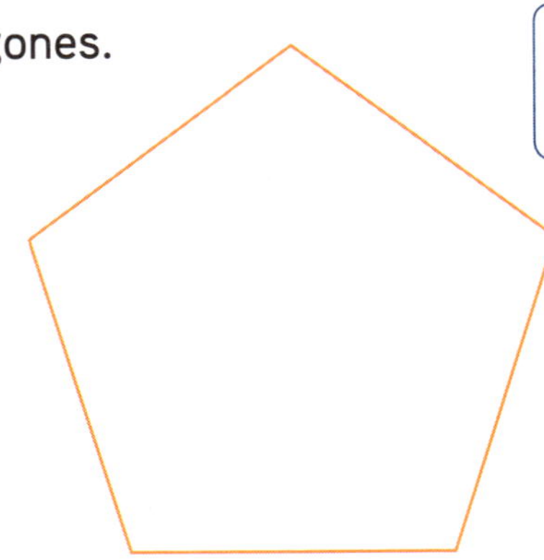

Utilise ton compas pour reporter les longueurs des côtés des figures verte et orange sur les 2 lignes ci-dessous.

Compare les segments vert et orange.

Quelle figure a le plus grand périmètre ? ☐ la figure verte ☐ la figure orange

Pour connaître le périmètre de chaque polygone, **mesure** la longueur de chaque trait que tu viens de tracer.

Périmètre de la figure verte : ……………………………………………………

Périmètre de la figure orange : ……………………………………………………

Je m'entraîne

1 **Utilise** ton compas pour comparer les périmètres de ces figures.

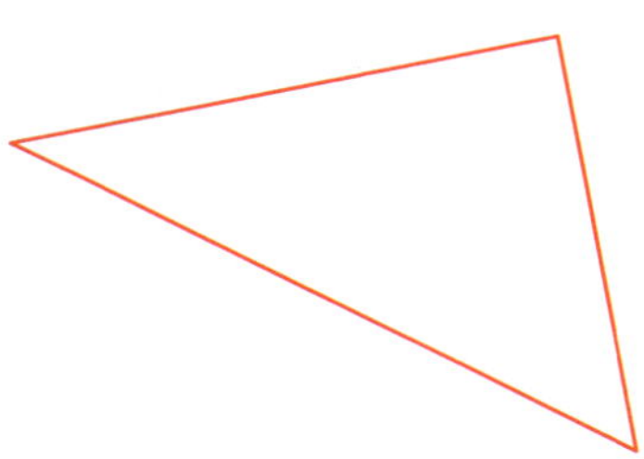

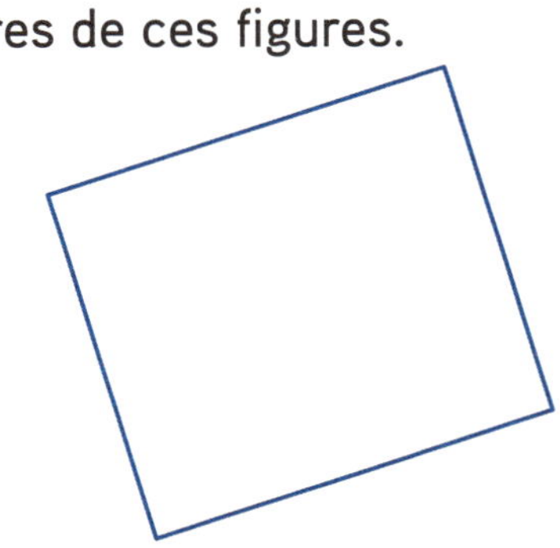

La figure qui a le plus grand périmètre est : ☐ la figure rouge ☐ la figure bleue

Mesure la longueur de chaque trait que tu viens de tracer.

Périmètre de la figure rouge : ……………………………………………………

Périmètre de la figure bleue : ……………………………………………………

Compétences : Comparer des périmètres sans les mesurer. Calculer des périmètres en mesurant les longueurs des côtés.
Calcul mental : Écrire le précédent d'un nombre de 4 chiffres. L'enseignant dit : « Quel est le nombre qui précède 5 100 ? » ; l'élève écrit 5 099.

Photofiche P26

99 Périmètre d'un polygone (2)

Découvrons ensemble

Calcule le périmètre de ce bassin.
Exprime-le en cm, puis en m.

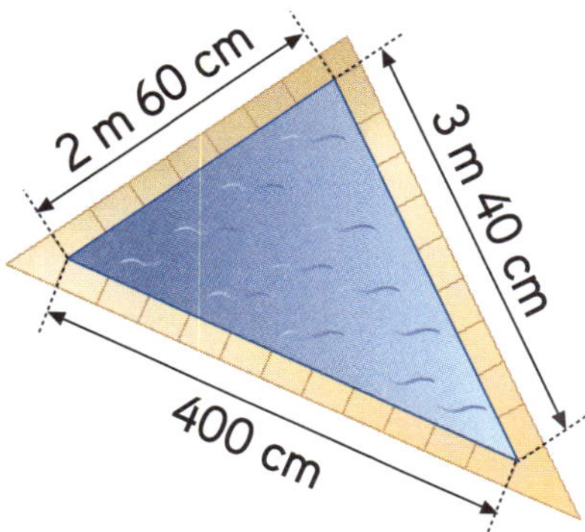

....

....

Calcule le périmètre de ce stade.

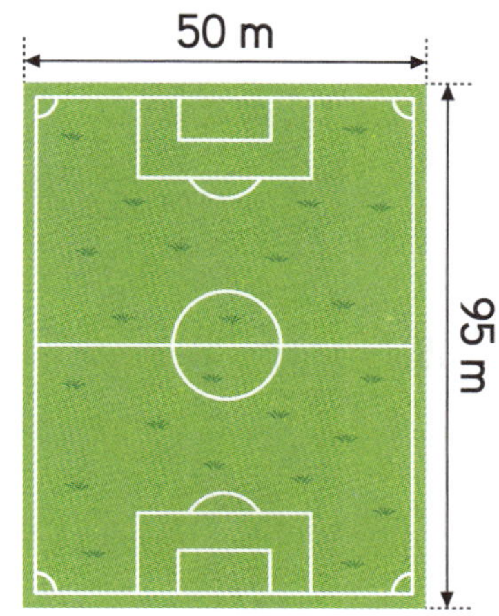

....

....

Je m'entraîne

1 **Calcule** le périmètre :

a de ce triangle.

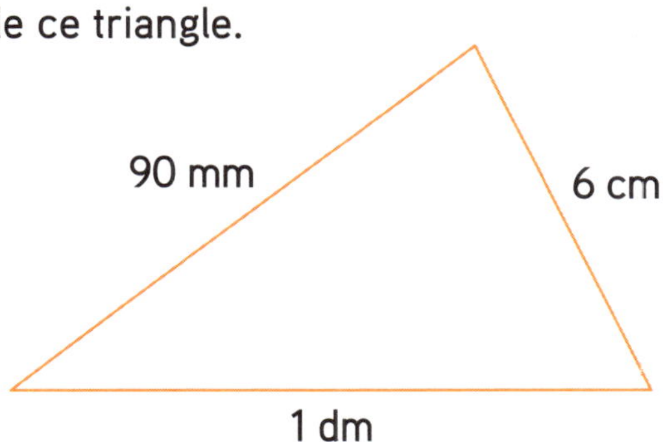

....

....

b de ce carré.

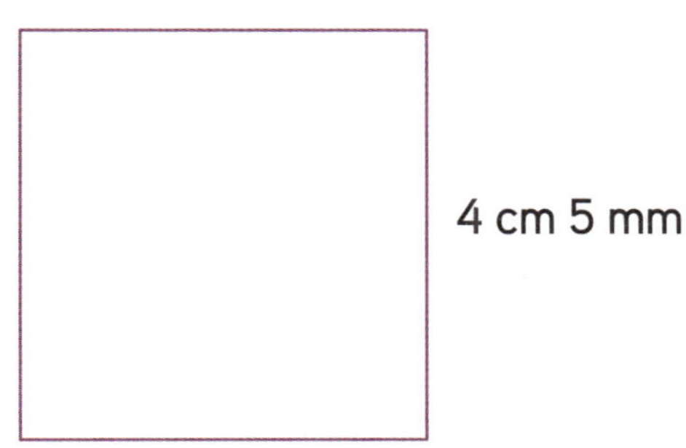

....

....

2 **Problème**

Une piscine a une longueur de 10 m et une largeur de 4 m 50 cm.

Quel est le périmètre de la piscine ?

....

....

Le coin du chercheur

L'aiguille des minutes a disparu.
On peut pourtant lire l'heure.
Quelle heure est-il environ ?

....

Compétence : Calculer un périmètre.
Calcul mental : Arrondir un nombre à la centaine la plus proche. L'enseignant dit : « Quelle est la centaine la plus proche de 380 ? » ; l'élève écrit 400.

Photofiche S42

100 Rendre la monnaie (1)

....	....	....	....

Découvrons ensemble

MATÉRIEL C · MATÉRIEL D

Théo et Léa jouent à la marchande. Léa est la marchande.

Pour calculer ce qu'elle doit rendre, Léa cherche combien Théo lui a donné en trop.

Complète.

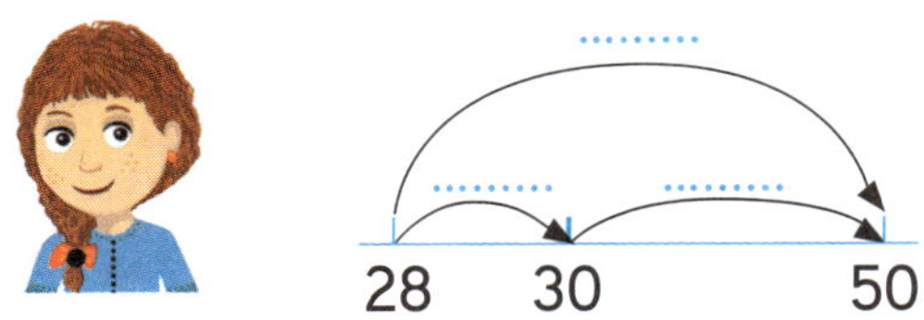

28 € + ... = 50 €

Léa doit rendre .... € à Théo.

Je m'entraîne

1 **a** Théo paie ce livre avec un billet de 20 €.
Combien lui rend-on ?

16 € + ... = 20 €

On lui rend .... €.

b Léa paie cette paire d'échasses avec un billet de 50 €.
Combien lui rend-on ?

37 € + ... = 50 €

On lui rend .... €.

2 **Complète** le tableau en indiquant la monnaie rendue.

	7 €	12 €	18 €	35 €
Je donne	10 €	15 €	20 €	50 €
On me rend	....	....	....	....

3 **Problème.** Hugo achète des rollers à 48 €. Il paie avec des billets de 10 €.

Combien de billets donne-t-il au commerçant ?

....

Combien le commerçant lui rend-il ?

....

Compétence : Rendre la monnaie sur une somme en euros.

Calcul mental : Convertir des minutes en secondes. L'enseignant dit : « 2 min 10 s » ; l'élève écrit 130 s.

Photofiches S43 et A26

101 Rendre la monnaie (2)

Découvrons ensemble

MATÉRIEL C · MATÉRIEL D

Théo achète un pain à la boulangerie.

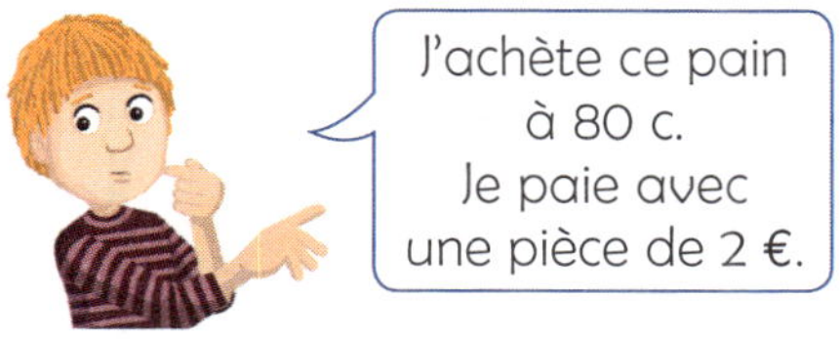

Complète.

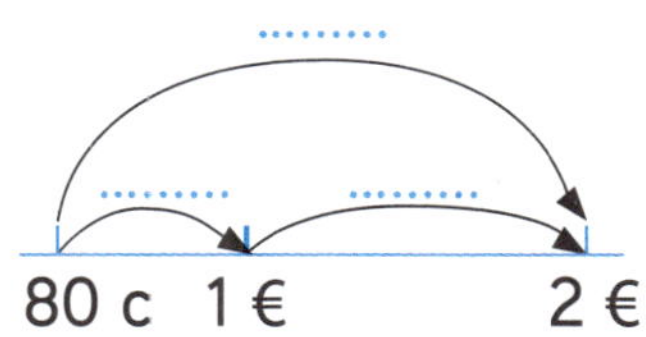

La boulangère rend .... à Théo.

Je m'entraîne

1 **a** Théo paie cette pochette de feutres avec un billet de 5 €.
Entoure la pièce que le vendeur lui rend.

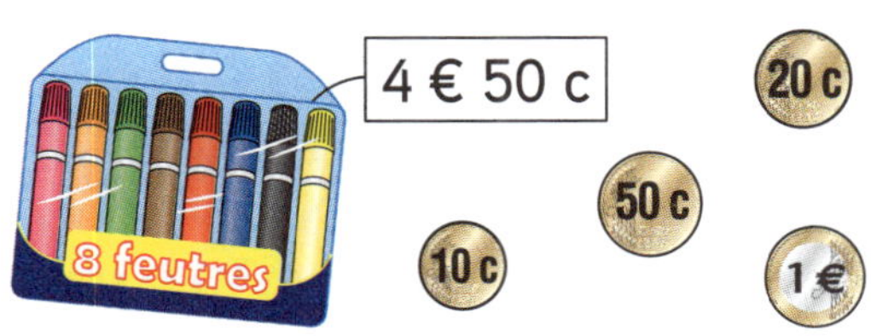

b Léa paie cet agenda avec un billet de 10 €.
Entoure les pièces que le vendeur lui rend.

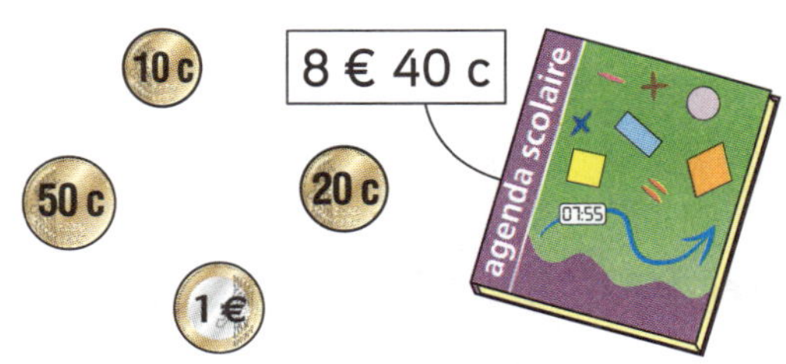

2 **Complète** le tableau en dessinant les pièces rendues.

	 60 c	 8 € 80 c	 14 € 90 c	 17 € 80 c
Je donne	1 €	10 €	15 €	20 €
On me rend				

3 **Problème.** Karim paie avec un billet de 5 € une bouteille d'eau qui coûte 1 € 40 c.
Quelle somme lui rend-on ?

....

....

Le coin du chercheur

Les billes vertes sont 2 fois plus nombreuses que les billes noires.
Colorie les billes.

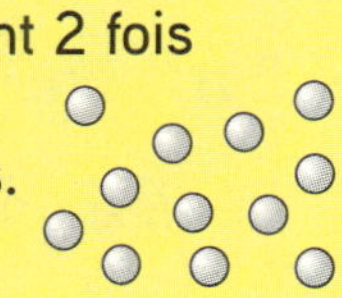

Compétence : Rendre la monnaie sur une somme en euros et centimes d'euro.
Calcul mental : Convertir des secondes en minutes. L'enseignant dit : « 80 s » ; l'élève écrit 1 min 20 s.

Photofiches P27 et P28

102 Problèmes : Apprendre à résoudre
Situations additives ou soustractives (5)

Problème de référence 1

Paul mesure 158 cm.
Ali mesure 13 cm de moins que Paul.
Combien mesure Ali ?

Comprendre l'énoncé

Qui est le plus petit ? ....

Entoure le schéma qui correspond à l'énoncé.

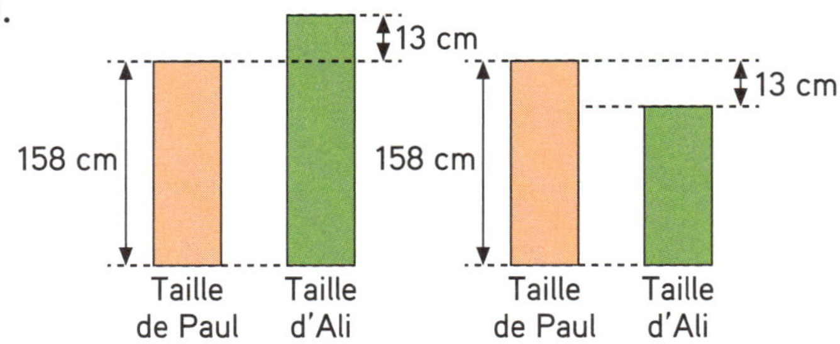

schéma 1 — schéma 2

Coche la bonne proposition.

Pour trouver la taille d'Ali, il faut :

- ☐ soustraire 13 cm à la taille de Paul.
- ☐ additionner 13 cm à la taille de Paul.

Répondre à la question

Écris l'opération, puis **effectue** les calculs : ....

Rédige une phrase réponse : ....

....

Problème d'application

1 Anne possède 48 images.
Louise a 15 images de plus qu'Anne.
Combien d'images possède Louise ?

Qui a le plus d'images ? ....

Entoure le schéma qui correspond à l'énoncé.

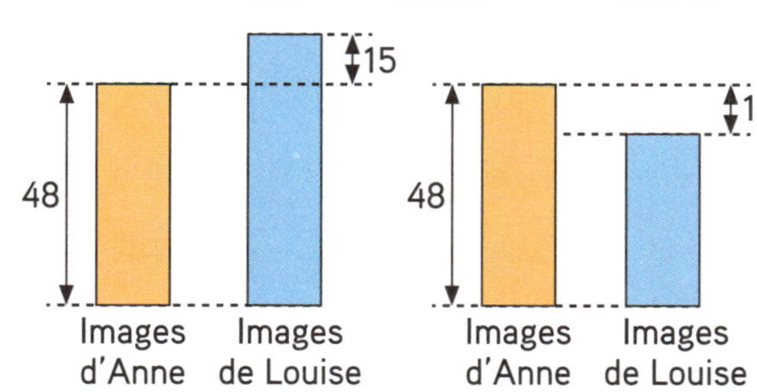

schéma 1 — schéma 2

Coche la bonne proposition.
Pour trouver le nombre d'images que possède Louise, il faut :

- ☐ soustraire 15 au nombre d'images d'Anne.
- ☐ additionner 15 au nombre d'images d'Anne.

Écris l'opération, puis **effectue** les calculs : ....

Rédige une phrase réponse : ....

....

Problème de référence 2

Suzie mesure 147 cm.
Elle mesure 14 cm de plus que Dana.
Combien mesure Dana ?

Comprendre l'énoncé

Qui est la plus petite ? ....

Entoure le schéma qui correspond à l'énoncé.

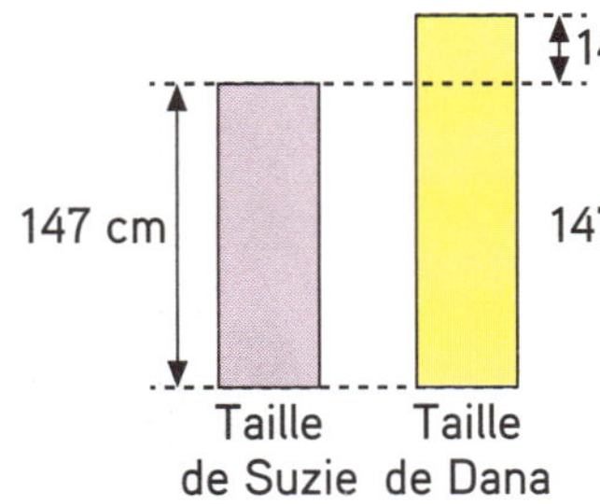

schéma 1

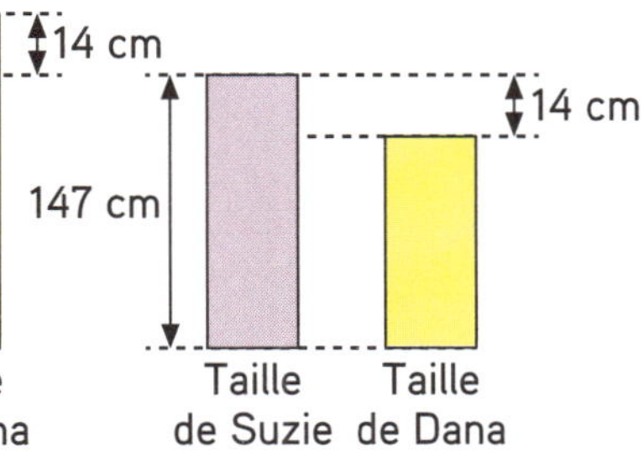

schéma 2

Coche la bonne proposition.
Pour trouver la taille de Dana, il faut :
- ☐ soustraire 14 cm à la taille de Suzie.
- ☐ additionner 14 cm à la taille de Suzie.

Répondre à la question

Écris l'opération, puis **effectue** les calculs : ....

Rédige une phrase réponse : ....

Problèmes d'application

1 Clara a 43 € dans sa tirelire.
Elle possède 25 € de moins que Sofia.
Combien d'argent possède Sofia ?

Qui a le plus d'argent ? ....

Entoure le schéma qui correspond à l'énoncé.

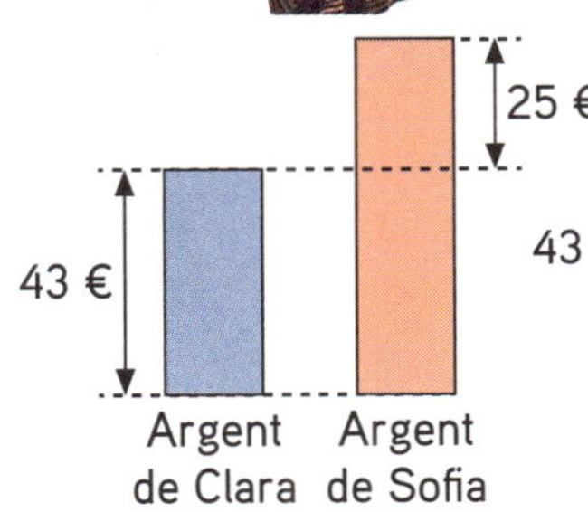

schéma 1

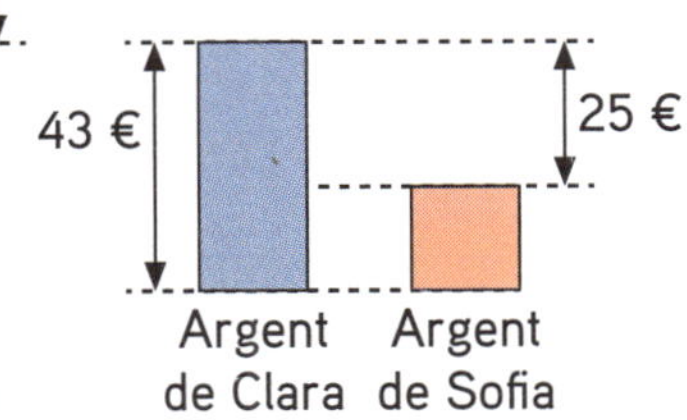

schéma 2

Coche la bonne proposition.
Pour trouver ce que possède Sofia, il faut :
- ☐ soustraire 25 € à ce que possède Clara.
- ☐ additionner 25 € à ce que possède Clara.

Écris l'opération, puis **effectue** les calculs : ....

Rédige une phrase réponse : ....

2 Antoine a parcouru 36 km en vélo.
C'est 12 km de plus que Mario.
Combien de kilomètres Mario a-t-il parcourus ?

Écris l'opération, puis **effectue** les calculs : ....

Rédige une phrase réponse : ....

....

Compétence : Comprendre et résoudre un problème de comparaison additive ou soustractive.
Calcul mental : Tables de multiplication de 4, 5 et 6. L'enseignant dit : « 7 × 6 » ; l'élève écrit 42.

103 Problèmes : Unités de numération et unités de longueur

1 Théo, Léa, Mélissa et Allan ont mesuré la longueur d'une ficelle.

Complète.

Mélissa trouve .... cm. *Théo mesure .... mm.*

Lorsqu'on passe d'une unité de longueur à une unité 10 fois plus petite, le résultat de la mesure est 10 fois plus ....

2 Boris, Louis, Lucie et John ont compté le nombre de perles contenues dans un sac.

Complète.

Lucie trouve .... dizaines de perles. *John trouve .... perles.*

Lorsqu'on passe d'une unité de numération à une unité 10 fois plus petite, le résultat est 10 fois plus ....

3 **Complète** avec l'unité qui convient.

20 cm = 200 ....

3 m = 30 ....

3 centaines = 30 ....

4 milliers = 40 ....

Compétence : Faire le lien entre unités de numération et unités de longueur.
Calcul mental : Tables de multiplication de 7, 8 et 9. L'enseignant dit : « 6 × 7 » ; l'élève écrit 42.

104 TUIC n° 5 : La calculatrice

1 **Ouvre** la calculatrice de ton ordinateur.
Dessine :
- la touche « égale » : ☐
- la touche « de remise à zéro » : ☐
- la touche qui effectue une multiplication : ☐
- la touche qui effectue la division : ☐

Sur la calculatrice de l'ordinateur, le signe « × » est remplacé par « * ». Le signe « ÷ » est remplacé par « / ».

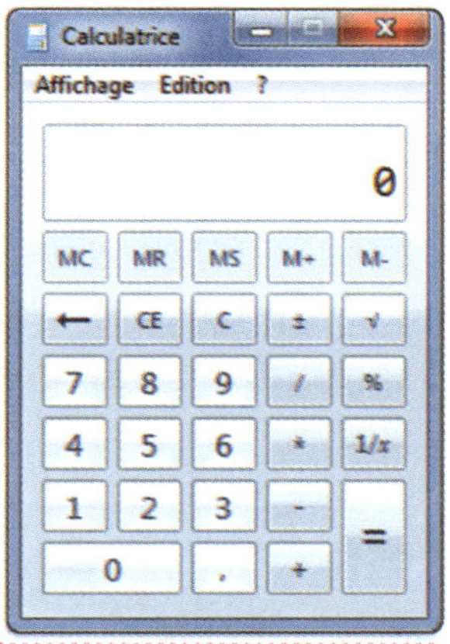

2 **Écris** l'opération que tu dois effectuer pour connaître le total de ce ticket de caisse.

....

Effectue-la avec ta calculatrice puis **écris** le total sur la facture.

Le Resto des Arts
Table N° : 5 Couverts : 2

2 Cocktails de jus de fruits :	13 €
1 Eau minérale :	5 €
2 Salades :	18 €
2 Noix de St-Jacques :	24 €
2 Profiteroles :	12 €
2 Thés	3 €
Merci de votre visite TOTAL	.... €

3 **Écris** l'opération que tu dois effectuer pour connaître le prix du lecteur Blu-ray.

....

Effectue-la avec ta calculatrice puis **écris** le prix sur la facture.

FACTURE

Téléviseur :	1 850 €
Lecteur Blu-ray :	.... €
Total :	2 135 €

4 **Effectue** cette opération avec ta calculatrice :

67 × 15 + 510 = ...

Le résultat est la date de la bataille de Marignan.
En quelle année s'est-elle déroulée ?

....

5 Pour la fête des écoles, le directeur commande 1 896 canettes de soda.
Ces canettes sont vendues par packs de 24.
Quel est le nombre de packs commandés ?

Écris l'opération que tu dois effectuer pour calculer le nombre de packs commandés.

....

Effectue-la avec ta calculatrice, puis **rédige** une phrase réponse.

....

....

Compétences : Connaître et utiliser les touches des opérations de la calculatrice. Utiliser la calculatrice à bon escient.
Calcul mental : Complément à 1 000. L'enseignant écrit 940 + ... = 1 000 ; l'élève écrit 60.

J'ai compris et je retiens (9)

Nombres

N13 Je trouve le nombre de dizaines, de centaines.

m	c	d	u
3	2	5	7

Nombre de dizaines : 325

m	c	d	u
3	2	5	7

Nombre de centaines : 32

Calculs

C22 Je résous une situation de division.

52 divisé par 6

J'utilise la table de 6

(8) × 6 = 48

52 – 48 = 4

5 × 6 = 30
6 × 6 = 36
7 × 6 = 42
(8) × 6 = 48
9 × 6 = 54 ← 52
10 × 6 = 60

52 = 8 × 6 + 4

8 est le quotient

6 est le diviseur

4 est le reste

Le reste est toujours plus petit que le diviseur : 4 < 6

Espace et géométrie

G13 Je construis un rectangle ou un carré.

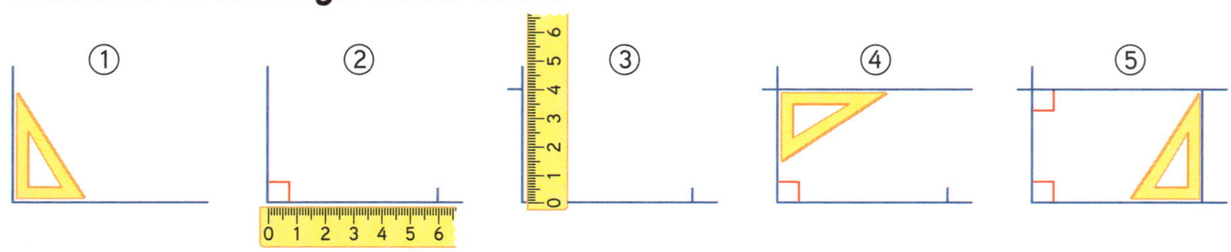

Grandeurs et mesures

M12 Je rends la monnaie.

J'achète

Je donne

Je calcule combien on me rend.

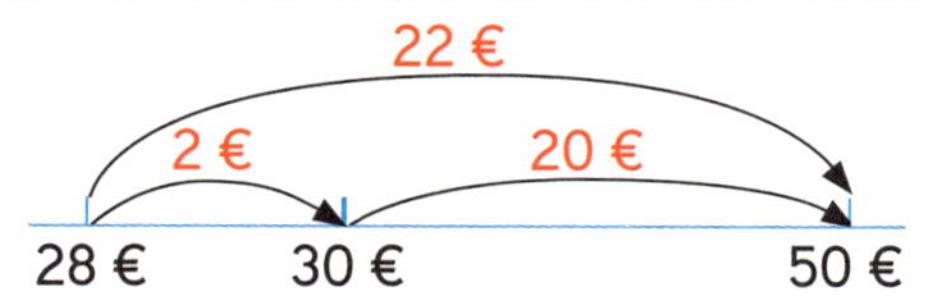

On me rend 22 €.

J'achète

Je donne

Je calcule combien on me rend.

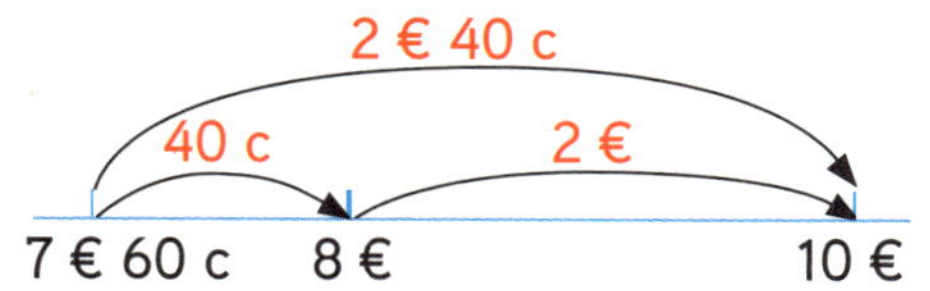

On me rend 2 € 40 c.

M13 Je calcule un périmètre.

Le périmètre est la longueur du tour d'une figure.
On convertit toutes les mesures des côtés dans la même unité, puis on les ajoute.
Périmètre = 20 cm + 8 cm + 24 cm = 52 cm

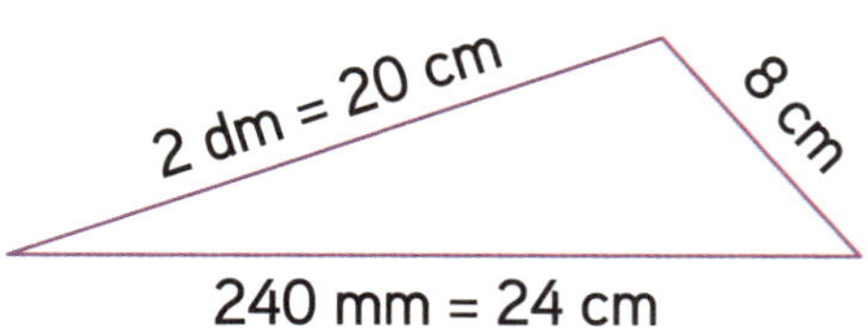

Je fais le point (9)

SOCLE COMMUN

Nombres et calculs

1 Dans 2 540 quel est :

– le chiffre des centaines ? .... – le nombre de centaines ? ....

Distinguer « chiffre des... » et « nombre de... ».

2 Hugo range 25 toupies dans des boîtes de 4.
Combien de boîtes seront complètes ?

Complète. 25 = ... × 4 + ...

...... boîtes seront complètes, il restera ...... toupie.
Je vérifie que le reste ...... est plus petit
que le diviseur ....

Résoudre une situation de division.

3 Carla possède 147 billes. Olivia possède 13 billes de plus que Carla.

Combien de billes Olivia possède-t-elle ? ....

....

Résoudre une situation additive ou soustractive.

Espace et géométrie

4 **Trace** un rectangle de 7 cm de longueur et 3 cm de largeur.

Tracer un rectangle.

Grandeurs et mesures

5 Un tableau rectangulaire a une longueur de 2 m 30 cm et une hauteur de 90 cm.
Calcule le périmètre de ce tableau en centimètres.

....

Exprime ensuite le résultat en m et cm. ....

Calculer un périmètre.

6 Léa achète une part de tarte 2 € 40 c.
Elle paie avec un billet de 5 €.

Combien lui rend-on ? ....

....

Rendre la monnaie.

Photofiche S44

105 Lire des graduations (1)

Découvrons ensemble

Quel est le nom de chacun de ces appareils de mesure ?

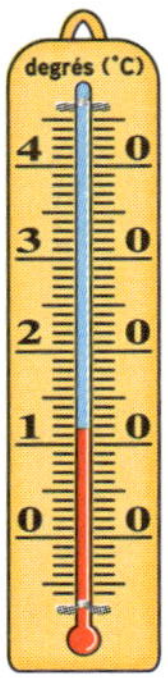

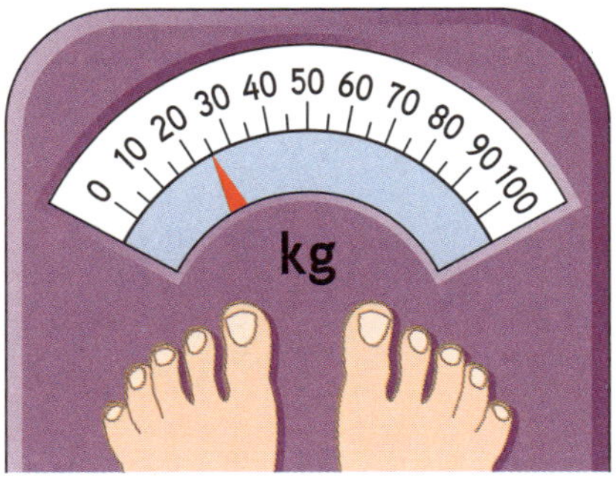

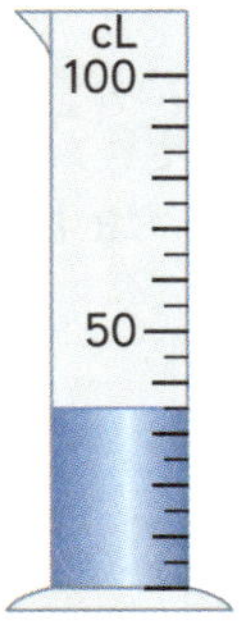

....

Observe les graduations puis **écris** les mesures indiquées. N'oublie pas l'unité.

Le thermomètre indique ....

La balance indique ....

L'éprouvette contient .... d'eau.

Je m'entraîne

1 Complète.

a

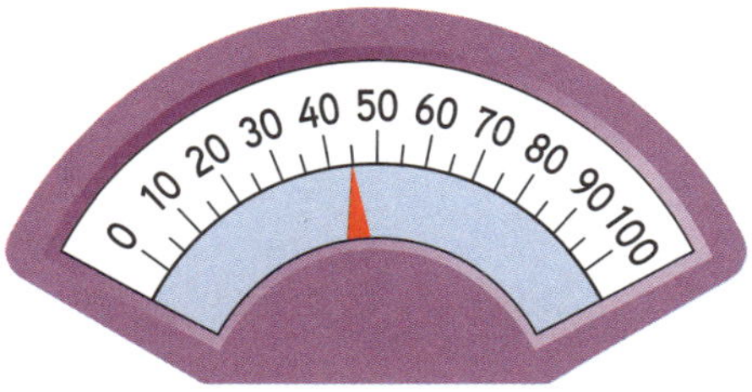

La balance indique ....

b

L'éprouvette contient .... d'eau.

2 Complète.

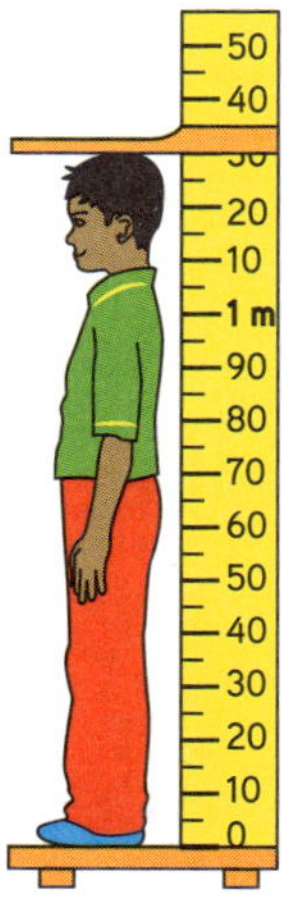

Louis mesure ....

Le compteur de vitesse indique ....

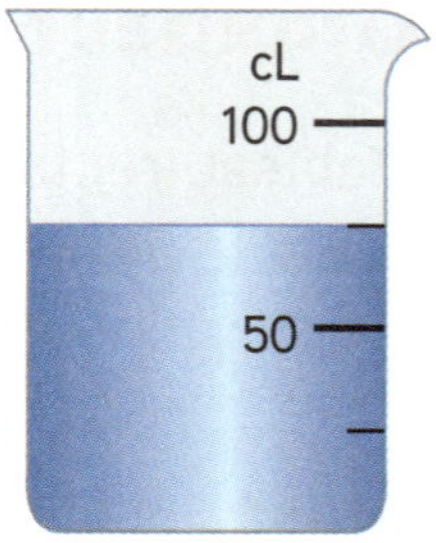

Le récipient contient .... d'eau.

Compétence : Lire des graduations de 5 en 5, de 10 en 10, de 100 en 100.

Calcul mental : Nombre de dizaines. L'enseignant dit : « Nombre de dizaines dans 234 ; l'élève écrit 23.

Photofiches S45, S46 et A26

106 Lire des graduations (2)

....

Découvrons ensemble

Léa et Mélissa estiment différentes mesures.

Coche les bonnes propositions.

Quelle est environ la quantité d'eau dans ce verre doseur ?

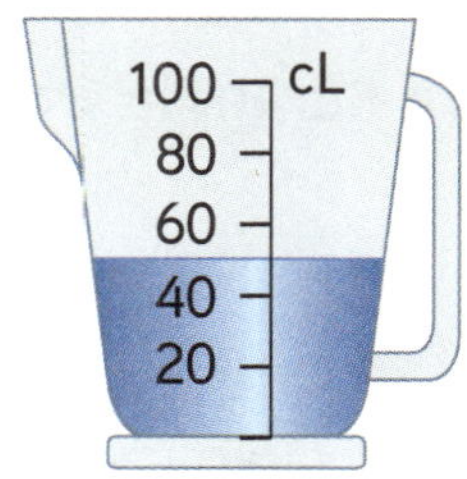

Le verre contient environ :

- ☐ 40 cL d'eau
- ☐ 50 cL d'eau
- ☐ 60 cL d'eau

Quelle est la longueur de la bande orange ?

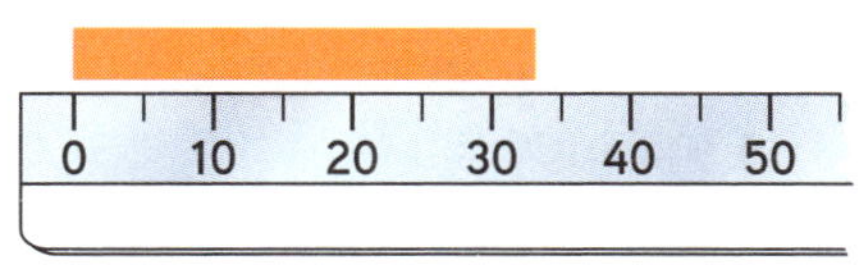

La bande orange mesure :

- ☐ entre 30 cm et 35 cm
- ☐ entre 35 cm et 40 cm
- ☐ environ 33 cm

Je m'entraîne

Avant de lire une mesure, cherche la valeur d'une graduation.

1 **Coche** la bonne réponse.

a Il reste dans la bouteille environ :

- ☐ 25 cL d'eau ?
- ☐ 50 cL d'eau ?
- ☐ 1 L d'eau ?

b Le verre doseur contient entre :

- ☐ 60 cL et 80 cL d'eau ?
- ☐ 80 cL et 100 cL d'eau ?
- ☐ 80 cL et 90 cL d'eau ?

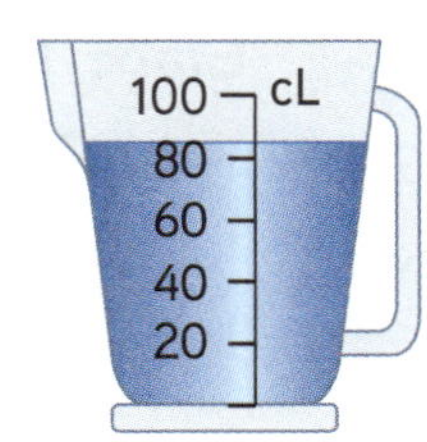

2 **Coche** la bonne réponse.

a L'ananas pèse environ :

- ☐ 500 g ?
- ☐ 100 g ?
- ☐ 1 kg ?

b Boris mesure environ :

- ☐ 1 m ?
- ☐ 1 m 2 cm ?
- ☐ 1 m 20 cm ?
- ☐ 1 m 50 cm ?

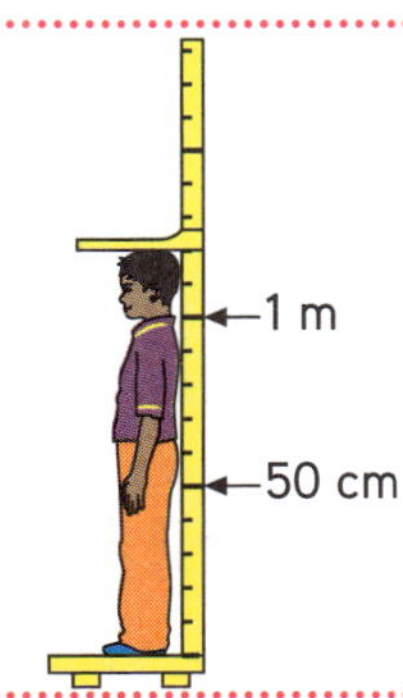

3 **Coche** les bonnes réponses. La bande orange mesure :

- ☐ moins de 50 cm ?
- ☐ entre 50 cm et 60 cm ?
- ☐ plus de 55 cm ?
- ☐ environ 52 cm ?

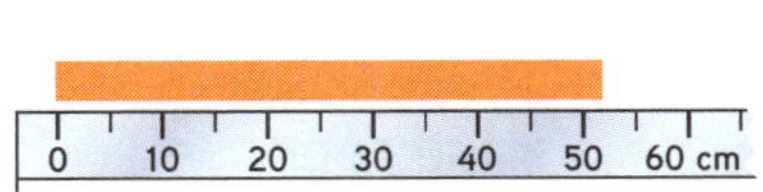

Le coin du chercheur

Il y a une semaine, c'était la Fête du Travail. Quel jour sommes-nous ?

....

Compétence : Évaluer une mesure.

Calcul mental : Nombre de centaines. L'enseignant dit : « Nombre de centaines dans 1 230 » ; l'élève écrit 12.

Problèmes : Apprendre à résoudre
Problèmes à étapes

Problème de référence 1

Léa a emprunté un livre de 180 pages à la bibliothèque de l'école. Elle doit le rendre au bout de 3 semaines. La première semaine, elle a lu 68 pages de son livre, la deuxième semaine, elle a lu 57 pages. **Combien de pages lui reste-t-il à lire durant la troisième semaine ?**

Comprendre l'énoncé

Réponds oralement.
Que faut-il chercher ? Peux-tu répondre avec une seule opération ?
Observe le schéma de l'énoncé.

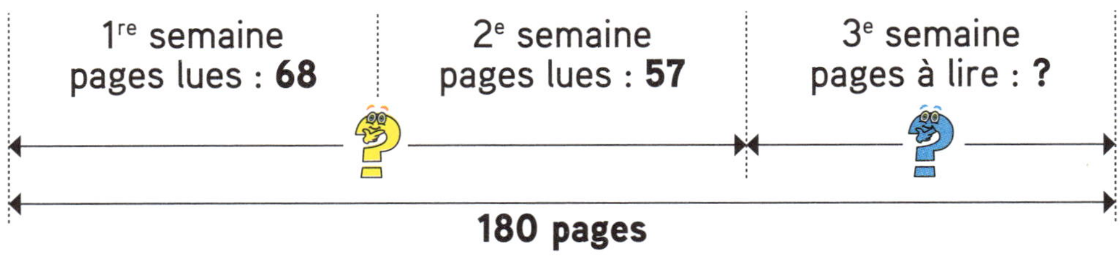

Que représente le point d'interrogation jaune ? le point d'interrogation bleu ?

Répondre à la question

Étape 1 : Écris et **effectue** l'opération qui permet de calculer le nombre de pages que Léa a lues durant les deux premières semaines. **Rédige** une phrase réponse.

....

....

Étape 2 : Écris et **effectue** l'opération qui permet de calculer le nombre de pages qu'elle doit lire durant la troisième semaine. **Rédige** une phrase réponse.

....

....

Problème d'application

1 Chez le libraire, Théo achète une revue à 7 € et une pochette de feutres à 5 €. Il paie avec un billet de 20 €. **Combien lui rend le libraire ?**

Étape 1 : Écris et **effectue** l'opération qui permet de calculer le prix des achats de Théo. **Rédige** une phrase réponse.

....

Étape 2 : Écris et **effectue** l'opération qui permet de calculer combien lui rend le libraire. **Rédige** une phrase réponse.

....

Problème de référence 2

Le sac à dos de Marion contient 2 kg 400 g de nourriture et 1 kg 200 g de matériel.
Quand elle pèse son sac plein, la balance indique 4 kg 900 g.
Combien pèse son sac vide ?

Comprendre l'énoncé

Réponds oralement.
Que faut-il chercher ? Peux-tu répondre avec une seule opération ?
Observe le schéma de l'énoncé.

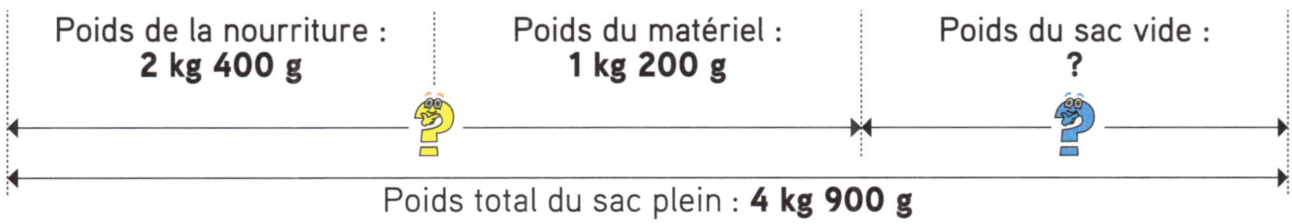

Que représente le point d'interrogation jaune ? le point d'interrogation bleu ?

Répondre à la question

Étape 1 : Écris et **effectue** l'opération qui permet de calculer le poids du contenu du sac de Marion. **Rédige** une phrase réponse.

....

Étape 2 : Écris et **effectue** l'opération qui permet de calculer le poids du sac vide. **Rédige** une phrase réponse.

....

Problème d'application

1 En colonie de vacances, Akim fait une randonnée de 11 km 800 m avec son groupe. Le matin, il parcourt 5 km 200 m.
L'après-midi, il parcourt 4 km 300 m avant une pause goûter.
Quelle distance doit-il encore parcourir après la pause goûter ?

Étape 1 : Écris et **effectue** l'opération qui permet de calculer la distance parcourue par Akim et son groupe avant la pause goûter. **Rédige** une phrase réponse.

....

Étape 2 : Écris et **effectue** l'opération qui permet de calculer la distance qu'il reste à parcourir après la pause goûter. **Rédige** une phrase réponse.

....

Compétence : Résoudre un problème nécessitant une question intermédiaire.
Calcul mental : Ajouter 50 à des nombres se terminant par 50. L'enseignant dit : « 150 + 50 » ; l'élève écrit 200.

Photofiches S47 et S48

108 Relations entre les nombres (1)

Découvrons ensemble

MATÉRIEL A

Léa décompose le nombre 100 en parts égales.
Complète les égalités qui traduisent les découpages ci-dessous.

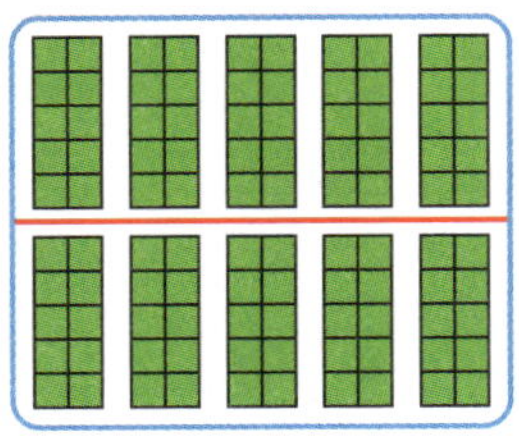

100 = 2 × ....

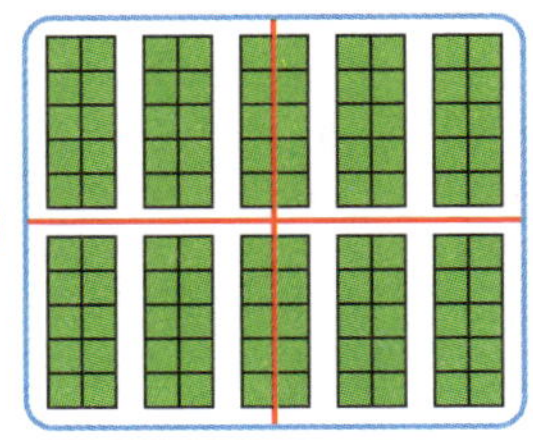

100 = 4 × ....

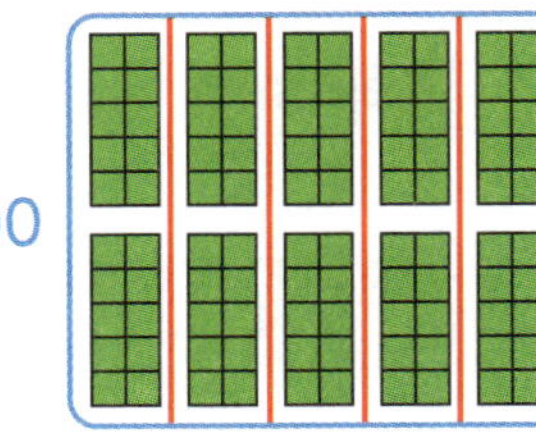

100 = 5 × ....

Complète les égalités. 100 = 75 + ... ; 100 = 50 + ... ; 100 = 25 + ...

Complète les phrases avec : « le double », « la moitié ».

100 est .... de 50 ; 25 est .... de 50

50 est .... de 100 ; 50 est .... de 25

Je m'entraîne

1 **Complète** les égalités.

a 100 = 25 + 25 + 25 + ...

100 = 50 + ...

b 50 + ... = 75

25 + ... = 50

2 **Complète** l'égalité en utilisant certaines de ces étiquettes et les signes + ou ×.

a 20 | 50 | 75 | 25

100 = ...

b 4 | 5 | 25 | 3 | 50

75 = ...

3 **Retrouve** les nombres.

a
- Je suis la moitié de 100.
  Je suis ....
- Je suis le double 25.
  Je suis ....

b
- Si on me multiplie par 5, on trouve 100.
  Je suis ....
- Si on me multiplie par 4, on trouve 100.
  Je suis ....

J'ai déjà appris

4 Quatre joueurs se partagent les cartes d'un jeu de 32 cartes.
Combien de cartes chacun reçoit-il ?

32 = ... × ......

....

Compétences : Connaître et utiliser les différentes décompositions du nombre 100 et les expressions : double, moitié, triple, quart.
Calcul mental : Ajouter des nombres se terminant par 50. L'enseignant dit : « 450 + 250 » ; l'élève écrit 700.

Photofiche S49

109 Relations entre les nombres (2)

Découvrons ensemble

MATÉRIEL A

Théo décompose le nombre 60 en parts égales.
Complète les égalités qui traduisent les découpages ci-contre.

60
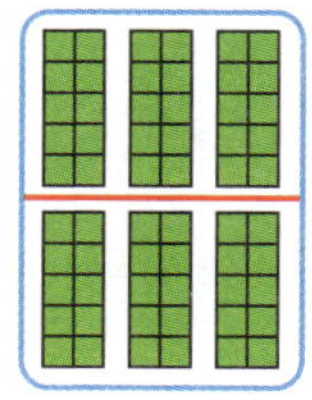
60 = 2 × ....

60
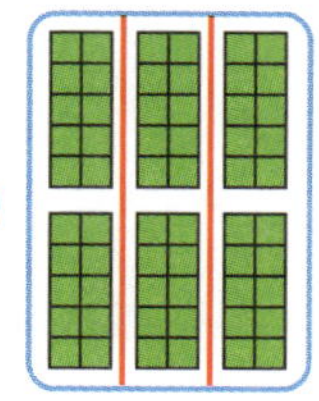
60 = 3 × ....

60
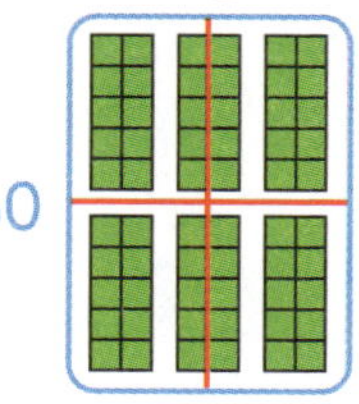
60 = 4 × ....

Complète les égalités. 60 = 30 + ... ; 60 = 45 + ... ; 60 = 15 + ... ; 60 = 20 + 20 + ...

Léa décompose le nombre 90.
Complète les égalités qui traduisent les découpages ci-contre.

90
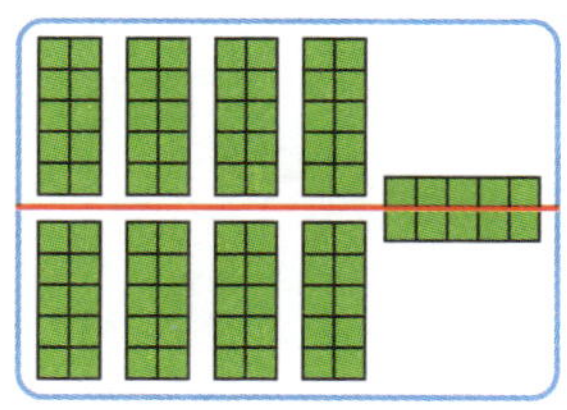
90 = 45 + ...

90
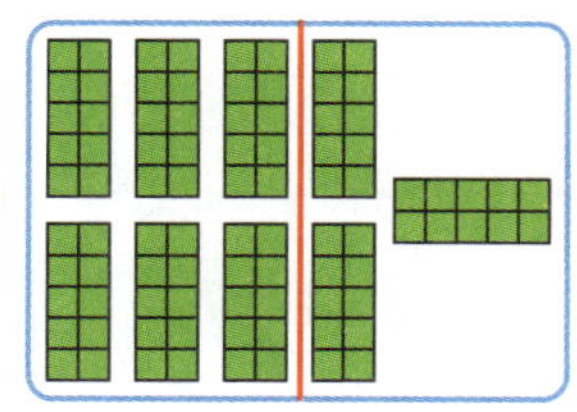
90 = 60 + ...

Complète les phrases avec : « le double », « la moitié ».

30 est .... de 60 ; 30 est .... de 15 ; 90 est .... de 45

Je m'entraîne

1 **Complète** les égalités.

a 60 = 15 + 15 + 15 + ...

60 = 20 + 20 + ...

b 60 = 2 × .... 30 = 2 × ....

60 = 4 × .... 30 = 3 × ....

2 **Complète** l'égalité en utilisant certaines de ces étiquettes et les signes + ou ×.

a 10 30 15 25 45

60 = ...

b 4 30 60 2 15

90 = ...

J'ai déjà appris

3 Corentin range ses 42 images.
Combien de paquets de 5 images peut-il obtenir ?
Combien restera-t-il d'images ?

42 = ... × ...... + ...

....

....

Tu peux t'aider du problème de référence 2 de la leçon 97.

Le coin du chercheur

Pour écrire en lettres les nombres de 1 à 100, quel mot utilise-t-on le plus : « quatre » ou « vingt » ?

....

Compétences : Connaître et utiliser les différentes décompositions du nombre 60 et les expressions : « double de », « moitié de ».
Calcul mental : Ajouter 25 à des multiples de 25. L'enseignant dit : « 125 + 25 » ; l'élève écrit 150.

Photofiche A27

110 Reproduire une figure comportant des cercles

Découvrons ensemble

Observe cette figure. Le carré est déjà tracé. **Termine**-la.

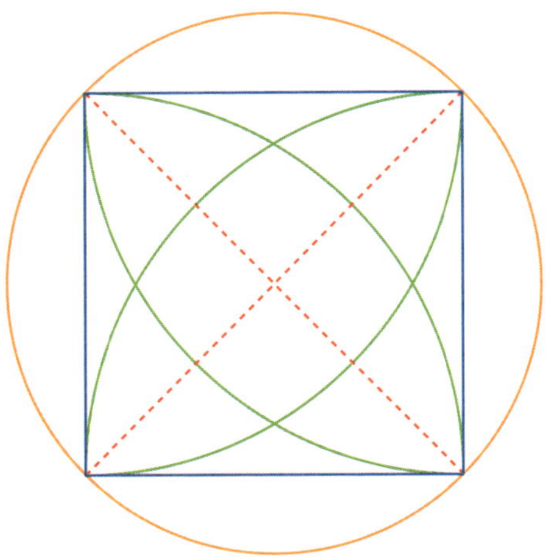

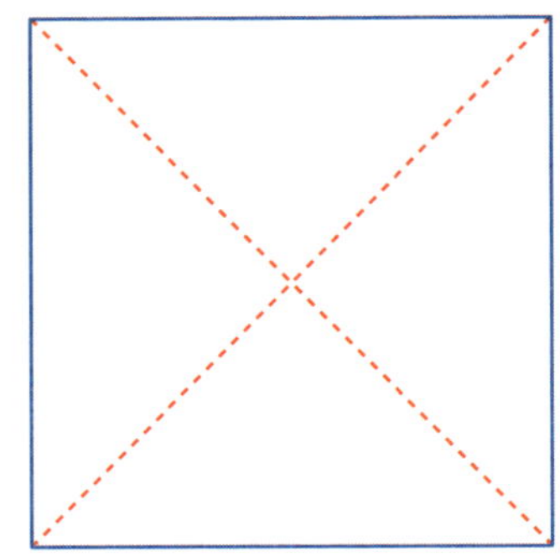

Je m'entraîne

1 **Reproduis** cette figure. **Colorie**-la à ton goût.

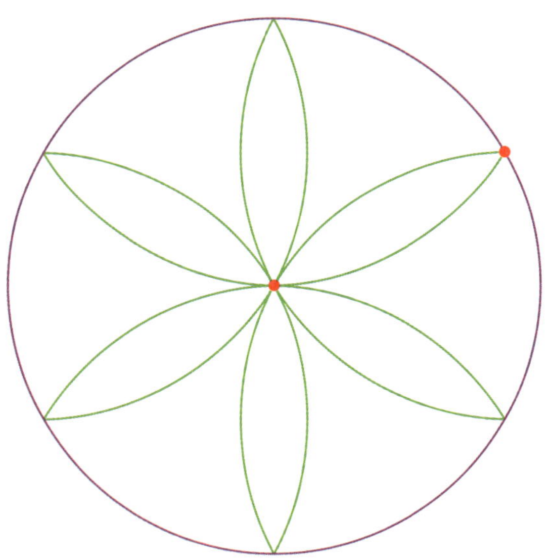

Compétence : Reproduire une figure comportant des cercles.
Calcul mental : Ajouter des multiples de 25. L'enseignant dit : « 125 + 50 » ; l'élève écrit 175.

Photofiche A28

111 Restaurer une figure

Découvrons ensemble

Observe le dessin de gauche. **Cherche** les figures simples qui le composent.

Pour le reproduire, quelle figure dois-tu tracer en premier ? ....

en deuxième ? ....

Reproduis cette figure que Théo a commencé à tracer.

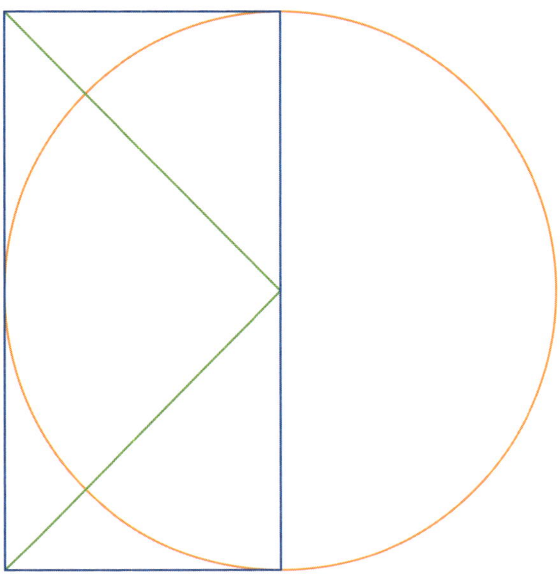

Je m'entraîne

1 Léa a commencé à reproduire la figure de gauche. **Termine** sa reproduction.

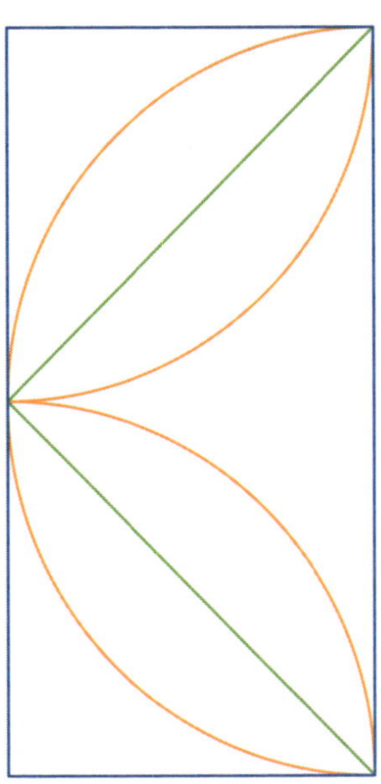

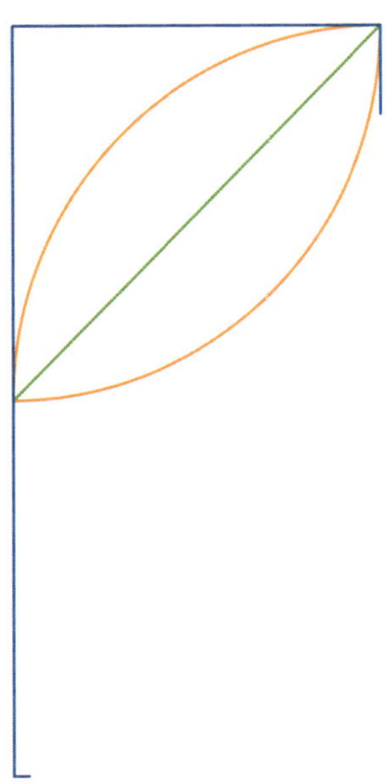

Le coin du chercheur

Mon frère a une sœur, ma sœur a deux frères.

Combien sommes-nous d'enfants ?

....

Compétences : Restaurer une figure partiellement effacée à partir d'un modèle.
Utiliser la règle, le compas ou l'équerre comme instruments de tracé.

Calcul mental : Écrire le suivant d'un grand nombre. L'enseignant écrit 3 499 ; l'élève écrit 3 500.

Photofiche A29

112 Problèmes : Utiliser la décomposition des nombres

1 Pour son anniversaire, Nils a acheté une boîte contenant 194 bonbons. Il veut faire des sachets de 10 bonbons.
Combien de sachets de 10 bonbons peut-il faire ?

Pour savoir combien de sachets seront complets, **complète** le tableau.

c	d	u
....	....	....

Nombre de dizaines

Complète : 194 = ... dizaines + ...

Rédige une phrase réponse.

....

2 Un agriculteur a acheté 1 269 plants de tomates.
Il souhaite planter des rangées de 100 plants de tomates.
Combien de rangées de 100 plants de tomates pourra-t-il planter ?

Pour savoir combien de rangées de 100 plants de tomates il pourra planter, **complète** le tableau.

m	c	d	u
....	....	....	....

Complète : 1 269 = ... centaines + ...

Rédige une phrase réponse.

....

3 Julia a cuisiné 9 300 g de confiture d'abricot.
Elle remplit ensuite des pots pouvant contenir 1 000 g de confiture.
Combien de pots de 1 000 g seront complets ?
Quelle quantité de confiture restera-t-il ?

Pour savoir combien de pots de 1 000 g seront complets, **complète** le tableau.

m	c	d	u
....	....	....	....

Complète : 9 300 = ... milliers + ...

Rédige les phrases réponses.

....

....

....

Compétence : Utiliser la décomposition des nombres pour résoudre un problème.
Calcul mental : Connaissance des nombres 100 et 60. L'enseignant dit : « moitié de 100 » ; l'élève écrit 50.

Photofiches S50 et A30

113 Problèmes : Situations additives, soustractives, multiplicatives ou de division

1 Sonia veut envoyer un colis à sa cousine pour son anniversaire. Elle envoie une poupée qui pèse 600 g et 4 livres qui pèsent 250 g chacun.

a **Combien pèsent les 4 livres ?**

....

b **Combien pèsera le colis ? Écris** la réponse en kg et g.

....

....

2 Trois enfants d'une classe de mer participent à une pêche à pied.
Omar ramasse 28 bigorneaux et 35 coques. Mélanie ramasse 36 palourdes et 29 bigorneaux.
Lilou ramasse 22 coques et 16 bigorneaux.

Combien de coquillages de chaque sorte ont-ils ramassés ?

....

....

....

....

....

3 En pleine nuit, le phare des Baleines, sur l'île de Ré, est visible à 24 milles marins.
1 mille marin est égal à 1 852 m.

a **Convertis** 24 milles marins en mètres.

....

b **Convertis** 24 milles marins en kilomètres et mètres.

....

4 Le patron d'un bateau de pêche et ses cinq équipiers ont pêché 1 000 kg de maquereaux.
La moitié de la pêche est pour le patron. Les équipiers se partagent le reste.

a **Quelle masse de poissons le patron aura-t-il ?**

....

....

b **Quelle masse de poissons chaque équipier aura-t-il ?**

....

....

Compétences : Identifier et résoudre des problèmes additifs, soustractifs, multiplicatifs et de division.
Calcul mental : Trouver le quotient d'un nombre de 2 chiffres par un nombre de 1 chiffre. L'enseignant dit : « En 15 combien de fois 5 ? » L'élève écrit 3 fois.

114 TUIC n° 6 : Tracer un cercle

1 **Ouvre** le traitement de texte OpenOffice Writer*.
Reporte-toi au TUIC n° 1, si la barre « Dessin » ci-dessous n'apparaît pas.

2 **Clique** sur la flèche noire à droite du bouton « Formes de base ».
Voici ce que tu obtiens :

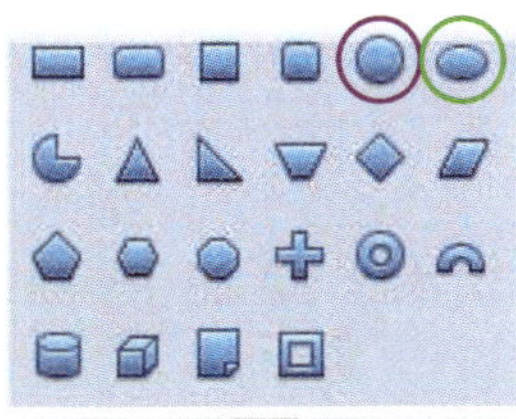

a. Pour tracer un cercle
– **Clique** sur le cercle entouré en violet.
– Pour le tracer, **déplace** la souris, clic gauche maintenu.
– **Recommence** plusieurs fois pour tracer différents cercles comme ci-dessous.

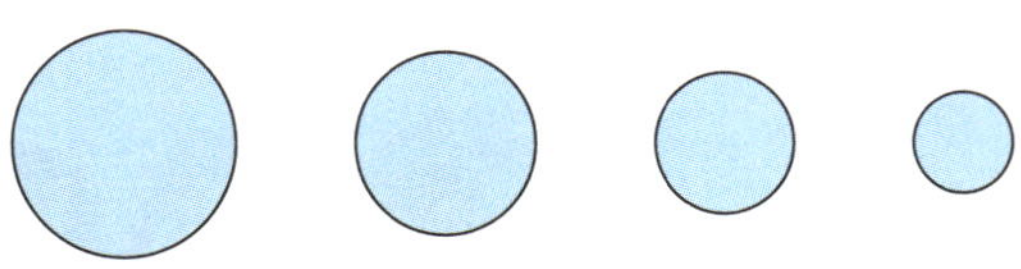

b. Pour tracer une ellipse
– **Clique** sur l'ellipse entourée en vert.
– Pour la tracer, **déplace** la souris, clic gauche maintenu.

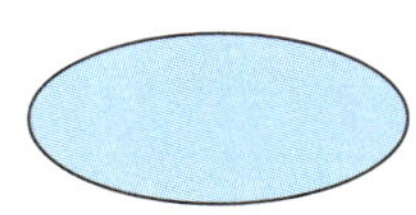

c. Pour tracer un cercle à partir du bouton « ellipse »
– **Recommence** en suivant les consignes précédentes (**b.**) ;
– Pendant que tu traces le cercle, maintiens la touche ⇧ « Majuscule » enfoncée.

3 **Clique** ensuite sur l'un des cercles que tu as tracés. En utilisant les boutons ci-dessous, **modifie** l'aspect et la couleur des lignes et des surfaces.

Par exemple, tu peux obtenir ces figures : un cercle rouge, un disque vert.

4 **Invente** un dessin en utilisant uniquement des cercles.
Tu peux t'inspirer du dessin ci-contre.
Enregistre ou **imprime** ta page.

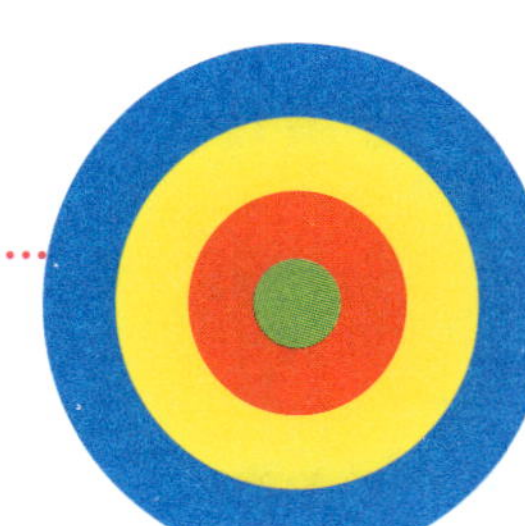

* Cette activité est conçue à l'aide du logiciel OpenOffice. Elle peut être facilement adaptée et réalisée avec tout logiciel de traitement de texte équipé des outils de dessin (Microsoft Word, ...).

Compétence : Utiliser les outils de dessin d'un traitement de texte pour tracer des cercles.
Calcul mental : Trouver le quotient d'un nombre de 2 chiffres par un nombre de 1 chiffre. L'enseignant dit : « En 32 combien de fois 8 ? » L'élève écrit 4 fois.

115 Maths Aventures [5]

Voyage en Australie

Quand ta réponse est correcte, tu colories une étoile.

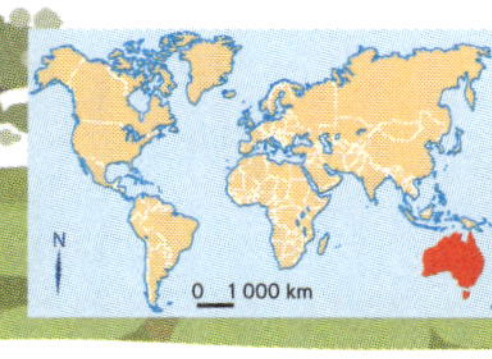

1 ☆ La capitale de l'Australie est Canberra. On y trouve un musée d'art aborigène comportant plus de 7 500 œuvres d'art (tableaux, céramiques et sculptures).
Si on exposait 100 œuvres d'art dans chaque salle du musée, combien de salles devrait avoir ce musée ?

....

Parlement de Canberra

2 ☆ La carte du monde (mappemonde) où est représentée en rouge l'Australie est un rectangle de 1 m 40 cm de long et de 80 cm de large.
Quel est le périmètre de cette carte ?

....

....

3 ☆ La monnaie officielle est le dollar australien. On compte des pièces de 2 dollars (2 $), 1 $ et de 50 cents (50 c), 20 c, 10 c et 5 c. 1 $ = 100 c
Pour un dollar, combien faut-il de pièces de :

– 50 cents ? .... pièces

– 20 cents ? .... pièces

– 10 cents ? .... pièces

4 ☆ Le biscuit ANZAC est un biscuit sec australien fait avec des flocons d'avoine et de noix de coco. Naata achète un paquet de biscuits avec un billet de 5 dollars.
Quelle somme lui rend-on ?

....

....

5 ☆ Sydney et Melbourne sont deux grandes villes d'Australie. La distance entre Canberra et Melbourne est de 663 km ; c'est 376 km de plus que la distance Canberra / Sydney.
Quelle ville est la plus éloignée de Canberra ?

....

Quelle est la distance entre Canberra et Sydney ? ....

....

6 ☆ Les peintures des premiers habitants de l'Australie comportent de nombreux cercles.
Indique les couleurs des cercles qui ont :
– même rayon ;

....

....

– même centre.

....

....

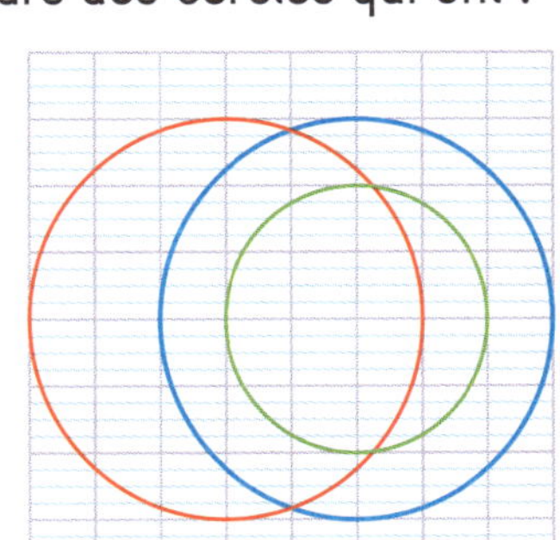

Si tu as colorié 5 ou 6 étoiles, entoure la médaille d'or ;
3 ou 4 étoiles, entoure la médaille d'argent ;
sinon, entoure la médaille de bronze.

J'ai compris et je retiens (10)

Cette page t'aide à retenir ce qui est essentiel.

Nombres

N14 Je connais les relations entre les nombres.

100 = 2 × 50
100 = 4 × 25
100 = 5 × 20
100 = 10 × 10

60 = 2 × 30
60 = 3 × 20
60 = 4 × 15
60 = 6 × 10

90 = 2 × 45
90 = 3 × 30
90 = 45 + 45
90 = 60 + 30

N15 Je connais les expressions : double, moitié.

double ➔ je multiplie par 2
15 × 2 = 30
30 est le double de 15

moitié ➔ je divise par 2
20 : 2 = 10
10 est la moitié de 20

Calculs

C23 J'utilise la décomposition des nombres pour résoudre un problème.

Théo range 245 petites voitures dans des boîtes de 10.
Combien de boîtes seront complètes ?

1 boîte de 10 voitures, c'est 1 dizaine de voitures.

245 = 24 dizaines 5 unités

24 boîtes seront complètes.

m	c	d	u
	2	4	5

Nombre de dizaines : 24

Léa range 245 billes dans des sacs de 100.
Combien de sacs seront complets ?

1 sac de 100 billes, c'est 1 centaine de billes.

245 = 2 centaines 45 unités

2 sacs seront complets.

m	c	d	u
	2	4	5

Nombre de centaines : 2

Grandeurs et mesures

M14 J'estime le résultat d'une mesure.

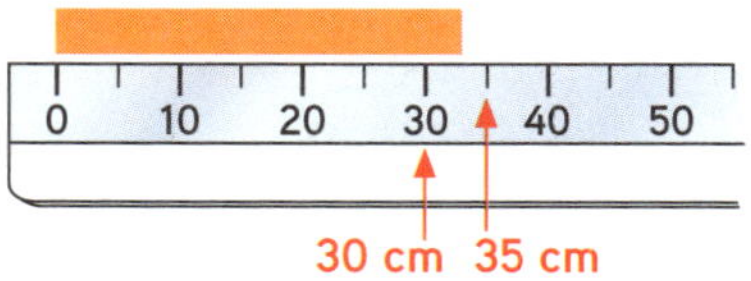

La bande orange mesure entre 30 cm et 35 cm. Elle mesure environ 33 cm.

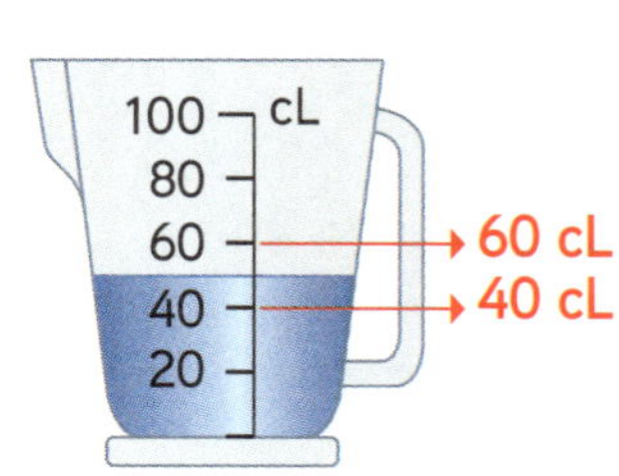

Le verre doseur contient entre 40 cL et 60 cL d'eau. Il contient environ 50 cL d'eau.

Je fais le point (10)

SOCLE COMMUN

Nombres et calculs

1 **Recopie** et **complète**.

100 = 75 + ... 100 = ... × 4

90 = ... × 2 60 = ... × 2

Connaître les relations entre les nombres.

2 **Calcule**

Double de 25 = ... Moitié de 60 = ...

Moitié de 100 = ... Double de 45 = ...

Connaître les expressions : double, moitié.

3 Ganaël a une collection de 136 images.
Dans son album, il en colle 10 par pages.
Combien de pages de 10 images va-t-il obtenir ?

....

....

Utiliser la décomposition des nombres pour résoudre un problème.

Grandeurs et mesures

4 **Coche** les bonnes réponses.

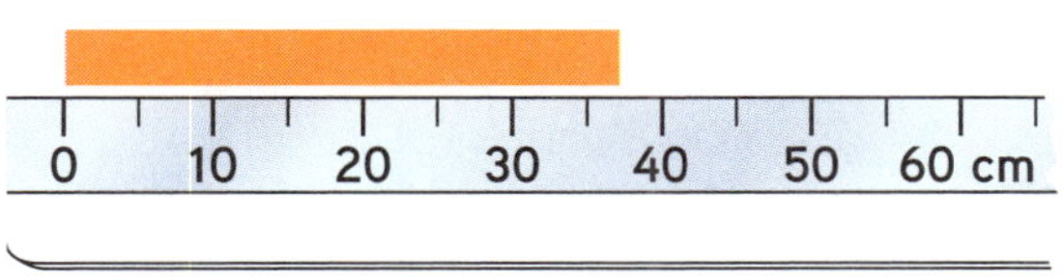

La bande orange mesure :

- ☐ plus de 30 cm ?
- ☐ moins de 35 cm ?
- ☐ moins de 40 cm ?
- ☐ environ 37 cm ?

Estimer une mesure.

5 **Coche** les bonnes réponses.

Le verre doseur contient :

- ☐ moins de 80 cL d'eau ?
- ☐ plus de 100 cL d'eau ?
- ☐ plus de 60 cL d'eau ?
- ☐ environ 70 cL d'eau ?

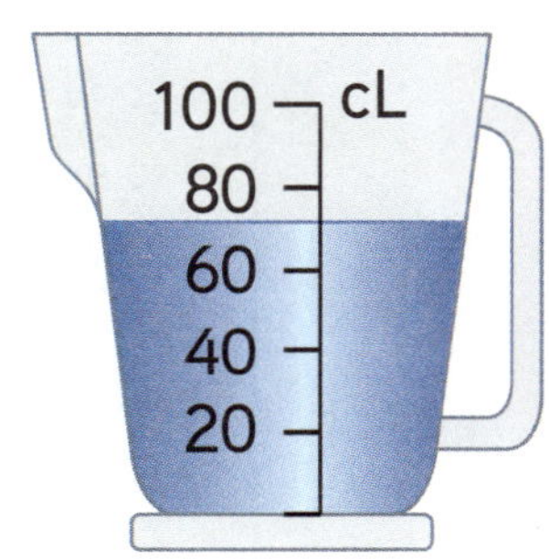

Estimer une mesure.

Espace et géométrie

6 **Construis** cette figure.
Le carré a 6 cm de côté.

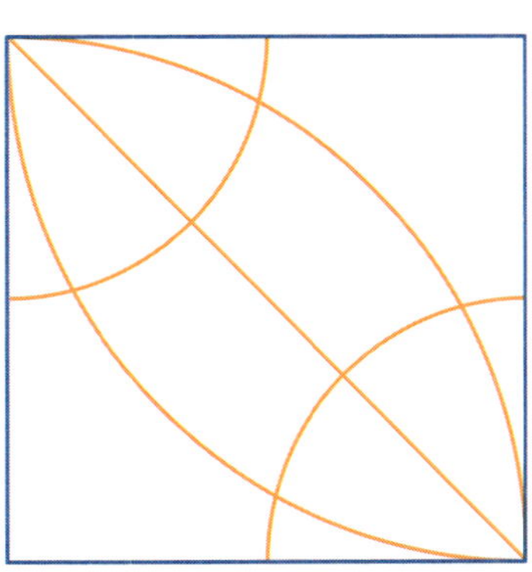

Construire une figure.

Crédits photographiques :
page 53 : © hanphosiri – Fotolia.com ; © RunningLizard – Fotolia.com ; © vincent laurence – Fotolia.com ; © minicel73 – Fotolia.com ; **page 95 :** © RMN Grand Palais (Château de Versailles) / Gérard Blot ; Photothèque Hachette Livre ; © Leemage ; © RMN-Grand Palais / Agence Bulloz ; **page 116 :** © www.calvados-tourisme.com ; **page 131 :** © goleador – Fotolia.com ; **page 143 :** © Centre d'Etudes supérieures de la Renaissance, université François-Rabelais, Tours ; **page 155 :** © Gregory CEDENOT – Fotolia.com ; **page 157 :** © Christopher Meder – Fotolia.com

Création de la maquette de couverture : Pierre Patrault
Exécution de la maquette de couverture : Médiamax
Illustration de la couverture : Alain Boyer
Création de la maquette intérieure : Pierre Patrault (toutes les pages sauf « J'ai compris et je retiens »), Florence Le Maux (page « J'ai compris et je retiens »)
Mise en pages : Médiamax
Illustrations intérieures : Nicole Colas des Francs (toutes les illustrations sauf Mathix), Claire Delvaux (illustrations de Mathix)
Dessins techniques : Gilles Poing
Fabrication : Marc Chalmin
Édition : Thierry Amouzou

PAPIER À BASE DE FIBRES CERTIFIÉES

hachette s'engage pour l'environnement en réduisant l'empreinte carbone de ses livres. Celle de cet exemplaire est de :
1,42 kg éq. CO_2
Rendez-vous sur www.hachette-durable.fr

ISBN : 978-2-01-394177-8

www.hachette-education.com

Imprimé en Italie par Stige
Dépôt légal : Février 2020 - Collection n° 26 - Édition n° 04
50/1089/0

Leçons 12, 28, 32, 96, 108 et 109

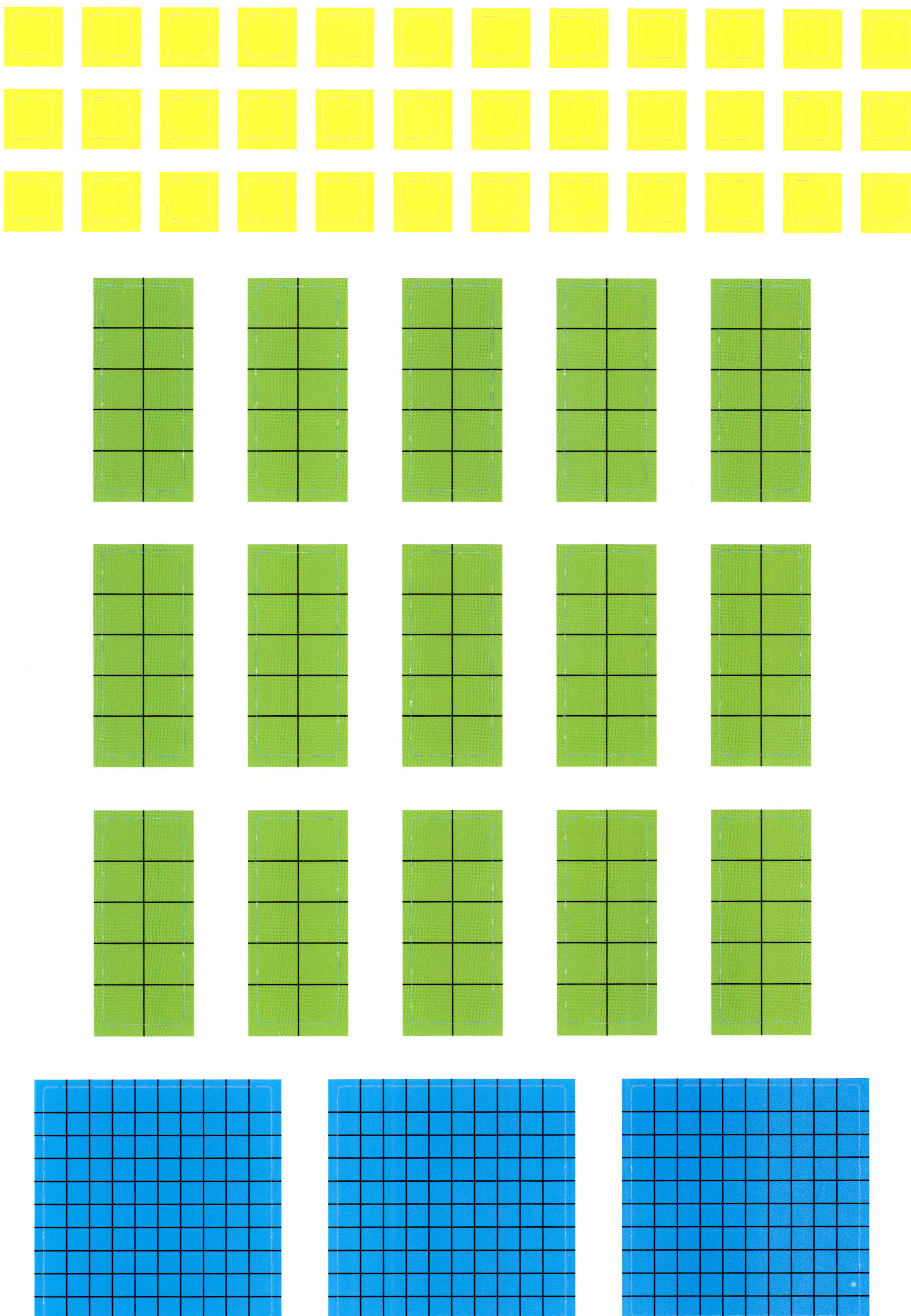

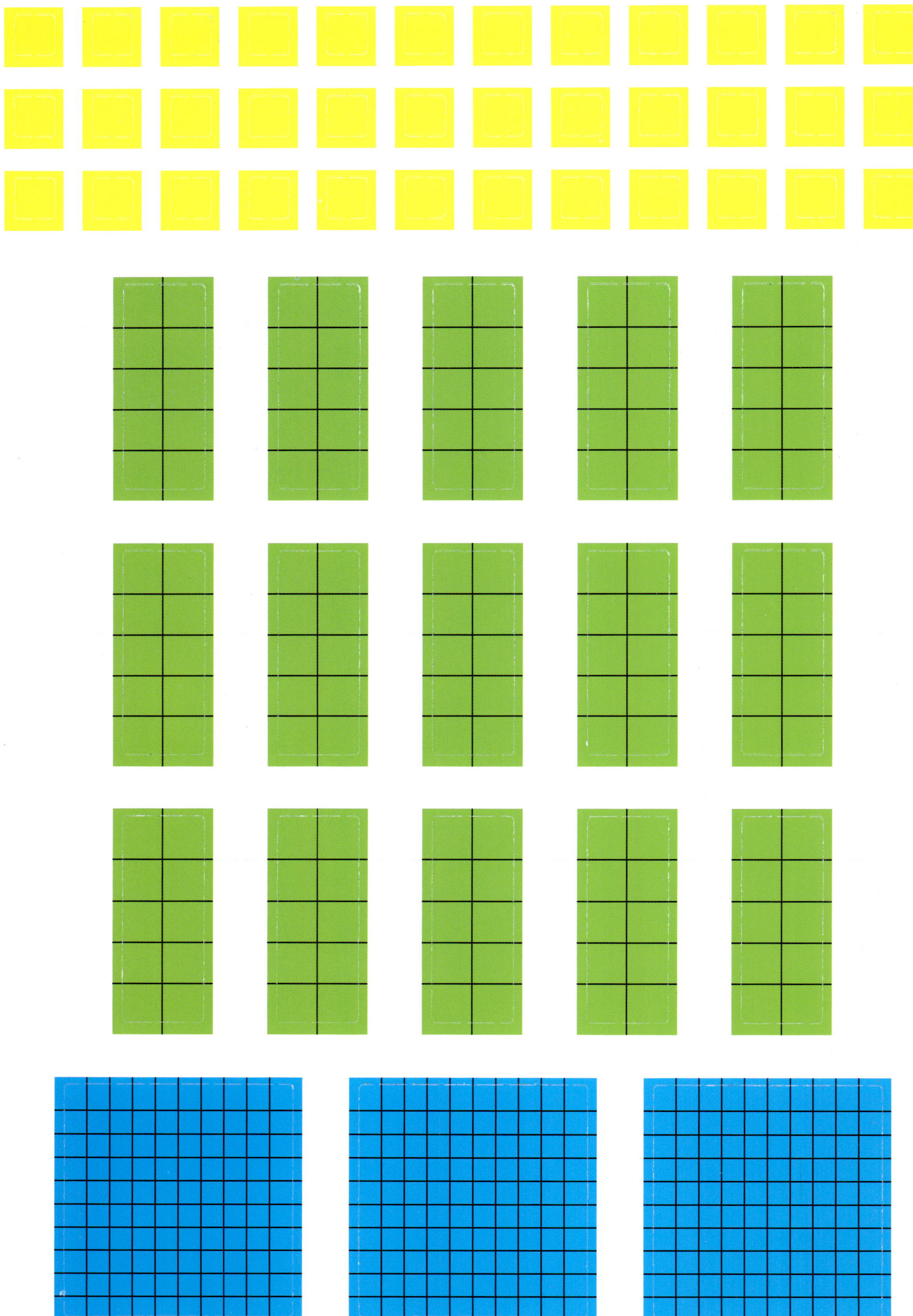

Leçons 32 et 96

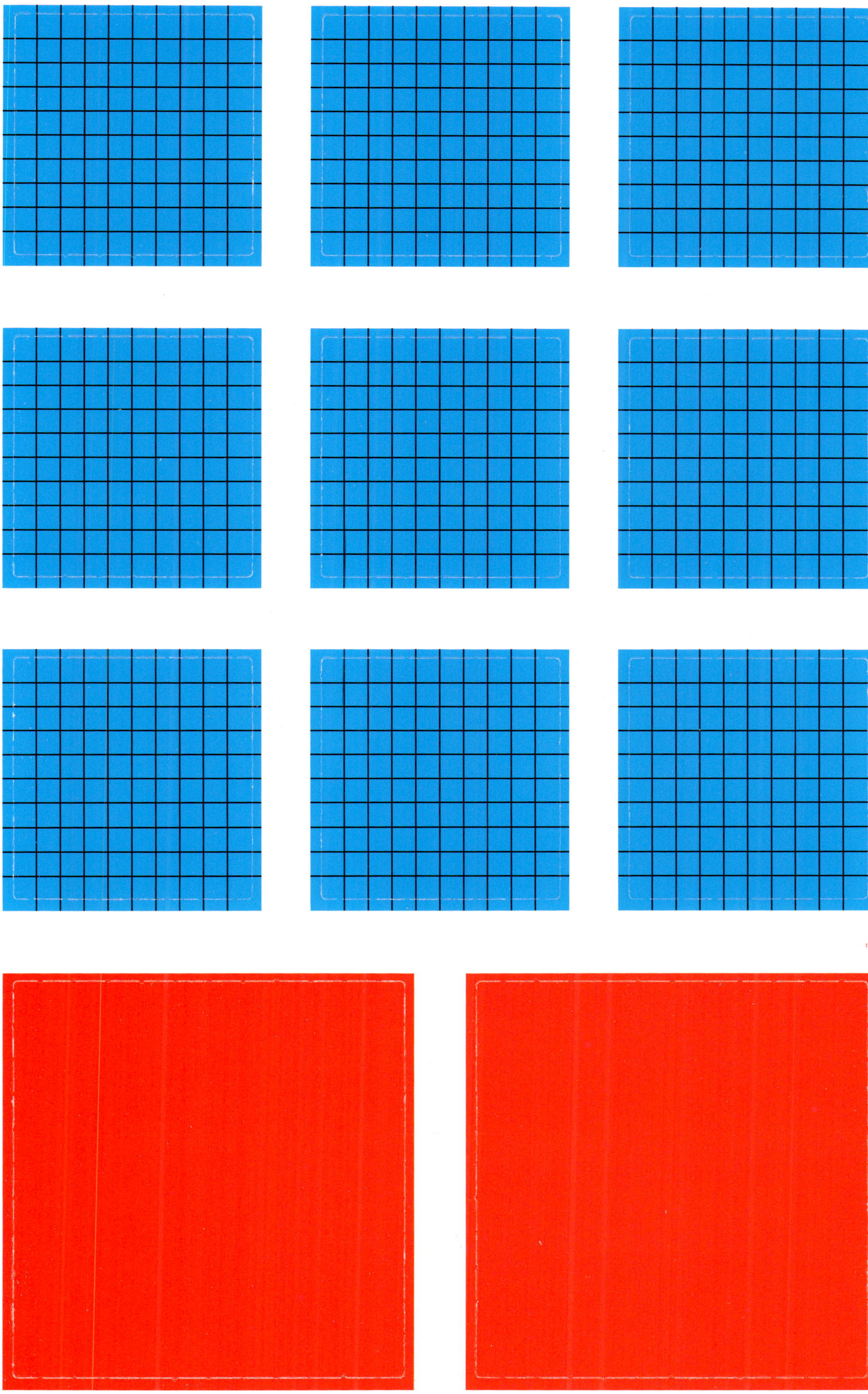

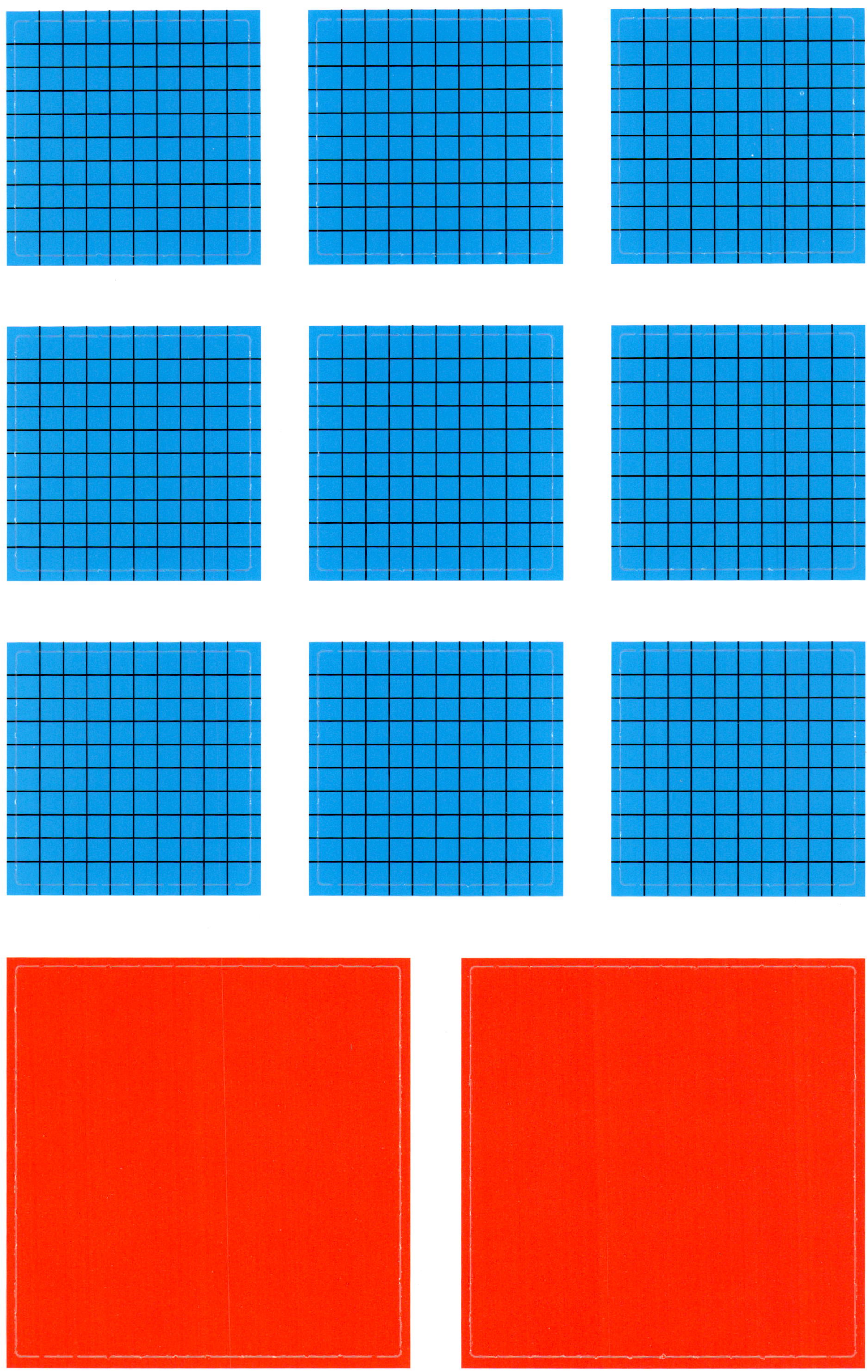

Leçons 19, 20, 100 et 101

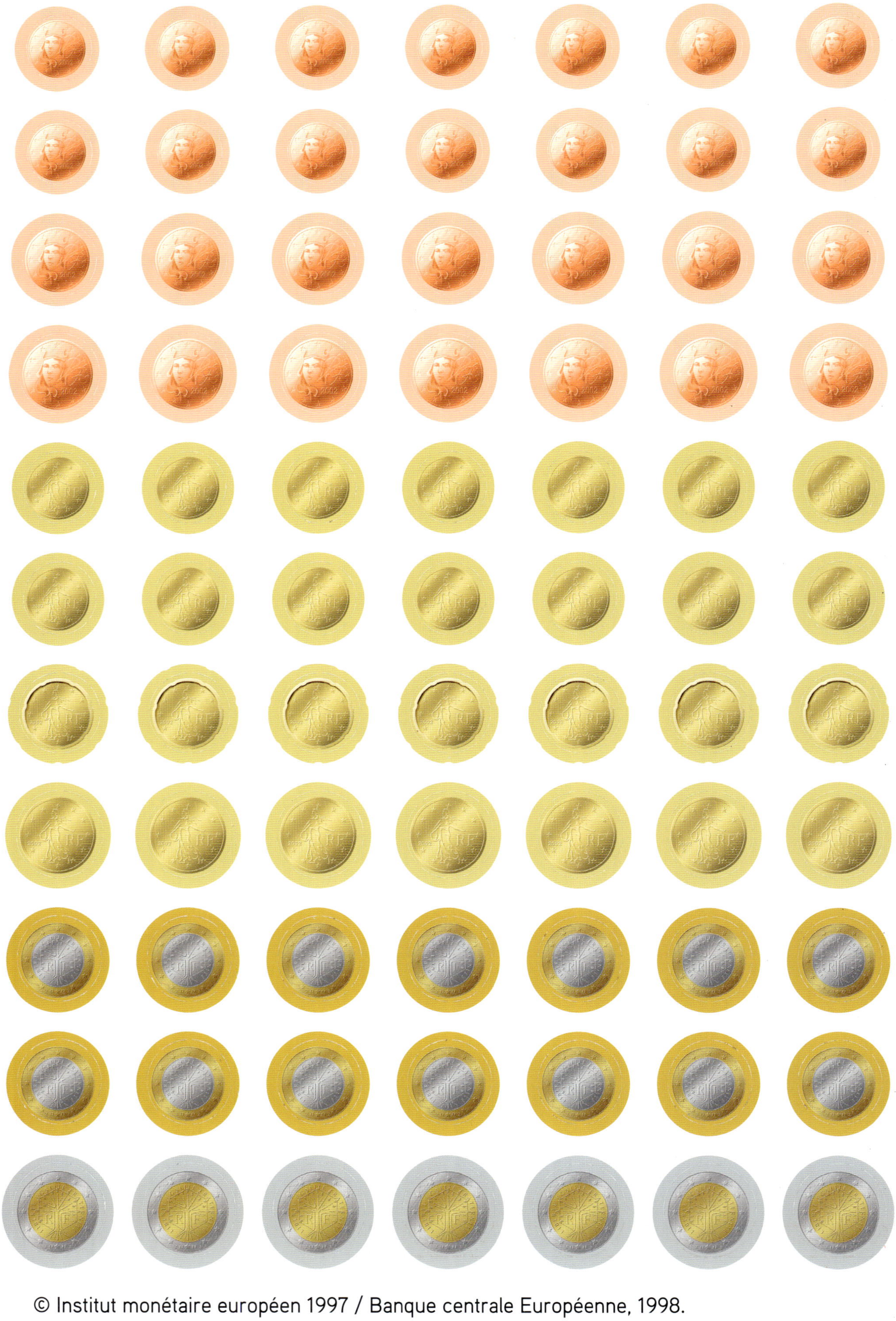

Leçons 19, 20, 100 et 101

Leçon 42

1 dm

UE9 J4 93316
093316
20
EURO
EYPΩ

UE9 J4 93316
093316
20
EURO
EYPΩ

02000000000000
50
EURO
EYPΩ
EBPO

02000000000000
50
EURO
EYPΩ
EBPO

100
012345678900
100
100
EURO
EYPΩ
100

UB0061605155
605155
5
EURO
EYPΩ

UB0061605155
605155
5
EURO
EYPΩ

U
10
EURO
EYPΩ
EBPO

U
10
EURO
EYPΩ
EBPO

U
10
EURO
EYPΩ
EBPO

U
10
EURO
EYPΩ
EBPO

1 dm

Leçons 39 et 62

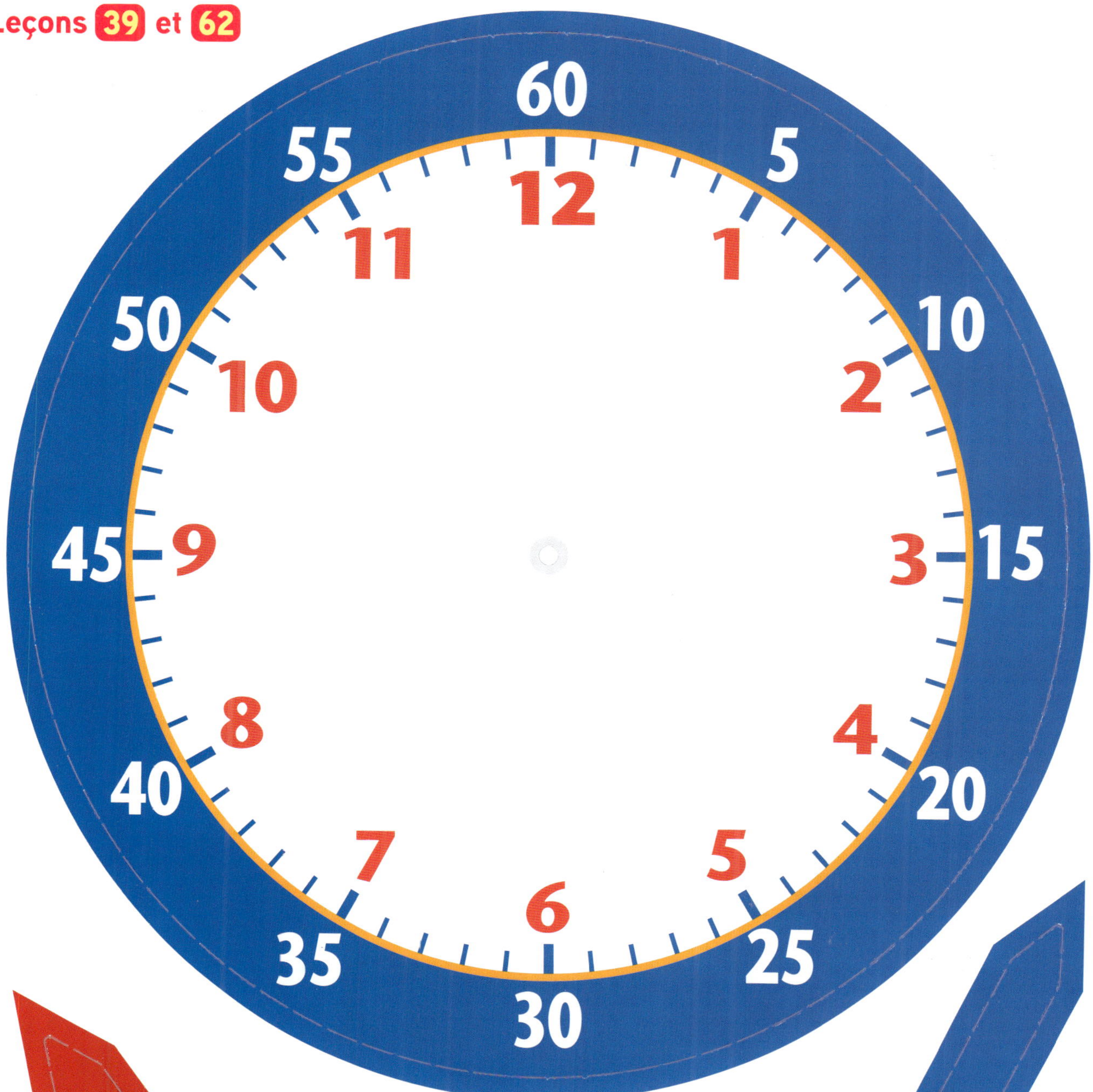

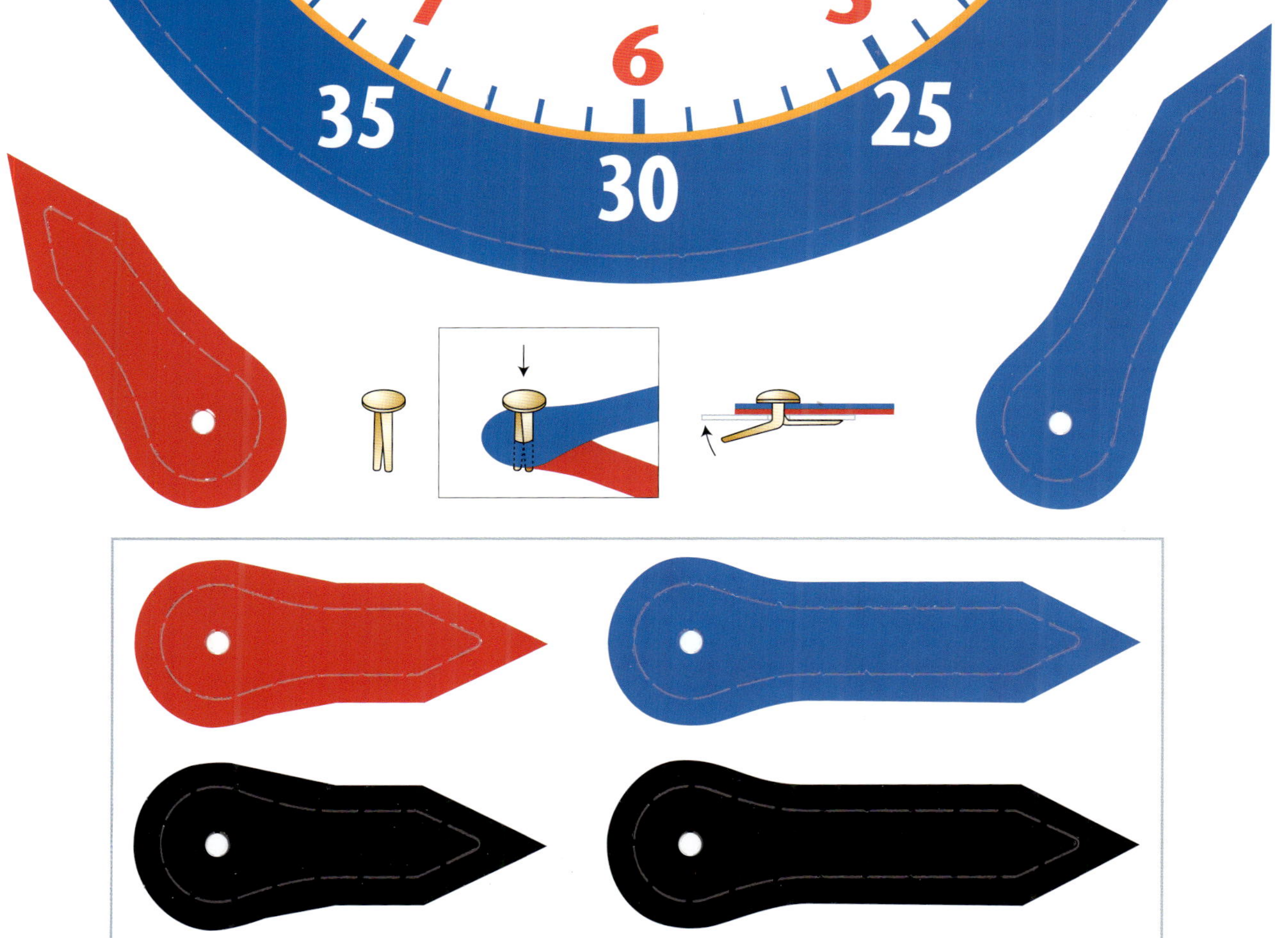

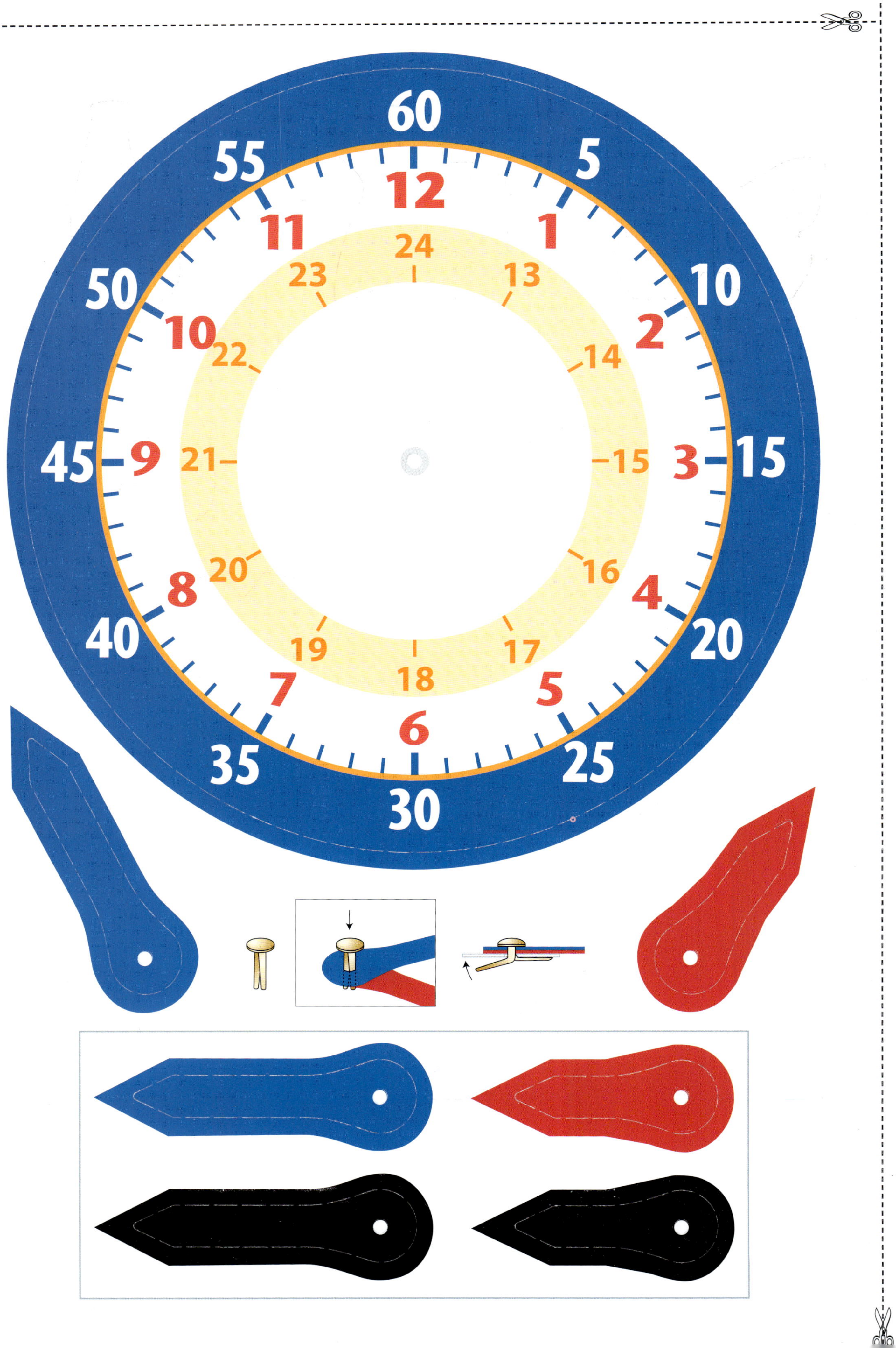
60
5
10
15
20
25
30
35
40
45
50
55
12
1
2
3
4
5
6
7
8
9
10
11
24
13
14
15
16
17
18
19
20
21
22
23

Leçon 53

A

B

C

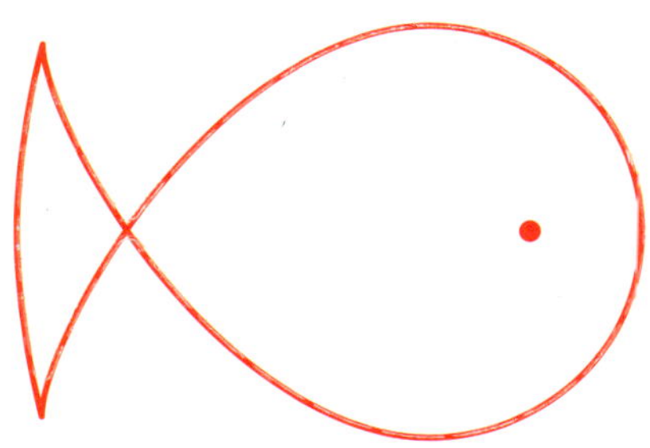

Leçon 58

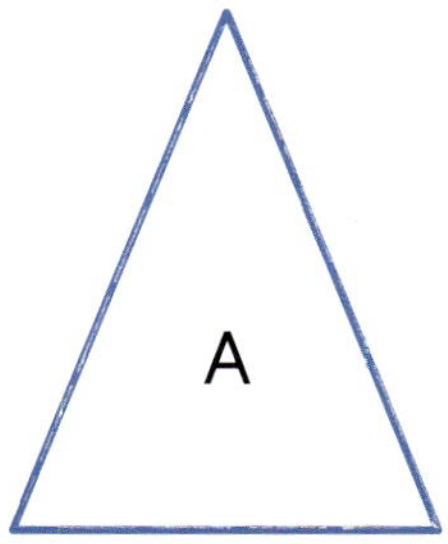

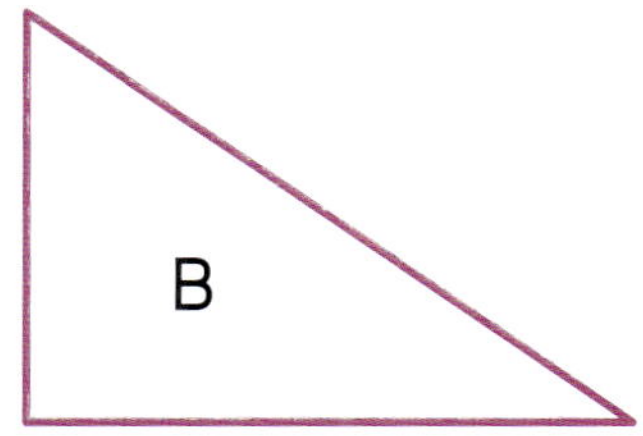

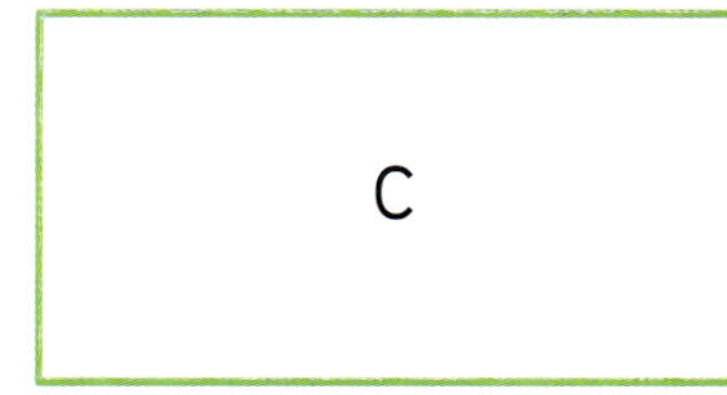

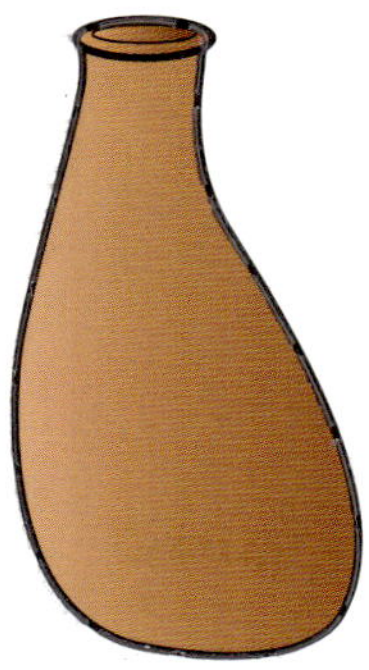

C

B

A

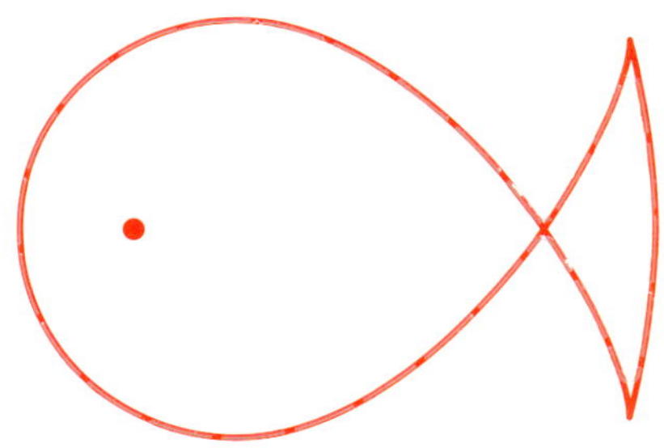

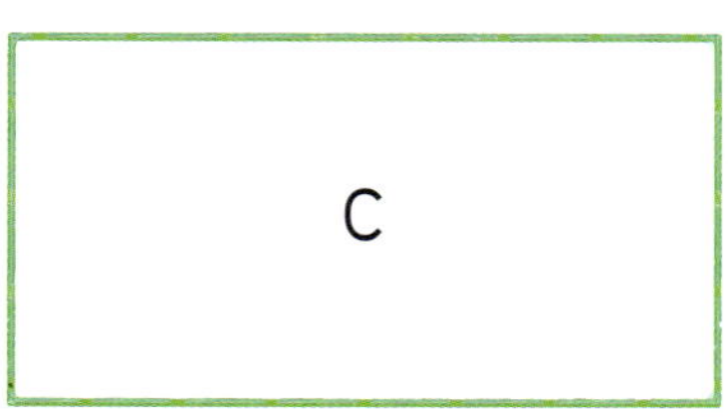

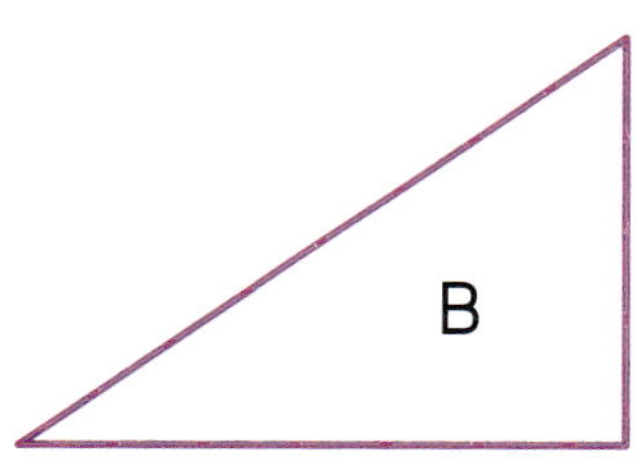

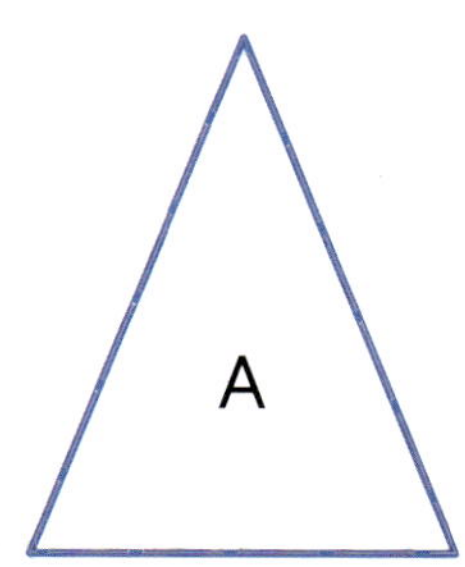

Leçon 58

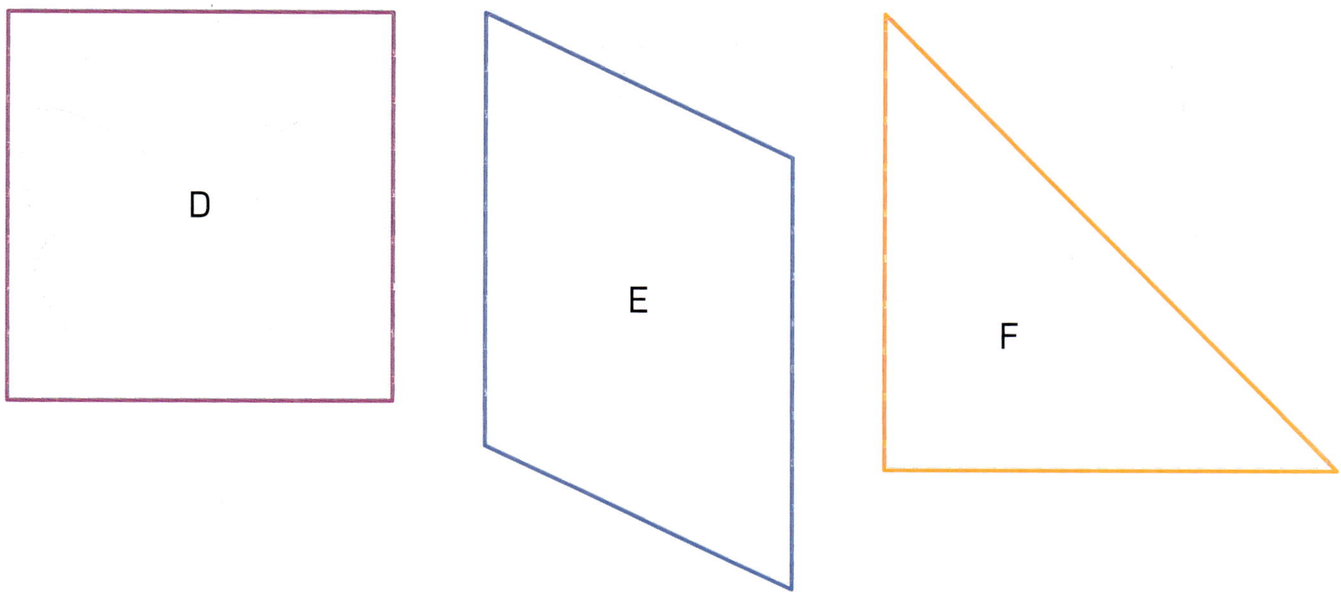

Leçon 65

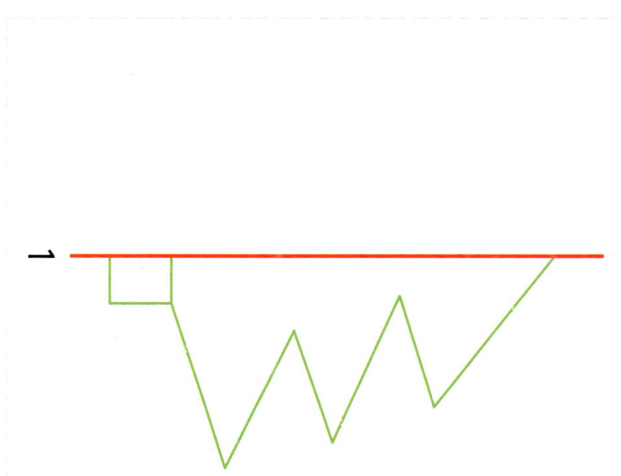

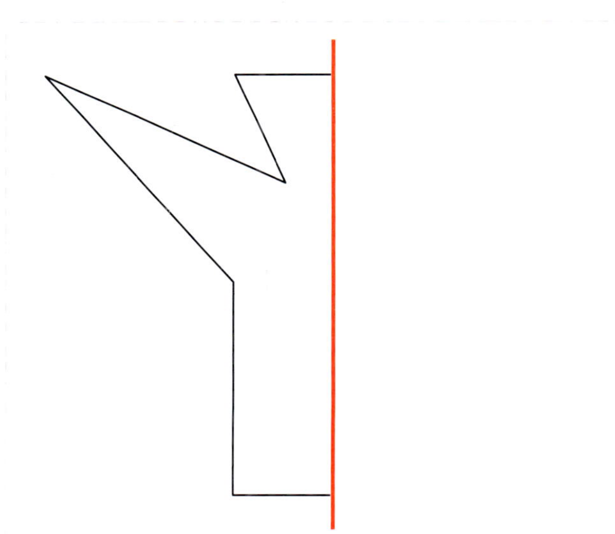

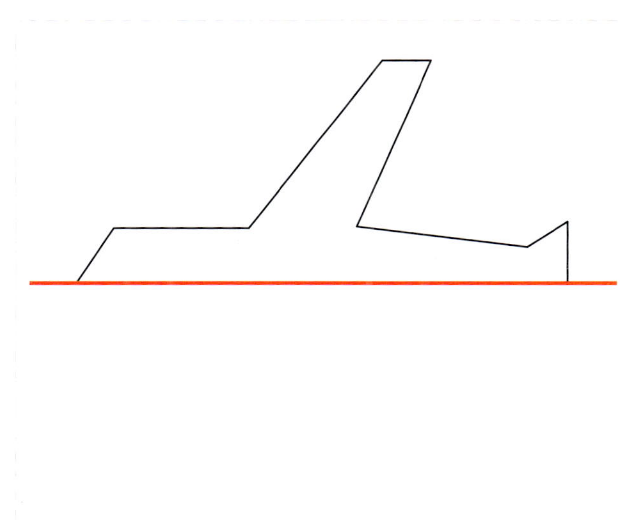

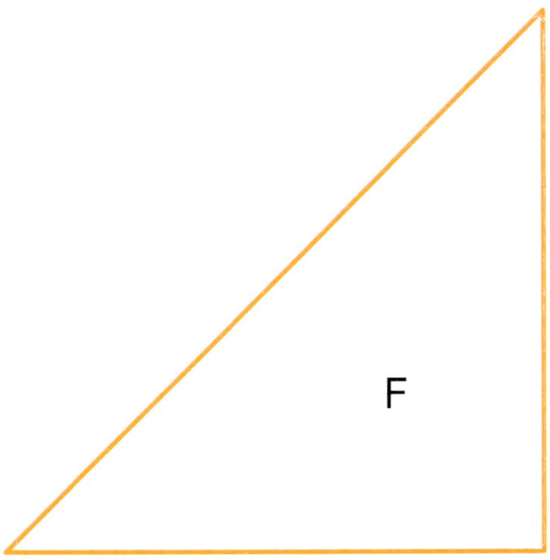

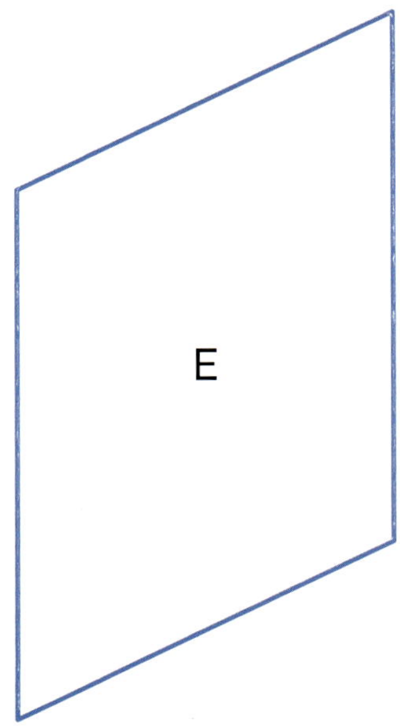

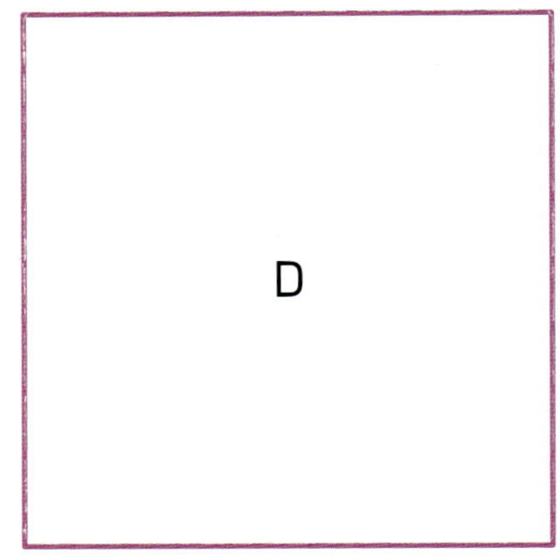

1

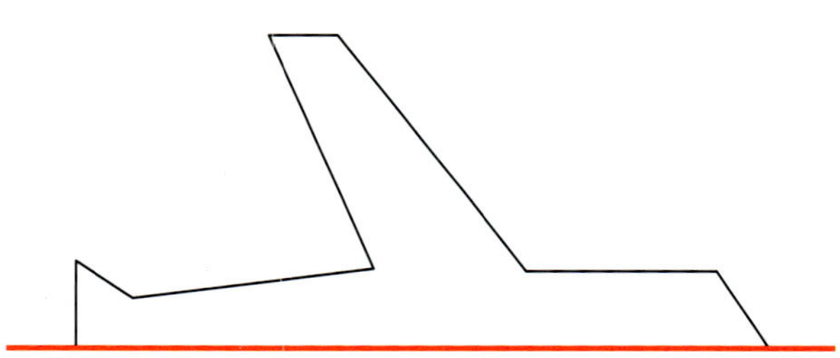
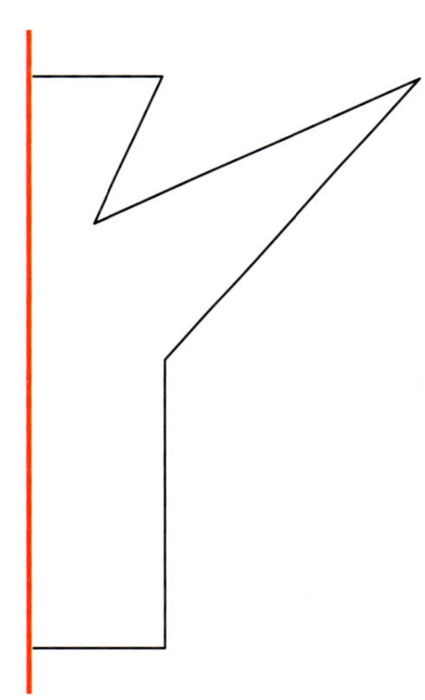

Leçon 87

A

B

C

D

B

A

C

D